本书列入

2017年国家社会科学基金重大委托项目

“十三五”国家重点图书出版规划项目

中华传统文化百部经典

孙子兵法

黄朴民 解读

国家图书馆出版社

图书在版编目（CIP）数据

孙子兵法／黄朴民解读．—北京：国家图书馆出版社，2017.9（2023.5重印）
（中华传统文化百部经典／袁行霈主编）
ISBN 978-7-5013-6223-3

Ⅰ．①孙… Ⅱ．①黄… Ⅲ．①兵法－中国－春秋时代 Ⅳ．①E892.25

中国版本图书馆CIP数据核字（2017）第218560号

国家图书馆出版社官方微信

书　　名　孙子兵法
著　　者　黄朴民 解读
责任编辑　耿素丽
特约编辑　林日波
重印编辑　于　浩
封面设计　敬人设计工作室

出版发行　国家图书馆出版社（北京市西城区文津街7号　100034）
010-66114536　63802249　nlcpress@nlc.cn（邮购）
网　　址　http://www.nlcpress.com
印　　装　北京科信印刷有限公司
版次印次　2017年9月第1版　2023年5月第3次印刷

开　　本　710×1000　1/16
印　　张　22.25
字　　数　250千字
书　　号　ISBN 978-7-5013-6223-3
定　　价　59.00元（精装）

本册审订

吴如嵩　　田旭东　　张有凤

中华传统文化百部经典

编纂办公室

张　洁　　牛淑娟　　马　超　　袁　媛

编纂缘起

文化是民族的血脉，是人民的精神家园。党的十八大以来，围绕传承发展中华优秀传统文化，习近平总书记发表了一系列重要讲话，深刻揭示出中华优秀传统文化的地位和作用，梳理概括了中华优秀传统文化的历史源流、思想精神和鲜明特质，集中阐明了我们党对待传统文化的立场态度，这是中华民族继往开来、实现伟大复兴的重要文化方略。2017年初，中共中央办公厅、国务院办公厅印发《关于实施中华优秀传统文化传承发展工程的意见》，从国家战略层面对中华优秀传统文化传承发展工作作出部署。

我国古代留下浩如烟海的典籍，其中的精华是培育民族精神和时代精神的文化基础。激活经典，熔古铸今，是增强文化自觉和文化自信的重要途径。多年来，学术界潜心研究，钩沉发覆、辨伪存真、提炼精华，做了许多有益工作。编纂《中华传统文化百部经典》，就是在汲取已有成果基础上，力求编出一套兼具思想性、学术性和大众性的读本，使之成为广泛认同、传之久远的范本。《百部经典》所选图书上起先秦，下至辛亥革命，包括哲学、文学、历史、艺术、科技等领域的重要典籍。萃取其精华，加以解读，旨在搭建传统典籍与大众之间的桥梁，激活中华优秀传统文化的价值，用优秀传统文化滋养当代中国人的精神世界，提振当代中国人的文化自信。

这套书采取导读、原典、注释、点评相结合的编纂体例，寻求优秀传统文化与社会主义核心价值观之间的深度契合点。以当代眼光审视和解读古代典籍，启发读者从中汲取古人的智慧和历史的经验，借以育人、资政，更好地为今人所取、为今人所用。力求深入浅出、明白晓畅地介绍古代经典，让优秀传统文化贴近现实生活，融入课堂教育，走进人们心中，最大限度地发挥以文化人的作用。

《百部经典》是一项重大文化工程。在中宣部等部门的指导和大力支持下，国家图书馆做了大量组织工作，得到学术界的积极响应和参与。由专家组成的编纂委员会，职责是作出总体规划，选定书目，制订体例，掌握进度；并延请德高望重的大家耆宿担当顾问，聘请对各书有深入研究的学者承担注释和解读，邀请相关领域的知名专家负责审订。先后约有 500 多位专家参与工作。在此，向他们表示由衷的谢意。

书中疏漏不当之处，诚请读者批评指正。

2017 年 9 月 21 日

凡　例

一、《中华传统文化百部经典》的选书范围，上起先秦，下迄辛亥革命。选择在哲学、文学、历史、艺术、科技等各个领域具有重大思想价值、社会价值、历史价值和学术价值的一百部经典著作。

二、对于入选典籍，视具体情况确定节选或全录，并慎重选择底本。

三、对每部典籍，均设“导读”“注释”“点评”三个栏目加以诠释。导读居一书之首，主要介绍作者生平、成书过程、主要内容、历史地位、时代价值等，行文力求准确平实。注释部分解释字词、注明难字读音，串讲句子大意，务求简明扼要。点评包括篇末评和旁批两种形式。篇末评撮述原典要旨，标以“点评”，旁批萃取思想精华，印于书页一侧，力求要言不烦，雅俗共赏。

四、原文中的古今字、假借字一般不做改动，唯对异体字根据现行标准做适当转换。

五、每书附入相关善本书影，以期展现典籍的历史形态。

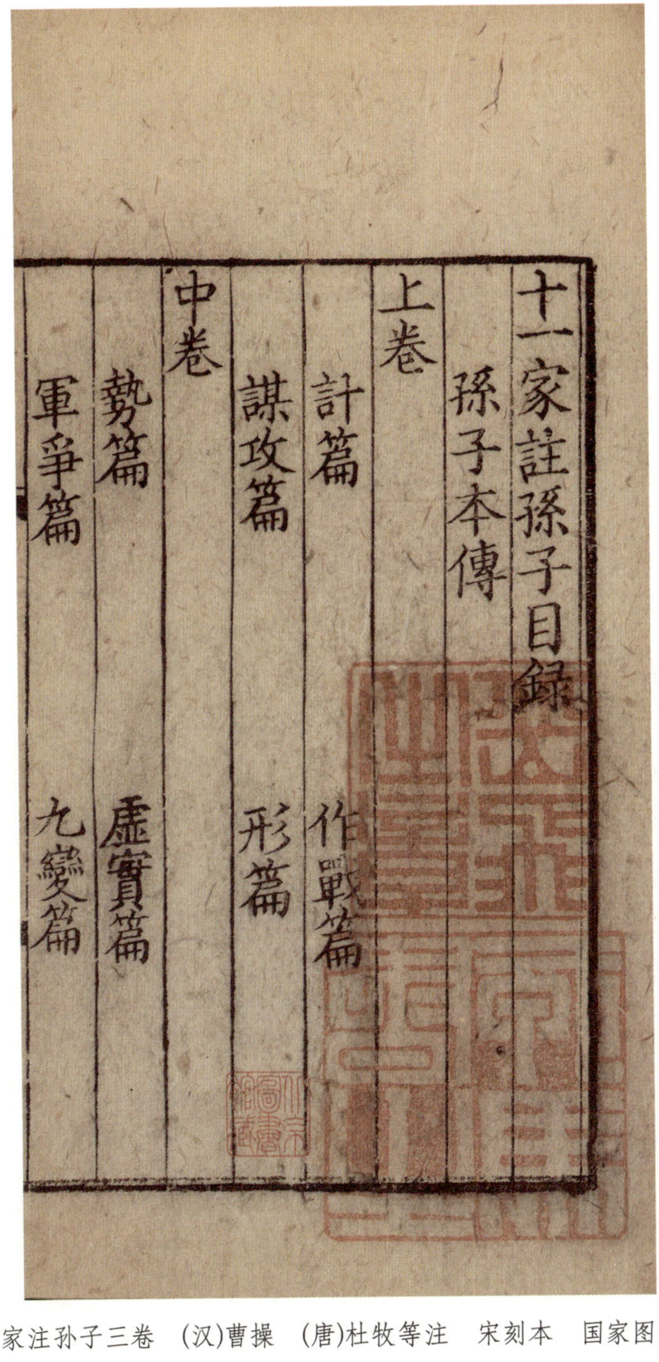

十一家註孫子目録

孫子本傳

上卷

計篇　作戰篇

謀攻篇　形篇

中卷

勢篇　虛實篇

軍爭篇　九變篇

十一家注孙子三卷　(汉)曹操　(唐)杜牧等注　宋刻本　国家图书馆藏

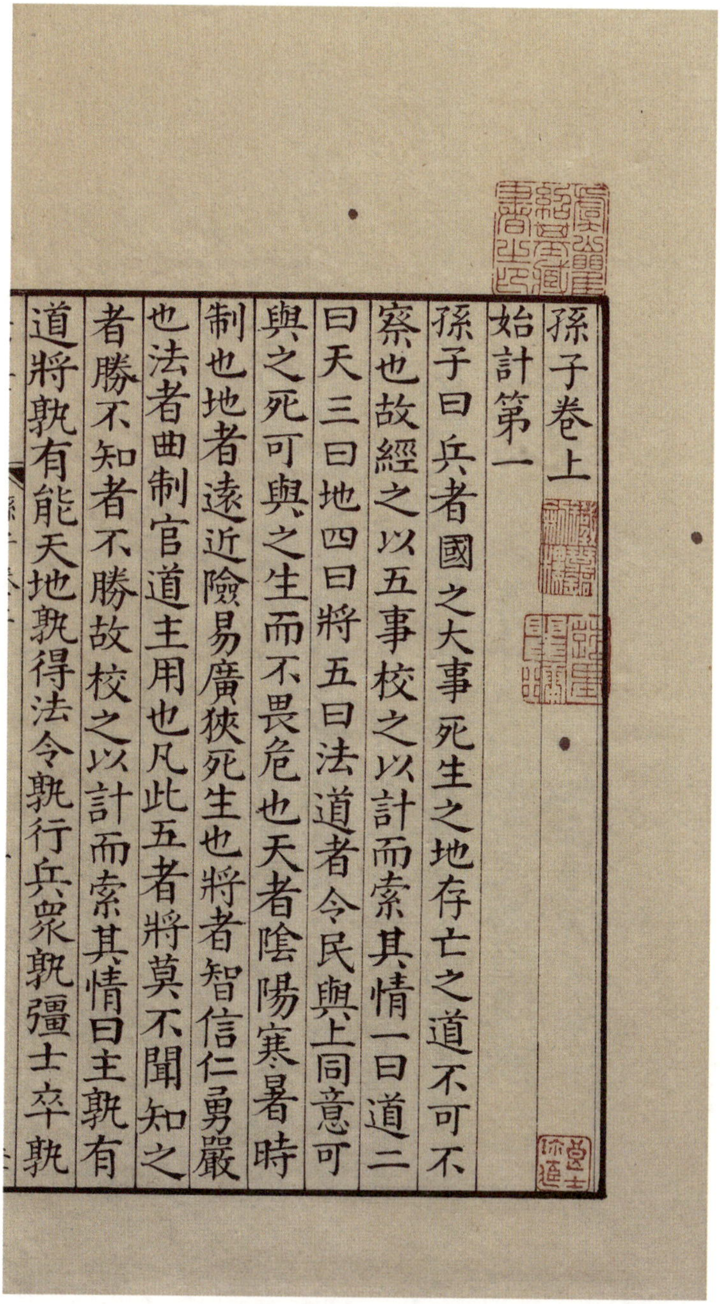

孫子卷上

始計第一

孫子曰兵者國之大事死生之地存亡之道不可不察也故經之以五事校之以計而索其情一曰道二曰天三曰地四曰將五曰法道者令民與上同意可與之死可與之生而不畏危也天者陰陽寒暑時制也地者遠近險易廣狹死生也將者智信仁勇嚴也法者曲制官道主用也凡此五者將莫不聞知之者勝不知者不勝故校之以計而索其情曰主孰有道將孰有能天地孰得法令孰行兵衆孰彊士卒孰

孙子兵法三卷　清影宋抄武经七书本　国家图书馆藏

目　录

导　读

一、《孙子兵法》的成书年代和作者……（1）
二、《孙子兵法》的战争观……（5）
三、《孙子兵法》的制胜之道……（7）
四、孙子的治军思想……（27）
五、《孙子兵法》的地位和影响……（35）

孙子兵法

计　篇……（39）
作战篇……（59）
谋攻篇……（77）
形　篇……（103）
势　篇……（124）
虚实篇……（144）
军争篇……（173）

九变篇……（200）
行军篇……（220）
地形篇……（247）
九地篇……（266）
火攻篇……（300）
用间篇……（318）

主要参考文献……（341）

导 读

《孙子兵法》一书，是我国古代兵学的杰出代表，中国优秀传统文化的重要组成部分，其内容精博深邃，问世以来，对中国古代军事文化的形成和发展影响极其深远，被尊奉为“百世兵家之师”。直到今天，《孙子兵法》的许多合理内核仍然闪烁着真理的光芒，对现代军事理论的建设和发展，具有重大的借鉴意义。与此同时，《孙子兵法》的基本原则和思想方法，还渗透到军事以外的社会生活领域，在商业竞争、企业管理、体育竞赛、外交谈判等活动中，早已得到广泛的重视和应用。从这个意义上说，《孙子兵法》已超越时空的界限而具有永恒的魅力。

一、《孙子兵法》的成书年代和作者

关于《孙子兵法》的成书年代和作者问题，学术界众说纷纭，莫衷一是，自宋代以来，争论辩诘已延续了千余年之久。论争的焦点，是其书成于春秋抑或战国，其书的作者是孙武还是孙膑，抑或如宋代叶适所言，为某“山林处士”(《习学记言序目》卷四十六《孙子》)。在疑古思潮的影响下，不少学者不承认孙子拥有《孙子兵法》一书的著作权，也否定《孙子兵法》的主体内容形成于春秋后期。这些怀疑意见总括起来，大抵不外乎以下几种：

第一，论说历史上本无孙子其人，《孙子兵法》十三篇系战国时人所伪托。第二，历史上虽有孙武其人，但《孙子兵法》一书则断非其人所著。第三，认为《孙子兵法》与《孙膑兵法》实为一书，其真正的作者是战国中期的孙膑，即使退一万步讲，其书也是导源于孙武，而完成于孙膑。总之，持否定意见的学者认为：孙武的事迹不见于《左传》等先秦典籍的记载，《孙子兵法》所反映的战争规模、运动作战方式、注重诡诈权变的特点以及专有名词的称谓（如主、将军等）、文体的风格均带有鲜明的战国时代特征。因此，《孙子兵法》十三篇不可能成于春秋末年，而只能是在战国时期甚至更晚。

1972年山东临沂银雀山一号汉墓中出土了一批珍贵的竹简，其中有《孙子兵法》和《孙膑兵法》。0233号汉简上书“吴王问孙子曰”，0108号汉简上书“齐威王问用兵，孙子曰”，两种兵法同墓出土，而两则简文的内容又恰与《史记》等史籍关于孙武、孙膑的记载相吻合，这证实了历史上孙武、孙膑各有其人，《孙子兵法》的作者不是孙膑。

我们认为，《孙子兵法》一书当基本成型于春秋末年，其作者当为孙武本人。具体理由有以下几点：

第一，孙武撰著《孙子兵法》见于《史记》的明确记载。《史记·孙子吴起列传》云：“孙子武者，齐人也。以兵法见于吴王阖庐。阖庐曰：‘子之十三篇，吾尽观之矣。’”这段记载至少透露了两点信息：1. 孙武曾著有兵法，并以此晋见吴王阖庐并获重用。2.“十三篇”篇数与今传本《孙子兵法》篇数相符。这是孙武著有《孙子兵法》的最原始且有说服力的证据。

《汉书 · 刑法志》云:“吴有孙武，齐有孙膑，魏有吴起，秦有商鞅，皆禽敌立胜，垂著篇籍。”又《吕氏春秋 · 上德》云:“阖庐之教，孙、吴之兵，不能当矣。”高诱注:“孙、吴，吴起、孙武也。吴王阖庐之将也，《兵法》五千言是也。”这里两则史料均明确指出孙武实有其人，并著有《兵法》。高诱更肯定《孙子兵法》凡五千言，与今传本字数相近。其他如《韩非子》《尉缭子》《黄帝内经》《战国策》《论衡》等典籍亦有类似的记载。又,《银雀山汉墓竹简 · 孙子佚文 · 见吴王》及 1978 年出土的青海大通《上孙家寨汉简孙子佚文》均曾提到“十三篇”(“十三扁”),且《银雀山汉墓竹简 · 孙子》之内容与传世本《孙子兵法》内容基本一致[①]。这样便从现代考古学的角度进一步证实了孙子其人其书的可信程度。

第二，叶适、全祖望、陈振孙、钱穆、黄云眉诸人以《左传》不载孙武事迹，而断言孙武非《孙子兵法》作者，或进而揣度孙武与孙膑为一人，或以为《孙子兵法》成书于孙膑之手，凡是种种，多属猜测之辞。因为仅凭借《左传》之记载有无而论定孙武与《孙子兵法》的关系，其证据显然是贫乏的。

第三，否定论者常就战争规模、作战方式、文体特征考论《孙子兵法》带有浓厚的战国色彩，进而判定其书作成于战国年间，孙武非其书作者。我们认为这一观点也是无法成立的。首先，就整个作战方式演变看，春秋乃是一个过渡时期，其前中期与西周以来的“军礼”传统一脉相承;而自晚期起，则发生巨大的变化，反映为军队人数剧增、战争规模扩大、作战方式改变。仅就作战样式言，即“示形动敌”“避实击虚”“奇正相生”等“诡诈”战法开始流行，过去那种“约日定地”“鸣鼓而战”的“堂堂之陈”战法日趋没落。其次，在这一时代变革中，南方地区的吴、楚诸国乃得风气之先者。当时这些较少受旧军礼传统束缚的国家，在战争活动中更多地采用了埋伏、突袭、诱敌等“诡诈”战法，并经常奏效。孙武曾在吴国为将，深受当地军事文化的影响，在其著述中自然要体现南方军事文化（包括战法）的特点。所以，不能以战争规模扩大、野战机动性增强等现象来简单地和战国特征画上等号，更不宜由此而否定孙武的著作权。

第四，值得注意的是，《孙子兵法》也明显带有春秋前中期战争的基本特色。如其言“合军聚众”，就反映了商周以来战争动员的主要特点。其言“穷寇勿迫”，其实就是早期战争“不穷不能”“战不逐奔”的翻版。而其“不战而屈人之兵”的全胜观念，则更体现了它与早期战争特征中广义一面的联系。众所周知，春秋前中期的战争更多的是以迫使敌方屈服为基本宗旨，因而军事威慑多于会战，真正以主力进行会战决定胜负的战争为数有限。换言之，当时大中型国家发生冲突时，多以双方妥协或使敌方屈服为结局，而彻底消灭敌方武装力量，摧毁对方政权的现象比较罕见。于是，会盟、“行成”与“平”，乃成为当时军事活动中的重要手段。种种情况表明，《孙子兵法》全书打上了春秋晚期社会变迁、军事斗争艺术递嬗的深深烙印，它只可能成书于春秋末期。

据现存文献资料记载，《孙子兵法》一书最早见于《史记》。《史记·孙子吴起列传》云：“世俗所称师旅，皆道孙子十三篇。”可见当时称是书为“十三篇”。此后，历代对其书均有著录。

《孙子兵法》版本繁多，流传甚广，但穷本溯源，不外乎三大系统：1. 汉简本；2. 武经本；3. 十一家注本。

汉简本。1972 年山东临沂银雀山汉墓竹简《孙子兵法》是迄今为止所发现的《孙子兵法》最早手抄本。汉简本的最佳整理本，系文物出版社 1985 年出版的《银雀山汉墓竹简［壹］· 孙子》。

武经本。即宋刻《武经七书 · 孙子》。《武经七书》最早著录在尤袤《遂初堂书目》中，称之为《七书》，后因“武举以七书试士，谓之武经”

(《直斋书录解题》卷十二《唐太宗李卫公问对》题解)。宋本《武经七书·孙子》，是现存《孙子兵法》的最重要的版本之一，原为陆心源皕(bì)宋楼藏书，后为日本岩崎氏购得，收藏在日本东京静嘉堂。今有《续古逸丛书》影印本。

十一家注本。即《宋本十一家注孙子》，上海图书馆藏，1961年中华书局上海编辑所影印。它也是传世《孙子兵法》的最重要版本之一，乃与武经本共同构成《孙子兵法》传本两大基本系统[②]。本书所引《孙子兵法》原文，即以此本为底本。

二、《孙子兵法》的战争观

宋代郑友贤在《十家注孙子遗说并序》中指出："武之为法也，包四种，笼百家，以奇正相生为变。是以谋者见之谓之谋，巧者见之谓之巧，三军由之而莫能知之。"参之本书，可知郑氏之论洵非虚言。《孙子兵法》内涵丰富，几乎包举了军事学上的各个领域。

春秋时代战争频繁，诸侯争霸与兼并一日无已。《孙子兵法》当然要反映这一时代特色，这就决定了孙子在战争问题上鲜明地提出慎战与备战并重的主张。换言之，"安国全军"是孙子战争观的基本主线。

孙子对战争采取十分慎重的态度，《孙子兵法》开宗明义就提出："兵者，国之大事，死生之地，存亡之道，不可不察也。"因为战争是关系到国家存亡的头等大事，所以孙子多次告诫并提醒统治者，必须慎重对待战争，指出："亡国不可以复存，死者不可以复生。故明君慎之，良将警之。"对于那种缺乏政治目标和战略价值而轻启战端的愚蠢做法，孙子持坚决反对的态度："主不可以怒而兴师，将不可以愠而致战。"(《火攻篇》)并要求战场指挥员做到"战道不胜，主曰必战，无战可也"(《九地篇》)。

然而主张慎战并不意味着一概反对战争。《孙子兵法》提倡慎战的主旨，在于强调进行战争的政治目的应当遵循新兴阶级的功利主义原则，即做到“非利不动，非得不用，非危不战”，“合于利而动，不合于利而止”；不战则已，战则必胜。这种既重战又慎战的观点，使孙子的战争观念既不同于儒、墨的非战主张，也与稍后法家嗜战立场有所区别。由此可见，孙子的慎战出发点是“安国全军”，以最终赢得战争的胜利。

孙子是清醒的现实主义者。他鉴于战争不可避免，战争对社会经济、国家前途的巨大影响，把准备战争和指导战争的问题提到了极其重要的位置，强调做到有备无患：“用兵之法，无恃其不来，恃吾有以待也；无恃其不攻，恃吾有所不可攻也。”（《九变篇》）这就是说，要把立足点放在做好充分准备，不打无准备之仗，以强大的军事实力迫使敌人不敢轻易发动战争的基点上。

基于慎战和备战并重的战争观念，孙子推导出用兵的理想境界，这就是一个“全”字。所谓“全”就是全胜。《孙子兵法》中提到“全”的地方有十余处，最主要的篇章是《谋攻》。孙子认为“百战百胜”非“善之善者”，高明的战争指导者应该做到“屈人之兵而非战也；拔人之城而非攻也；毁人之国而非久也”，从而实现战略、战役、战斗的全胜，即“必以全争于天下，故兵不顿而利可全”，用全胜的计谋争胜于天下，“不战而屈人之兵”。为了达到这一境界，孙子提出了“上兵伐谋，其次伐交”的主张，认为指导战争的上策是挫败敌人的谋略，其次是展示强大的兵威慑服敌人。至于“伐兵”“攻城”，那就等而下之了。由此可见，孙子的“全胜”思想，实际上仍然是其慎战和备战思想在作战指导上的反映。慎战与备战、重战思想犹如一条红线，贯穿于《孙子兵法》十三篇中。

如果不得已进行战争，孙子主张实行进攻速胜战略。他明确提出，从事战争的目的是为了“掠乡分众，廓地分利”（《军争篇》），即掠取他国的人力物力资源，扩张版图，在争霸兼并战争中立于不败之地。在《九地篇》中，孙子更以明确的语言表明了自己的进攻战略："夫霸王之兵，伐大国，则其众不得聚；威加于敌，则其交不得合。"从历史发展的角度看，孙子这一战争观，是符合新兴势力要求的，是与社会大变革的潮流相一致的，具有突出的进步意义。

三、《孙子兵法》的制胜之道

（一）知彼知己　预见胜负

崇智尚谋，是《孙子兵法》乃至整个古代兵学的基本特色。这就决定了孙子把战略决策和作战指导的制定和实施，立足于"先胜"的前提之上。他曾斩钉截铁地表示，"胜兵先胜而后求战，败兵先战而后求胜"，可见在他心目中，从事战争必须是如履薄冰，千万马虎不得。必须先有胜利的条件，先有胜利的方案，先有胜利的把握，才可以对敌一战。这就是所谓的"先胜"。因此，他不厌其烦地强调要"料敌制胜，计险厄远近"，认为这才是巧妙驾驭战争的"上将之道"。

然而，如何达到"先胜"的目的呢？孙子认为，"先胜"不是可以坐而致之的，而必须通过主观上的不懈努力来加以实现。努力的正确方向，则是全面了解和掌握各种情况，预测各种变数，在此基础上正确筹划战略全局，巧妙实施战役指导，以赢得战争的胜利。用他自己的话精确洗练地来表述，即"知彼知己，胜乃不殆；知天知地，胜乃不穷"。由此可见，以"知彼知己"为主要方式的"先胜"思想，是孙子制胜之道的出发点和基础。

孙子认为，从事战争的先决条件是要做到"知彼知己"，因为只有全面了解各种情况，正确估量敌我态势，才能作出正确的判断，下定正确的决心，制定正确的作战方针。鉴于这样的认识，孙子主张在开战之前对敌我双方的主客观条件——“五事七计”作出全面的了解，并进行仔细周密的考察比较，“校之以计而索其情”。看一看究竟哪一方君主政治清明，哪一方将帅更有才能，哪一方拥有有利的天时地利条件，哪一方法令能够贯彻执行，哪一方武器坚利精良，哪一方士卒训练有素，哪一方赏罚公正严明，以期对战争的胜负趋势作出高明的预测，并据此来制定己方的战略战术方针。孙子一再强调这样做的必要性，认为不如此就意味着失败：“不知彼而知己，一胜一负；不知彼，不知己，每战必殆。”(《谋攻篇》)

孙子进而认为，不但在战前战略决策中要贯彻“知彼知己”的原则，而且在实施作战指导整个过程中，也要始终不渝地将“知彼知己”“知天知地”作为自己行动的最高纲领。他首先是通过对未能“知彼知己”而造成不利的后果的论述，从反面印证了全面了解掌握敌情的重要性：“不知战地，不知战日，则左不能救右，右不能救左，前不能救后，后不能救前”(《虚实篇》)，“知吾卒之可以击，而不知敌之不可击，胜之半也；知敌之可击，而不知吾卒之不可以击，胜之半也；知敌之可击，知吾卒之可以击，而不知地形之不可以战，胜之半也”(《地形篇》)。接着，他又从正面充分肯定了“知彼知己”对于指导战役胜利的意义：“故知战之地，知战之日，则可千里而会战”(《虚实篇》)，“故知兵者，动而不迷，举而不穷”(《地形篇》)。层层递进，环环紧扣，反复论证，鞭辟入里，从战役战术的层次将“知彼知己”、预见胜负的要义阐述无遗。

《军争篇》中有这样一段精彩的文字：“不知诸侯之谋者，不能豫交；不知山林、险阻、沮泽之形者，不能行军；不用乡导者，不能得地利。”可见上至“伐谋”这样的战略层次，下至行军屯兵这样具体的举措，都不能须臾违背“知彼知己”“知天知地”的根本原则。那么应该通过何种方式来了解和掌握情况呢？孙子对此也提出了自己系统的看法，从而使“知彼知己”的原则不流于空泛。

第一，重视用间，掌握第一手的敌情材料。孙子大力提倡用间，把这看成是“知彼”，也即“知敌之情实”的最重要手段之一，提高到战略的高度上来加以认识，“故惟明君贤将，能以上智为间者，必成大功。此兵之要，三军之所恃而动也”（《用间篇》）。为此，孙子专门撰写了《用间篇》，来集中论述用间的原则和方法。主张乡间、内间、反间、死间、生间等“五间并起”，而以“反间”为主。通过间谍将敌人的方方面面情况侦察得一清二楚，以确保自己的战略方针得以顺利实施。

第二，战场“相敌”，掌握敌人的动向。所谓“相敌”，其本义是战场交锋之前，仔细观察敌情，并在此基础上判断敌人的行动意图，从而根据正确的判断，来相应决定自己的作战措施。孙子在《行军篇》中列举了三十三种具体的相敌之法。其中包括通过对敌人言论行动的观察以判断敌人之作战意图，通过对鸟兽草木和尘埃的观察以判断敌人的行动意向，通过对敌人活动状况的观察来判断敌人的劳逸、虚实、士气以及后勤补给等情况。尽管在今天看来，这些具体的“相敌”方法大部分业已过时，但是在当时的历史条件下，孙子主张“相敌”，把它作为战争指导者达到“知彼知己”目的的主要手段之一，却是具有其特殊意义的，反映了孙子对作战指导规律孜孜探求的可贵努力。

第三，“火力”侦察，通过试探性进攻，来进一步了解和掌握敌情。在《虚实篇》中，孙子论述了四种具体的试探敌人虚实的方法：“故策之而知得失之计，作之而知动静之理，形之而知死生之地，角之而知有余不足之处。”意思是说，要通过认真的筹算，来分析敌人作战计划的优劣得失；要通过挑动敌人，来了解敌人的活动规律；要通过示形佯动，来试探敌人生死命脉之所在；要通过小规模交锋，来探明敌人兵力的虚实强弱。所有这些，都是在临战状态之下为了获取敌人情报而采用的方法，是孙子对战争经验的总结，并在战争实践中屡试不爽。它们的提出，表明孙子“知彼知己”的指导思想，已在具体的作战行动各个环节上得到了实实在在的贯彻。

（二）先发制人 进攻速胜

“先其所爱”，“兵贵胜，不贵久”，强调先发制人，提倡速战速决，推崇作战行动的突然性、主动性、进攻性、运动性，这可以说是孙子制胜之道的重要特点。

在军事上，“先发制人”是一个非常重要的命题。早在《军志》中便有“先人有夺人之心”的提法，《左传》里也有“宁我薄人，无人薄我”的见解。其实质含义即主动进攻，实施突然袭击，以争取作战上的先机之利。

孙子主张“伐大国”，积极主动进击敌人，“威加于敌”，以泰山压顶之势，摧毁敌人的抵抗意志，消灭敌人的有生力量，实现“自保而全胜”的战略目的。这表明孙子所奉行的是进攻战略的指导原则。主动性是他所坚持的主要作战纲领。这一特点，决定了孙子推崇在作战行动中先发制人，克敌制胜。

孙子对“先发制人”问题的论述是相当精辟的。他强调在作战过程中，一切都要抢先一步，使自己处于主动有利的地位。在《虚实篇》中，他曾指出这样做的重要性：“凡先处战地而待敌者佚，后处战地而趋战者劳。”意思就是先敌一步，即可以逸待劳，一举击败来犯之敌。鉴于这样的认识，孙子一再主张在展开军事行动时，要做到“后人发，先人至”（《军争篇》），夺取先机之利。

“先发制人”的重要性既然不言而喻，那么剩下的问题，便是如何实施高明指导，来贯彻“先发制人”的目的了。孙子指出，要“先发制人”必须做到两点。一是“先发制人”应该创造和把握正确的时机。具体地说，就是要通过示形惑敌等方法，诱使敌人放松戒备，暴露破绽，继而以迅雷不及掩耳之势，主动进攻，乘虚而入，一举克敌：“敌人开阖，必亟入之”，“是故始如处女，敌人开户；后如脱兔，敌不及拒”（《九地篇》）。二是“先发制人”应该在己方处于完全主动地位的情况下运用，其进攻的方向应当选择在敌人最薄弱且又是要害的环节，从而触一发而牵动全身，以收事半功倍之效，确保“先发制人”的战略意图得以顺利实现。具体地说，就是要“先夺其所爱，则听矣”，“先其所爱，微与之期”（《九地篇》）。

“先发制人”的主要目的之一，乃是为了给敌人以猝不及防的打击，尽可能迅速地完成战略任务以结束战斗，以较小的代价换取较大的战果。这样的指导思想，落实到具体作战行动中，就势必逻辑地推导出“速战速决”的主张。应该说，“先发制人”与“速战速决”乃是同一个问题的两个方面。

从《孙子兵法》所反映的情况来看，孙子是坚定不移地提倡速战速决的，主张在最短的时间里，战胜敌人，夺取胜利，反对使战争旷日持久，疲师耗财。他的基本观点是：“兵闻拙速，未睹巧之久也。夫兵久而国利者，未之有也。”（《作战篇》）

孙子强调进攻速胜，原因除了这样做符合“先发制人”战法的基本要求外，也是出于对战争的经济重荷以及当时外交战略格局形势等因素的考虑。

从战争与经济关系这一角度观察问题，孙子认为进攻速胜至关重要。《作战篇》指出：“凡用兵之法，驰车千驷，革车千乘，带甲十万，千里馈粮；则内外之费，宾客之用，胶漆之材，车甲之奉，日费千金，然后十万之师举矣。”类似的论述也见于《用间》诸篇。它们表明，从事战争所损耗的财力、物力，数量大得惊人，对国计民生来说，不啻是极其沉重的负担，虽可暂时支撑较短的时间，但如果时间一长，各种严重的后果便会纷至沓来，使国家和民众陷于不可自拔的困境。对此，孙子是有清醒的认识的。因此他在同篇中态度鲜明地继续论述道，“久则钝兵挫锐，攻城则力屈，久暴师则国用不足”，绝不可等闲视之。这样，孙子便从战略经济的高度论证了采取速战速决方针的必要性。

孙子强调进攻速胜，同时也是基于对当时列国战略格局的认识。春秋时期，诸侯林立，竞相争霸称雄，关系错综复杂。在这种情况下，如果某一国长期从事征战，就会给第三国带来可乘之机，最终使自己陷于两线作战的被动局面，出现所谓的“鹬蚌相争，渔翁得利”的情况。用孙子自己的话说，就是“夫钝兵挫锐，屈力殚货，则诸侯乘其弊而起，虽有智者，不能善其后矣”（《作战篇》）。从历史情况看，吴国的灭亡就是明显的例子。吴国的灭亡，原因固然很多，但它长期穷兵黩武，北上与齐、晋争雄，造成“钝兵挫锐，屈力殚货”的局面，以致为越国所乘隙蹈虚，惨遭败绩，无疑是最主要的因素。可见，为了避免出现“诸侯乘其弊而起”的不利情况，战争指导者在开展军事行动时，也必须坚决贯彻进攻速胜的原则。

正是在这个意义上，孙子反复阐述“兵贵胜，不贵久”的道理，指出：“善用兵者，役不再籍，粮不三载；取用于国，因粮于敌。”（《作战篇》）他之所以反对攻城，原因主要也是看到一旦采取攻城，那么必将因准备攻城的器械、建筑用于攻城的土山而导致旷日持久，无法速胜。这些情况充分表明，孙子是从战略全局的高度来认识速战速决的军事意义的。

为了圆满实现速战速决这一战略意图，孙子主张在采取军事行动时，一是要做到突然性，使敌人处于猝不及防的被动状态：“兵之情主速，乘人之不及，由不虞之道，攻其所不戒也”（《九地篇》）；“进而不可御者，冲其虚也；退而不可追者，速而不可及也”（《虚实篇》）。努力达到那种“后如脱兔，敌不及拒”的最佳效果。二是要做到运动性，即提倡野外机动作战，调动敌人，以期在野战中予以歼灭性的打击：“顺详敌之意，并敌一向，千里杀将”（《九地篇》）；“以迂为直，以患为利，故迂其途而诱之以利，后人发，先人至”（《军争篇》）。总之是要“悬权而动”，使自己始终保持主动地位，行动自如："其疾如风，其徐如林；侵掠如火，不动如山；难知如阴，动如雷震。"（《军争篇》）三是要做到隐蔽性，使敌人无从窥知我方的真实作战意图，如同聋子、瞎子一样，从而确保我方速战速决军事行动的突然性能够达到，运动性可以实现："易其事，革其谋，使人无识。易其居，迂其途，使人不得虑"（《九地篇》）；"因形而错胜于众，众不能知；人皆知我所以胜之形，而莫知我所以制胜之形"（《虚实篇》）。孙子认为，只要在军事行动中真正做到了隐蔽、突然、机动，那么就能够速战速决，出奇制胜。

孙子先发制人、进攻速胜的思想对后世兵家的影响至为巨大。他们大多在继承孙子这一理论的基础上，进一步阐明先发制人的作用及进攻速胜的意义。如《吕氏春秋》的作者，就把迅猛神速、先发制人，看成是"此所以决义兵之胜"，而反对进攻行动上的旷日持久，"不可久处"。又如《白豪子兵䍐》也强调"时不再来，机不可失，则速攻之，速围之，速逐之，速捣之，靡有不胜"。所有这些，均显示出孙子速胜理论的强大生命力。

当然，从军事科学的层面看，孙子先发制人、进攻速胜的作战原则也是有一定的片面性的，这主要表现为他将速胜与持久的关系机械地截然对立起来。因为虽然战斗上采取速战速决的方针始终必要，不可动摇；但是在战略上，则必须根据双方力量对比等实际情况，来具体决定是进攻速胜或是防御持久，当速则速，宜久则久，不可拘定。否则，便是形而上学，到头来必定会遭到战争规律的惩罚。

（三）兵不厌诈　因敌制胜

兵不厌诈，计出万端，灵活机动，因敌制胜，这是孙子制胜之道的主要手段和方式。它的核心含义，就是灵活用兵，"战胜不复"。

孙子认为在战争中，要掌握战场主动权，实现克敌制胜的目的，就必须在具体作战指挥上坚决贯彻“兵者诡道”“兵以诈立”的原则，施行诈谋奇计，人为地造成敌人的错觉，使之产生判断错误，然后再给予出其不意的打击，一举而致克敌之效。

在这里，孙子把兵不厌诈推崇为军事家指挥艺术的精妙极致，指出作战成功的奥秘在于能打，却装作不能打；要打，却装作不想打。明明要向近处，却装作要向远处；实际要向远处，却装作要向近处；敌人贪利，就用小利引诱他；敌人混乱，就乘机攻取他；敌人实力雄厚，就注意防备他；敌人兵势强盛，就暂时避其锋芒；敌人暴躁易怒，就挑逗扰乱他；敌人卑怯谨慎，就设法使之骄横；敌人休整良好，就设法使之疲劳；敌人内部和睦，就设法加以离间。所有这些，都是兵不厌诈的具体表现形式。孙子认为，通过它们，即可达到“攻其无备，出其不意”的目的，置敌人于“不知其所守”“不知其所攻”，处处被动挨打的困境。

众所周知，进攻与防御乃是两种最基本的战斗形式，至于追击、退却、包围、迂回等等，不过是它们的变化而已。那么，究竟在什么情况下采用什么战斗形式，就必须根据客观情况来决定。要知道，战争的现象是难以捉摸把握的，所谓的“战机”，乃是稍纵即逝的东西。因此，捕捉战机，采取行动，完全依赖于指挥人员的“妙用”，这就是灵活机动。

灵活机动，关键在于正确地使用兵力和灵活地变换战术，“不以法为守，而以法为用，常能缘法而生法，与夫离法而合法”(《何博士备论·霍去病论》)。既要尊重作战原则，但又不死守作战原则，而是根据天势、地势、敌势、我势，做到“战胜不复，而应形于无穷”。一句话，就是要正确处理作战指导的“常”“变”关系问题。

孙子充分认识到用兵打仗贵在灵活机动、随机应变，若拘泥常法、一成不变，必然导致覆军杀将、辱身误国，因此他鲜明地提出了“因敌制胜”的重要命题，作为指导战争的根本原则：“水因地而制流，兵因敌而制胜。故兵无常势，水无常形，能因敌变化而取胜者，谓之神。”(《虚实篇》）一再强调这是所谓的“兵家之胜”，是无从事先呆板规定的。

需要指出的是，孙子主张“因敌制胜”，并不等于他否定所有“常法”，将千百年来无数人用鲜血和生命凝成的作战法则一笔勾销。恰恰相反，他本人十分尊重经得起历史检验的“用兵之法”，并在自己的兵学著作中反复加以肯定。如《军争篇》论述用兵“八戒”：“高陵勿向，背丘勿逆，佯北勿从，锐卒勿攻，饵兵勿食，归师勿遏，围师必阙，穷寇勿迫。”就是明显的一例。孙子所反对的，仅仅是不分地点、时间、场合，不顾敌情、我情而一味死守那些习以为常的作战原则，不知变通，最后导致作战失利的愚蠢做法。

在尊重作战“常法”的前提下，孙子更重视用兵的灵活机宜、不拘一格。用他自己的话讲，就是“践墨随敌，以决战事”（《九地篇》），认为“因敌制胜”是通往胜利彼岸的舟楫，走向光辉顶点的阶梯。指挥员不论在何时何地都不能违背这一原则。

在《孙子兵法》一书中，孙子关于“因敌制胜”作战指导原则的具体论述，是相当丰富且十分精彩的。这里可以列举几个突出的例子来说明问题。

一是对攻守关系的看法。孙子在《形篇》中指出：“不可胜者，守也；可胜者，攻也。守则不足，攻则有余。”这里孙子对攻守之宜问题提出了辩证的看法，认为当在自己力量不足，或者时间和地点都不利，没有战胜敌人的可能的情况下，就要实施防御；反之，当自己力量占有优势，具备了战胜敌人的条件，这时便要展开进攻，而切切不能一厢情愿地从主观愿望出发，想进攻就进攻，不想进攻就防御，以至陷于攻守失据的被动地位。孙子进而强调指出，只有在攻守问题上真正做到因敌变化、随机处宜，才算是掌握了灵活机动指挥艺术的精髓。不论是进攻抑或防守，均可以得心应手，从容自如，无往而不胜，正如孙子所言：“善守者，藏于九地之下；善攻者，动于九天之上，故能自保而全胜也。”（《形篇》）

二是以“因敌制胜”原则来观照和认识作战的机断指挥问题。《九变篇》集中体现了这层思想。王晳注该篇主旨是“九者，数之极；用兵之法，当极其变耳”，张预注说得更为明确具体，“变者，不拘常法，临事适变，从宜而行之之谓也”。这些看法无疑均是正确的。孙子在篇中既提出了一些行军作战的常法，“圮地无舍，衢地合交，绝地无留，围地则谋，死地则战”，更强调了根据具体情况灵活变化，机断指挥，不囿于一时一地的得失，立足于全局进行指导：“途有所不由，军有所不击，城有所不攻，地有所不争，君命有所不受。”并把将帅能否精通各种机变的利弊，看作是是否懂得用兵的标志，指出“治兵不知九变之术，虽知五利，不能得人之用矣”。

三是从“因敌制胜”原则的高度阐述“奇正”的变化问题。“奇正”是孙子所提出的一个重要军事范畴，古人认为它是“用兵之钤键，制胜之枢机”。一般地说，常法为正，变法为奇。在兵力使用上，守备、钳制的为正兵，机动、突击的为奇兵；在作战方式上，正面攻、明攻为正兵，迂回、侧击、暗袭为奇兵；在作战方法上，按一般原则作战为正兵，采取特殊战法为奇兵；在战略上，堂堂正正进兵为正，突然袭击为奇。在孙子那里，对“奇正”的变化运用的论述，乃是以“因敌制胜”原则为出发点的，既肯定“战势不过奇正”，强调用兵打仗要做到“以正合，以奇胜”；同时，更提倡根据战场情势的变化来灵活变换奇正战法：“奇正相生”“奇正之变，不可胜穷也”（《势篇》）。总之，一切从实际出发，当正则正，当奇则奇，因敌变化，应付自如，从而进入驾驭战争规律的自由王国。

其他像《火攻篇》言“凡火攻，必因五火之变而应之”，《九地篇》言“九地之变”，《军争篇》言“四治”“无邀正正之旗，勿击堂堂之陈”，等等，都概莫能外地蕴含着“因敌而制胜”的深刻哲理，闪烁着辩证观察和处理战机的思想火花。

由于孙子“因敌制胜”的作战指导思想符合战争活动的内在规律，在实战实践中一再获得验证，因此为后世兵家奉为圭臬，备受青睐。他们沿着孙子开辟的道路前进，进而从各方面深化“因敌制胜”的思想，《吴子》提到了“其将愚而信人，可诈而诱”等十一种情况，《阵纪》归纳为“因敌之险以为己固”四种情况，《兵法百言》又概括为“艰于力而借敌之力”等六种类型，均可视为这方面的具体努力。其中南宋抗金名将岳飞那句名言，“阵而后战，兵法之常，运用之妙，存乎一心”（《宋史·岳飞传》），可谓是对孙子“因敌而变化”思想最深刻、最洗炼的阐发，堪称孙子千载之后的真正知音。

总之，“兵之变化，固非一道”，因敌变化，随机制敌，永远是高明的战争指导者自由驰骋的广阔天地。倘若不懂得这层道理，不遵循这条原则，那么即便是遍读天下兵书，也终究是纸上谈兵，隔靴搔痒，到头来难免夸夸其谈，一事无成。历史上赵括、马谡之流丧师辱身，贻笑天下，就是最显著的例子。

（四）致敌就范　把握主动

孙子认为决定战争胜负的关键，在于“胜兵先胜而后求战”，而要确保自己在战争中永远立于不败之地，就必须创造条件，始终牢牢地掌握主动权：“先为不可胜，而待敌之可胜。”而掌握主动权的核心，关键则在于做到“致人而不致于人”，即调动敌人、钳制敌人而不为敌人所调动、所钳制。这从战略层面上说，就是要做到“夫霸王之兵，伐大国，则其众不得聚；威加于敌，则其交不得合”（《九地篇》），进入“其所措必胜，胜已败者也”（《形篇》）的理想境界；就战术层面而言，掌握主动权，就是意味着“能使敌人前后不相及，众寡不相恃，贵贱不相救，上下不相收，卒离而不集，兵合而不齐”（《九地篇》），是“敌佚能劳之，饱能饥之，安能动之”（《虚实篇》）。总之，是让敌人处处被动挨打，无可奈何；让自己攻守皆宜，稳操胜券！

主动权不是现成的东西，而必须是战争指导者运用聪明才智，发挥主观能动性，才能争取到手的。因此孙子在充分肯定夺取主动权的同时，更以极大的精力来探讨如何争取主动权的问题，提出了许多非常精辟的见解，概括起来说，大致有下面几个方面：

第一，加强军队实力，造成对敌力量对比上的绝对优势，“胜兵若以镒称铢”，“胜者之战民也，若决积水于千仞之谿者，形也”（《形篇》）。这里的“形”，是“军形”，即指军事实力及其外在表现。战争固然是智的角逐，但同样也是力的较量。如果没有强大的军事实力，奇谋妙计再多再好，也是无从争取战争主动权的。孙子对这层道理洞若观火，因此他讲主动权问题，首先立足于增强军事实力这一点上，主张造就“以碫投卵”的主动态势，然后在这基础上争取先机之利。

第二，造势任势，发挥主观能动性，主动灵活地打击敌人。所谓“势”，按孙子的本意，指的是军事力量合理地积聚、运用，充分发挥其威力，突出表现为有利的态势和强大的冲击力。孙子认为仅有实力还不够，要夺取主动权，重要的环节之一，是要任势，所谓“计利以听，乃为之势，以佐其外”（《计篇》），就是这个含义。因此他一再指出：“善战者，求之于势，不责于人，故能择人而任势。”（《势篇》）孙子所说的“任势”（今人多称之为“造势”），其实质含义就是要在强大军事实力的基础上，充分发挥将帅的杰出指挥才能，积极创造和运用有利的作战态势，主动灵活、卓有成效地克敌制胜。

在《势篇》中，孙子还曾指出：“善战者，其势险，其节短。势如彍弩，节如发机。”这表明孙子在重视造势任势以夺取主动权的同时，也注意到以“节”制“势”的问题。他认为“势”与“节”二者互为关系，相辅相成。有势无节，不能发其机；有节无势，则不能逞其威。势要险，即应该快速，突然；节要短，即应该近距离发起攻击，“势如彍弩，节如发机”。孙子说：

“鸷鸟之疾，至于毁折者，节也。”可见只有节量远近，掌握时机，正中其宜，才能充分发挥“势”的威力，使敌人遇之者毁，触之者折，从而真正把握战场的主动权。

第三，示形动敌，主动创造条件。战场上两军对阵，敌我双方在主观上都毫无例外地要致力于造势任势，以争取主动的地位。能否成功，关键之一，就在于能否广施权变，示形动敌，出奇制胜。

“兵以诈立”，在战争中，如果同敌人讲信义，比道德，那么就会成为宋襄公一类的蠢人，丧师辱国，为天下笑。正确的做法应该是真真假假、虚虚实实，以迷惑对手，把握主动，左右战局，夺取胜利。孙子把这种高招，概括为示形动敌。

所谓“示形”，就是隐真示假，诱使敌人中计上当，被自己牵着鼻子走，最后陷入失败的命运。用孙子自己的话说，就是“善动敌者，形之，敌必从之；予之，敌必取之；以利动之，以卒待之”（《势篇》）。孙子指出，战场上示形动敌、克敌制胜的最上乘境界乃是“形人而我无形”“形兵之极，至于无形。无形，则深间不能窥，智者不能谋”（《虚实篇》）。孙子认为，一旦达到这种境界，那么进行防御，即可“藏于九地之下”，坚如磐石；实施进攻，即可“动于九天之上”，制敌于死地。一句话，我军处处主动，而敌军则处处被动。

第四，奇正并用，避实击虚。孙子认为，要造成有利的作战态势，掌握战场主动权，在作战指挥上一是要解决战术上的“奇正”变化运用问题，“三军之众，可使必受敌而无败者，奇正是也”（《势篇》）。所谓奇正，首先，是兵力的配置和使用，“以正合，以奇胜”，也即《尉缭子》所言的“正兵贵先，奇兵贵后”。其次，也是更重要的，是战术的选择和运用，“奇正相生”“奇正之变”。由于奇正的内涵和价值意义，我们在前已另有说明，这里就不再展开论述了。

孙子同时指出，要掌握战场主动权，在作战指挥上还要正确贯彻“避实而击虚”的原则。

“虚实”是孙子兵学中的一个重要军事范畴。一般而言，无者为虚，有者为实；空者为虚，坚者为实。表现在具体军情上，大凡怯、饥、乱、劳、寡、不虞、弱、被动为虚；勇、饱、治、逸、众、有备、强、主动为实。孙子从中揭示出一条重要的规律，这就是避实击虚。

孙子“避实击虚”的原则，首先表现在对攻击目标、攻击方向的选择上。基本的指导思想是，避开敌人的强点，攻击敌人虚弱但却是性命攸关的关键部位。从根本上调动对手，制服敌人。他说“出其所不趋，趋其所不意。行千里而不劳者，行于无人之地也。攻而必取者，攻其所不守也；守而必固者，守其所不攻也”；又说“进而不可御者，冲其虚也”（《虚实篇》），讲的都是一个意思。总之，只要在作战目标及方向选择上贯彻了“避实而击虚”的方针，那么就可以达到“善攻者，敌不知其所守；善守者，敌不知其所攻”（《虚实篇》）的目的了。

孙子“避实击虚”的原则，其次还表现为对攻击时机的把握。基本的指导思想是，避免同正处于士气高涨、斗志旺盛阶段的敌人作正面交锋，通过各种手段瓦解敌人的士气，消磨敌人的斗志，尔后再予以突然而凌厉的打击，夺取战争的胜利。《军争篇》所提到的“治气”主张，就集中反映了孙子“避实击虚”原则在战机捕捉把握上的运用，“善用兵者，避其锐气，击其惰归”。另外像《九地篇》言“敌人开阖，必亟入之”，也是类似的意思。

综上所述，孙子制胜之道的核心就是致敌就范，掌握主动。孙子认为，只要掌握了主动权，战略方针即可确保落实，战术运用即可得心应手，在这样的情况下，胜利的天平自然而然会朝着自己这一边倾斜了：“故我欲战，敌虽高垒深沟，不得不与我战者，攻其所必救也；我不欲战，画地而守之，敌不得与我战者，乖其所之也。”（《虚实篇》）从而真正进入驾驭战争的自由王国。

（五）集中兵力 以十击一

正确选择主攻方向，集中优势兵力，在全局或局部上造成“以镒称铢”的有利态势，各个歼灭敌人，这是孙子制胜之道的突出环节。

作战双方，谁具有优势的战场地位，谁就能拥有军队行动的主动权，这乃是古今中外战争中的一条重要规律。大体而言，两军对阵，凡兵力薄弱、指挥笨拙的一方，一般情况下，总是比较的被动。所以，古往今来的军事家们很自然地提出了“众寡分合”的著名命题。所谓“众寡”，就是兵力的对比问题；所谓“分合”，就是兵力的部署使用问题。两者的核心所在，就是要集中兵力，在全局或局部造成优势，分一为二，各个击破敌人。

孙子是历史上第一个重视并系统阐述“众寡分合”作战原则的兵学大师。在《谋攻篇》中，他明确强调“识众寡之用者胜”，把这看成是“知胜有五”的一项重要因素。这里的“众寡”当然是指兵力的多少，而“用”则是指兵力的运用，也即《军争篇》所说的“分合为变”。孙子认为，要确保掌握主动权，夺取战争的胜利，就必须在战场交锋时集中优势兵力，“以镒称铢”“以碫投卵”，给敌人以毁灭性的打击。为此，他在自己的兵法著作中反复阐发了集中兵力问题的重要性，并一再提出具体的集中优势兵力的种种主张：“并力”“并敌一向”“并气积力，为不可测”“我专为一”，从而达到“以众击寡”的目的。

当然，战场的敌我态势是多种多样且瞬息万变的，因此集中兵力的方法也不宜固守一道，而应该是因敌变化、随机制宜。孙子对此是有清醒的认识的，所以他在《谋攻篇》中论述了集中兵力的各种对策，“十则围之，五则攻之，倍则分之，敌则能战之”，主张针对不同的兵力，分别灵活地采取“围”“攻”“分”“战”等战法，确保己方进退自如，攻防皆宜。

兵力的大小与兵力的集中分散，并不是同一回事。在总体上说，兵力对比虽占优势，但在具体作战过程中也可能因兵力部署的分散而丧失优势；反之，兵力在总体上占劣势，但也可能因相对集中而形成局部上的优势。由此可见，集中兵力是有一定条件的，从主观上说，敌我双方都力求集中兵力，谋求战场上的优势。然而能否达到这个目的，则取决于指挥员主观能动性是否得到充分的发挥。换言之，必须通过高明的指挥，使我方兵力集中而使敌人兵力分散，这才是集中兵力的关键。

孙子不愧为杰出的军事理论家，在“众寡之用”问题上，他既肯定集中兵力的意义，提倡“以十击一”，又积极探讨如何在战争活动中，通过对“分合为变”等手段的运用，以达到集中兵力、掌握主动的目的。

孙子认为集中兵力的关键，在于最大限度地发挥主观能动作用，善于创造条件，捕捉战机。从战术上说，就是要做到“形人而我无形”，使敌人显露真情而我军不露任何痕迹。这样一来，我军兵力就可以集中而敌人兵力却不得不分散。通过调动敌人，来使我方的兵力集中在一处，而让敌人的兵力分散在十处。于是，集中兵力的意图即得以实现，我们便能以十倍于敌的兵力去进攻敌人了，从而造成我众而敌寡的有利态势。而能做到集中优势兵力攻击劣势之敌，“则吾之所与战者，约矣”，出现“吾所与战者寡”的局面。基于这样的认识，孙子乐观地表示了充足的信心，“胜可为也。敌虽众，可使无斗”“越人之兵虽多，亦奚益于胜败哉”（《虚实篇》）。

孙子的思维方式是辩证的，在肯定集中兵力重要性的同时，也深刻揭示了分散兵力的危害性。他认为，在兵力部署上如果不分主次方向，单纯追求“无所不备”，那就势必形成“无所不寡”，不能达到“我专而敌分”的目的，也就失去了主动地位的物质基础。据此，孙子一再提醒战争指导者要避免犯“以一击十”“以少合众”这一类分散兵力的错误，因为那样做即是“败之道也”，到头来一定会覆军杀将，自取其辱。

孙子集中兵力，“以镒称铢”的作战指导思想对后世兵家的影响殊为深远。他们一方面进一步肯定集中兵力的军事学术价值，如《淮南子·兵略训》就曾用形象的比喻来说明这层道理：五个手指轮番敲打，不如握紧拳头狠命一击；一万人逐个轮番进攻，不如一百人同时出击。而《百战奇法》则更明确指出“以众击寡，无有不胜”。另一方面，他们也高度重视运用“分合为变”的手段，来达到集中兵力的目的，“设虚形以分其势”，造成“敌势既分，其兵必寡；我专为一，其卒自众”的有利态势。

（六）巧用地形　攻守得宜

察知天候地理，巧妙利用地利，根据地理条件制定切合实际的战略战术，确保作战的胜利，乃是孙子制胜之道的重要内容。

战争是在一定的空间范围——在古代主要是在陆地和水面进行的，因此，对于影响军队行动的战场地形，就不能不详细研究；为了在战略布局上取得有利地位，就不能不对兵要地理作周到的考察。前者属于“军事地形学”的范畴，而后者则属于“军事地理学”的范畴。在古代，这两者的区分并不严格。人们通常是对它们作通盘的研究和阐述的，孙子在这方面也不例外。

在冷兵器作战时代，掌握和利用地形地理，对于决定战争的胜负关系尤为重要。因此，早在孙子之前，人们即开始探讨军事与地理条件的关系，并留下了不少足资启迪的理论雏形。如《易·师卦》爻辞有云：“师，左次，无咎。”意思是军队在作战中只要占领有利的地形，就不会有危险。又如《易·同人卦》爻辞亦云：“伏戎于莽，升其高陵，三岁不兴。”意谓利用地形多草而隐蔽军队，并抢先占领有利的制高点，就能够战胜敌人，并使敌人大伤元气，多年得不到恢复。这些都成了孙子构筑其兵学地理思想的重要理论来源。

然而，在孙子之前关于地形运用原则的论述，尚远远未臻成熟。这表现为，一是片言只语，缺乏深度；二是没有涉及兵要地理问题，缺乏广度。只有到了孙子那里，利用地理条件以克敌制胜，才成为军事理论体系中的重要组成部分，军事地理学才基本具备规模。换言之，孙子乃是中国古代第一位系统探讨地形、地理条件与军事斗争成败相互关系的军事大师。

孙子对地理在战争中的重要地位有明确的认识。他把“天地孰得”列为“五事”“七计”制胜条件中的一项重要内容。所谓“天”，就是“阴阳，寒暑，时制”；所谓“地”，就是“远近，险易，广狭，死生”。他一再强调高明的指挥员应该“知天知地”，认为这是“胜乃可全”的前提条件。他指出地形条件与作战的胜负有着密切的联系，主张把熟悉和利用地利提到战略的高度来加以重视：“夫地形者，兵之助也。料敌制胜，计险厄远近，上将之道也。”鉴于这样的认识，孙子进而强调行军作战时，要侦察或利用向导去了解地形、掌握地形，指出“不知山林、险阻、沮泽之形者，不能行军；不用乡导者，不能得地利”（《军争篇》）。

孙子的军事地理学思想主要包括两个方面。一是对兵要地理的论述，他撰写《九地篇》，对这一问题集中进行了探讨，提出了军队在九种不同的战略地理环境中展开行动的基本指导原则。二是对战术地理的论述，主要见于《行军》《地形》诸篇。以下我们就根据这一线索作一番必要的概述。

孙子高度重视对兵要地理的研究。在《九地篇》中，他把战略地理区分为“散地”“轻地”“争地”“交地”“衢地”“重地”“圮地”“围地”“死地”九大类，对它们的内涵和特点进行了扼要而精辟的概括归纳：“诸侯自战之地。为散地。入人之地而不深者，为轻地。我得则利，彼得亦利者，为争地。我可以往，彼可以来者，为交地。诸侯之地三属，先至而得天下之众者，为衢地。入人之地深，背城邑多者，为重地。行山林、险阻、沮泽，凡难行之道者，为圮地。所由入者隘，所从归者迂，彼寡可以击吾之众者，为围地。疾战则存，不疾战则亡者，为死地。”

针对上述不同的战略地理条件，孙子进而论述了具体的军事行动方案：处于散地就不宜作战，而应统一军队的意志。处于轻地就不宜停留，即使不得已屯驻，也要使营阵紧密相连。遇上争地就不要勉强进攻，而应迅速出兵包抄敌人的侧后。遇上交地就不要断绝联络，同时谨慎进行防守。进入衢地就应该争取与国，巩固与诸侯之间的联盟。深入重地就要掠取粮草，保障军粮的供应。碰到圮地必须迅速通过。陷入围地，就要堵塞缺口，并设谋脱险。处于死地，就要显示殊死奋战的决心，力战求生。

从孙子这些战略地理学说的内涵来看，孙子的重点，是放在纵深奔袭这一点上的，即认为了解兵要地理的目的，是为了更好地展开战略突袭，以坚决果敢的行动，迅速将军队插入到敌国的腹心地区，与敌军展开决定性的会战，争取一战而胜，成就霸王之业。用他自己的话说，就是："凡为客之道，深入则专，主人不克。"（《九地篇》）由此可知，孙子的兵要地理理论，是其进攻战略观念在军事地理学上的具体反映。两者之间存在着一种"体"与"用"的逻辑关系。

孙子的战术地理思想同样相当丰富，精彩迭呈。他指出，在行军作战过程中，首先要将军队处置好，这即是所谓的"处军"，而"处军"的重要环节，便是要善于利用有利的地形，避开不利的地形，占据战场上的主动地位。为此他具体细致地列举了在山地、江河、沼泽、平原以及"绝涧、天井"等特殊地形的处军原则。具体地说：

在平原地带，要占领平坦开阔地域，而翼侧则应倚托高地，做到前高后低，居高临下，居生击死，同时还要保持粮道的畅通。

在山岭地带，要靠近有水草的山谷，驻扎在居高向阳的地方，同时避免去仰攻业已为敌人所占领的高地，这是总的原则。在《地形篇》中，孙子还通过对"挂形""支形""隘形""险形"等四种地形作战原则的阐述，进一步揭示了山地"处军"作战的要领。

在江河地带，孙子认为作战上必须掌握以下的要领：第一，“绝水必远水”，即横渡江河，必须在远离江河之处驻扎。第二，实施“半渡击”，即敌人渡水来战，不要在江河中予以迎击，而要等它渡过一半时再发起攻击。第三，“欲战者，无附于水而迎客”，意即如果要同敌人决战，则不要紧挨水边布兵列阵。第四，“视生处高”，意即在江河地带驻扎，也应当居高向阳。第五，“无迎水流”，意即不可面迎上流，以防止敌军顺流而下，决堤放水，投放毒药。

在盐碱沼泽地带，孙子认为“处军”时要做到，一是应该迅速离开，不要停留，以摆脱被动；二是倘若万不得已同敌人相遇于盐碱沼泽地带，那就一定要靠近水草并背靠树林，努力化被动为主动。

孙子认为，各种特殊地形的地带都是极不利于军队的行动的。一旦遇到这类地形，就要善于判断，果断决策，迅速离开，把它们留给敌人，陷敌于被动之中：“凡地有绝涧、天井、天牢、天罗、天陷、天隙，必亟去之，勿近也。吾远之，敌近之；吾迎之，敌背之。”（《行军篇》）

在具体分析了江河、平原、山地的地形特点以及不同的军事对策之后，孙子进而概括和揭示了利用地形的一般规律，形成了其战术地形学的基本指导思想：“凡军好高而恶下，贵阳而贱阴，养生而处实，军无百疾，是谓必胜。丘陵堤防，必处其阳而右背之。此兵之利，地之助也。”（《行军篇》）可见，无论在平原、山岭地带也好，还是在江河、天险、沼泽地带也罢，都要居高向阳，梯次配备兵力，保证军需供给，巧妙利用地形，牢牢掌握主动，力争克敌制胜。

应该指出的是，战略地理、战术地形固然重要，为战争指导者所必须充分了解和巧妙利用，但它毕竟是用兵打仗的辅助条件。要在战争中消灭敌人，保存自己，关键还在于拥有强大的实力，并高明实施卓越的作战指导。同时，孙子所揭示的巧用地利的方法，也仅仅是一般的通则。要真正驾驭它，实有赖指挥员别具匠心，临机应变，韩信背水阵破赵就是这方面的一个典范。

四、孙子的治军思想

孙子的治军思想是自成体系的。他曾提出不少精辟的治军原则，以适应新兴势力从事战争的需要。归纳起来说，孙子的治军思想主要包括严明赏罚、重视选将、将权贵一、严格训练、统一号令、爱卒善俘等诸多方面。而其核心精神，就是刚柔相济、恩威并施、文武两手、双管齐下——“令之以文，齐之以武”。

（一）上下同欲 政胜为先

重视军队内部团结问题，并不肇始于孙子。早在《周易》中，就有关于治军以和为先的论述。如《易·晋卦》爻辞指出：“众允，悔亡。”意思就是说如果能得到众人的信任，取得战争的胜利便没有什么困难了。到了《左传》那里，更明确提出了“师克在和不在众”这一命题，把和军洽众视为决定军队强大、战争胜负的主要因素之一。前人这一类理性认识，对于孙子“上下同欲”治军思想的形成，具有重要的启示作用。

孙子处于政治变革剧烈、战争活动频繁的春秋晚期，前人在治军问题上正反两方面的经验教训，使他在构筑自己治军思想时，有了可资借鉴的材料。而建设一支能征惯战的军队以应付争霸兼并战争的需要，更使得他将相当大的注意力投放在理顺军队内部关系的深刻思考上，于是系统提出了其“上下同欲，政胜为先”的治军基本思路。

在《孙子兵法》中，孙子把“主孰有道”突出地置放在考察战争胜负诸要素“五事”的首位。这里的“道”，其本质含义就是指政治的清明与否。在孙子看来，“修道而保法”不仅是克敌制胜的前提，也是治军上的要义，是须臾不可忽视的。

由于军队的基本成员——广大士卒来自于民众，因此孙子认为，要搞好军队内部的团结，应该从理顺整个国家统治者与被统治者的相互关系做起。于是他主张“令民与上同意”（《计篇》），即要求战争指导者尊重普通民众的意愿，想方设法创造条件，使统治者与广大民众两者之间的意志统一起来，上下之间团结一致，和衷共济，去夺取战争的胜利。

有了国家政治中“与上同意”这个坚实基础，那么落实到军队治理上，做到“与众相得”（《行军篇》）也就有了较大的可能。所谓“与众相得”，指的是官兵之间关系和谐融洽，心往一处想，劲往一处使，指挥员关心爱护普通士卒，普通士卒爱戴拥护指挥员，为实现共同的目标携手合作，患难与共，前赴后继，勇往直前。

当然，孙子也清醒地意识到，要使自己良好的初衷转变为现实，并非容易。这主要是因为统治者与民众之间存在着巨大的利益对立。统治者组建军队、发动战争，乃是出于争霸称雄、兼并土地、掠夺财富、奴役民众的目的。而对广大民众和普通士卒来说，战争给他们带来的眼前直接后果，乃是生命的牺牲，财产的损失，是种种不幸。因此要让他们充当炮灰、为之卖命，自然是困难重重。在这样的情况下，军队内部要做到上下关系融洽，齐心协力，一致对敌，也多属一厢情愿。这是治军上一个无从回避的矛盾。

那么，该如何化解这一矛盾呢？孙子提出了极其高明的一着，即调和上下之间的矛盾，寻找双方的共同点，既满足统治者的意愿，又多少照顾普通士卒的利益，所谓的“上下同欲”（《谋攻篇》），就是他这一治军指导思想最精炼、最贴切的概括。

“上下同欲”按字面的理解，就是将帅和士卒间利益一致，意愿相同。其具体的内容，孙子本人并没有展开论述，但不外乎以下几层意思：第一，统治者对战争持慎重的态度，与穷兵黩武划清界限，尽可能减少战争给民众带来的损失。第二，运用教育的手段，激发部队将士的“军心士气”，同仇敌忾，勇于牺牲，一往无前。第三，在精神激励的同时，利用物质利益这一杠杆，使得将士的战场表现同其物质利益直接挂起钩来，即所谓“取敌之利者，货也”(《作战篇》)。第四，军队统帅在具体指导作战行动过程中，既考虑君主的根本利益，又关心普通士卒乃至百姓的痛痒，对上负责，对下安抚，“进不求名，退不避罪，唯人是保，而利合于主”(《地形篇》)。

在孙子的观念中，“上下同欲”是增强部队战斗力的关键。通过它，军队内部上下之间会变得团结，军队行动就会步调一致，从而进入“齐勇若一”的上乘境界。

孙子“上下同欲”、政胜为首的治军立场，受到后世兵家的普遍推崇。他们从中接受启迪并根据自身所处的时代条件，不断丰富发展孙子的这一理论。概括地说，这种发展表现为：第一，强调“上下一心”，努力保持政治思想上的一致，“与众同好”“与众同恶”；第二，要求军队内部在日常生活中做到一致，“寒暑与均，劳逸与齐，饥渴与同”；第三，强调在战场上做到上下之间“安危与共”；第四，主张“上下同欲”从平时做起，坚持不懈，认为只有平日抚恤“得其心”，才能做到临战之际“得其死力”。

（二）令之以文　齐之以武

申饬军纪、严明号令是中国古代兵家的共识。早在《易·师卦》中就有“师出以律，失律凶也”之说，将军事纪律视为克敌制胜的前提条件。相传三国时期大政治家、军事家诸葛亮曾有名言：“有制之兵，无能之将，不可以败；无制之兵，有能之将，不可以胜。”(《诸葛亮集·文集》卷二《兵要》）认为军纪严明、训练有素的军队，才拥有强大的战斗力。“师行须预严纪律”“顺命为上，有功次之”，可见自古以来人们都把严明军纪放在治军的重要地位。

从《孙子兵法》以及孙武的生平事迹看，孙子对整饬军纪军法的重要性是有清醒的认识，给予高度重视并身体力行的。在《计篇》中他将“法”列为“五事”中的一项，把“法令孰行”作为判断战争胜负的重要因素之一。他认为一支军队必须有严格的组织编制，明确各级指战员的职守：“法者，曲制、官道、主用也。”（《计篇》）一再强调指出：“治乱，数也”“凡治众如治寡，分数是也”（《势篇》）。可见孙武非常重视军队的法制建设。至于军队法制建设的重点，孙武则认为是统一号令，加强纪律。他曾说“斗众如斗寡，形名是也”（《势篇》），主张以金鼓旌旗来统一将士的耳目，协调部队的行动，以达到“勇者不得独进，怯者不得独退”（《军争篇》）的目的，指出这是最佳的“用众之法”。孙子是这样主张的，也是这样实践的，吴宫教战时他不顾吴王阖闾的求情阻拦，断然处死不听军令、不守纪律的两名吴王爱姬，就是这方面最有说服力的事例。

同时，孙子也主张在执法问题上应该做到随时变宜，灵活处置，以更好地发挥军事法纪的作用。所谓“施无法之赏，悬无政之令”（《九地篇》），就是这层意思，即施行超越常规的奖赏，颁布打破常规的军令，来将军事法纪落实到实处。这充分体现了孙子既讲求执法的严肃性，又注重执法的灵活性这一实事求是的态度。

孟子有言：“徒法不足以自行。”（《孟子・离娄上》）申饬军纪军法必须用具体而有力的手段来加以保证。这个手段，主要是指“赏”“罚”两柄。即通过严刑厚赏迫使将士畏法守纪，听从命令，勇敢杀敌。

孙子认为，严明赏罚乃是整饬军纪军法，发挥全军将士积极性，增强部队战斗力的最重要途径之一。在《计篇》中他曾把“赏罚孰明”列为预测、分析战争胜负的主要标准之一，旗帜鲜明地指出：“令之以文，齐之以武，是谓必取。”（《行军篇》）所谓“文”，就是指精神教育，物质奖励；所谓“武”，则是指军纪军法，重刑严罚。他认为只要在治军中贯彻信赏明罚的原则及其措施，就可以克敌制胜，永远立于不败之地。

在《孙子兵法》中，孙武还进而阐述了实施赏罚两柄的具体标准。如提出在车战中凡是英勇作战，缴获敌人战车十辆以上的，应该“赏其先得者”，为众将士树立榜样，以广泛调动大家的积极性。至于罚的一手，孙子也认为不可或缺，吴宫教战之时他就以将吴王爱姬斩首示众的最高惩罚，证明了他在这一点上的毫不含糊，证明了军纪如山，军法无情，军威凛然不可渎犯的铁则。

孙子进而认为，对赏罚尺度的把握和运用必须适宜，切忌畸轻畸重，换句话说，必须是文武两手双管齐下，做到恩威并施，又拉又打；至于推行赏罚的时机也要恰当，具有针对性。他说：“卒未亲附而罚之则不服，不服则难用也；卒已亲附而罚不行，则不可用也。”（《行军篇》）他一再强调，如果出现这种情况，那么就不能造就一支真正具有战斗力的军队：“厚而不能使，爱而不能令，乱而不能治，譬若骄子，不可用也。”（《地形篇》）为了避免这样的局面，孙子主张申饬军纪、严明赏罚要从平时做起，“令素行以教其民，则民服”（《行军篇》），以收到事半功倍之效。

（三）严格训练　爱卒善俘

军队必须经过严格的训练，才会具有战斗力，一旦上阵，就可杀敌致胜，否则，再庞大的军队，也等于是一群乌合之众，毫无战斗力可言，打起仗来就意味着把士兵白白送给敌人，“以不教民战，是谓弃之”（《论语·子路》），这乃是不言而喻的道理。因此，自古至今，军事训练作为军队建设的重要内容，概莫能外，而对军事训练问题的理性探讨，也成为古代兵家治军思想的有机组成部分。

自春秋末期起，“蒐狝”式的军事训练制度，随着社会历史条件的根本性变化而开始走向没落，被以一教十、循序渐进、系统正规的新型训练方式所取代。这种训练方式的主要特点是，训练是在各级军官的直接指挥下进行的，并通过由单兵到多兵，由分练到合成渐进过程加以完成。

孙子处于两种军事训练方式的过渡时期，因此他的军事训练思想也打上了这一时代烙印。一方面他高度重视军队的训练问题，另一方面却又仅仅是提出军事训练的基本原则而来不及加以具体化系统化。

孙子主张严格练兵，提高战斗力，把“士卒孰练”列为重要的制胜因素，提升到战略地位的高度来认识。需要指出的是，孙子在这里所说的“士卒”，不单是今天所谓的士兵，“士”在当时是甲士或武士，也就是军官。可见孙子强调训练“士卒”，是就全军官兵范围而言的。

至于具体的训练课目，孙子没有展开充分的论述，但从《孙子兵法》等材料所曲折反映的情况看，孙子所重视的军事训练内容，是强调士卒在旌旗金鼓的指挥下，操练技能，熟习阵法，做到进退整齐，步调一致：“夫金鼓、旌旗者，所以一人之耳目也。人既专一，则勇者不得独进，怯者不得独退，此用众之法也。”（《军争篇》）从而确保部队在战场交锋时，始终处于“纷纷纭纭，斗乱而不可乱也；浑浑沌沌，形圆而不可败也”（《势篇》）这样的优势地位。

在《地形篇》中，孙子通过对“兵有六败”的严肃批判，从反面进一步论证了部队严格军事训练的重要性，指出部队不进行严格训练必然会招致失败，对此决不可等闲视之：“将之至任，不可不察也。”六条中有三条与训练有关。一是“弛”，“卒强吏弱，曰弛”。这种军官懦弱无能而士兵强悍不驯的部队，就是缺乏训练管理、军纪弛坏的队伍。二是“陷”，“吏强卒弱，曰陷”。军官有能耐，可士兵怯懦，缺乏战斗力，这种部队打起仗来必然陷于失败。三是“乱”，“将弱不严，教道不明，吏卒无常，陈兵纵横，曰乱”。“将弱不严”，即将帅不善管理，纪律废弛；“教道不明”，即将帅不懂得军队教育训练的规律；“吏卒无常”，即官兵关系紧张，没有一定的训练管理法规；“陈兵纵横”，即训练作战时，行动没有章法，几成乌合之众。孙子认为这些现象都必须努力加以克服和避免，而克服的途径，无疑是严格管理，加强训练。

为了训练出一支英勇善战的雄师劲旅，服务于新兴势力从事争霸兼并事业的政治需要，孙子积极提倡“爱兵”主张，强调要关心爱护普通士卒，认为做到“视卒如婴儿”“视卒如爱子”，乃是训练好部队的一个不可或缺的先决条件。孙子这一“爱兵”主张的动机是很明确的，即由此而造就“上下同欲”、官兵一致的良好军内关系，保证部队达到“投之无所往，死且不北”“犯三军之众，若使一人”（《九地篇》）这样的最佳临战状态。同时，孙子还主张对敌军战俘要予以优待，“卒善而养之”（《作战篇》），争取他们改变敌对态度，为己所用，“车杂而乘之”（《作战篇》），从而在削弱敌人的同时，使自己的力量变得更加强大，“胜敌而益强”（《作战篇》）。孙子的这一思想，较之于那种暴戾酷烈，以诛戮战俘为能事的做法，无疑具有进步性。

（四）选将任将　德才兼备

从《孙子兵法》所述的内容看，孙子是高度重视将帅的地位和作用的。他将“将孰有能”置于判断制胜条件的第二位，就充分显示了这一点。孙子认为军事指挥员各方面素质的优劣高低，在很大程度上决定着军队建设的成败、作战行动的胜负和国家命运的安危：“故知兵之将，生民之司命，国家安危之主也。”（《作战篇》）指出将帅在整个国家政治生活中的地位，仅次于最高统治者——国君，其作用须臾不可忽视。

鉴于对将帅地位重要性的认识，孙子十分重视对将帅队伍的建设。他认为作为一名良将，必须具备突出的优良素质。这些优良素质，根据孙子的意见，就是所谓的“五德”，即为将的五条标准：“智、信、仁、勇、严。”（《计篇》）

唐代杜牧在其《孙子注》中曾对上述“五德”作过精辟的解释：“盖

智者，能机权，识变通也；信者，使人不惑于刑赏也；仁者，爱人悯物，知勤劳也；勇者，决胜乘势，不逡巡也；严者，以威刑肃三军也。”由此可见，孙子对良将品质的界定，乃是指为将者要做到多谋善断、赏罚有信、爱抚部属、勇敢能战和明法审令。“五德”互为条件，缺一不可。这表明孙子既对将帅政治德操提出了标准，也对将帅军事才能提出了要求，其核心含义就是力求达到德才兼备、文武双全的极高境界。

以“智、信、仁、勇、严”为总纲，孙子进而对将帅立世处事的行为准则提出了严格的要求。具体地说，第一，将领要具备高尚的道德操守，“进不求名，退不避罪，唯人是保，而利合于主”，置个人荣辱得失于度外，忠于国君，爱护民众。第二，将领要具备卓越的指挥才能，“知彼知己”“知天知地”“通于九变之术”“识众寡之用”“知迂直之计”，要知阵法，识战机，而最根本的是要掌握“战道”——战争规律。足智多谋，善于临机应变，“因敌而制胜”。第三，将领也要具备杰出的治军本领，这包括以“信”“严”为本的管理手段和以“仁”“勇”为核心的带兵作风。恰当地掌握好爱与令、厚与使、乱与治的分寸，既爱兵抚士，身先士卒，以求士卒“亲附”，而“与众相得”，又严格管理，令行禁止，做到“令素行以教其民”。总之，必须文武并用，恩威兼施，赏罚俱行。第四，在个人性格修养上，将领也要具备高度自控的能力。用孙子自己的话说，就是“将军之事，静以幽，正以治”（《九地篇》），意即沉着镇定，喜怒不露声色；为人接物公正无私，处理事务条理井然。

孙子在从正面阐明将帅具备“五德”必要性的同时，又从反面告诫将帅要防止产生性格行为上的五种缺陷，指出它们是导致“覆军杀将”的根源：“故将有五危：必死，可杀也；必生，可虏也；忿速，可侮也；廉洁，可辱也；爱民，可烦也。凡此五者，将之过也，用兵之灾也。覆军杀将，必以五危，不可不察也。”（《九变篇》）由此可见，无论是死拼蛮干，还是贪生怕死，无论是急躁易怒，还是沽名钓誉抑或不分主次，姑息求全，在孙子看来，都是断断要不得的，必须坚决反对，力求避免。类似的意思，在《孙子兵法》中还有许多。如《行军篇》曾告诫将帅“惟无武进”，认为“夫惟无虑而易敌者，必擒于人”，意思同样是反对有勇无谋，轻敌盲动。孙子的这些论述进一步从反面论证了将帅修养“五德”兼备的重要性，表明他分析问题的辩证性和全面性，是值得后世治军者引以为戒的。

为了确保将帅在战争中进行有效、灵活的指挥，孙子主张保持将权适当的集中和专一，即在作战指挥上，应由将帅根据战争的规律和具体情况来确定是打还是不打：“战道必胜，主曰无战，必战可也；战道不胜，主曰必战，无战可也。”（《地形篇》）

孙子对军事行动中瞎指挥、瞎管理、瞎监督的做法深恶痛绝，严词抨击，坚决反对国君脱离实际情况干涉部队的指挥事宜。这一思想在《谋攻篇》中有集中的反映。他指出，国君危害军事行动的情况有三种，它们都是束缚军队极不明智的行径，只会使将士疑虑困惑，无所适从。孙子认为一旦发生这类情况，敌人便会乘机进犯，己方将处于十分不利的位置，灾难不可避免，这叫做“乱军引胜”。孙子进而指出，一支军队要强大有力，战胜敌人，夺取胜利，重要的前提条件之一，便是必须真正做到“将能而君不御”。正是在这个意义上，孙子不遗余力地强调“君命有所不受”，并把它肯定为一条很重要的治军原则，用于指导处理复杂的君将关系。

五、《孙子兵法》的地位和影响

明代兵书《投笔肤谈》认为：“《七书》之中，惟《孙子》纯粹，书仅十三篇，而用兵之法悉备。”《孙子兵法》堪称古代军事理论的开创者，构筑了古典军事理论的框架，使后世许多兵学家难以逾越。后世的军事理论建树，多是在《孙子兵法》基本精神与原则的指导下进行的。《孙子兵法》对后世军事理论的影响，主要有下列几点：

（一）袭用和征引《孙子兵法》文字和句意，作为自己兵学理论依据的现象非常普遍。兵学家在军事著作中征引《孙子兵法》文句的，可以举出《吴子》《孙膑兵法》《尉缭子》《鹖冠子》等等。至于唐代的《唐太宗李卫公问对》，宋代的《百战奇法》，明代的《登坛必究》《投笔肤谈》等等，那更是或全书或某篇地以发挥《孙子兵法》的原理来树立自己的学术观点。以《吴子》为例，其暗用、明引、袭抄《孙子兵法》文字和思想者，就有十多处。可以这么说，中国古代兵书，不但精神上是《孙子兵法》的孳乳，而且在外貌上也打上了《孙子兵法》的烙印③。

（二）对《孙子兵法》所提出的基本军事范畴的继承和发展。《孙子兵法》在军事理论建树上的突出点之一，是基本形成了一整套独特的反映军事理论认识对象的范畴，诸如虚实、奇正、主客、形势、攻守、迂直等等。后世兵学家在构筑自己的兵学体系的过程中，无不借用这些基本军事范畴来阐述自己的军事思想。同时，他们也根据新的历史条件，借鉴历史上的战争经验，通过缜密的独立思考，丰富和发展孙子所确立的军事范畴。奇正的缘起和充实，即是明证。奇正，作为范畴最早出于《老子》，“以正治国，以奇用兵”。但真正把它用于军事领域并作系统阐发的，则是《孙子兵法》，即“凡战者，以正合，以奇胜”“战势不过奇正，奇正之变，不可胜穷也”。奇正的含义，显然是指兵力的使用和战术的变换。孙子确立的奇正这一范畴，后世兵家无不奉为圭臬，广为沿用和阐述。如《孙膑兵法·奇正》说：“形以应形，正也；无形以制形，奇也。”《尉缭子·勒卒令》说：“正兵贵先，奇兵贵后。”曹操《孙子注》说：“正者当敌，奇兵从旁击不备也。”前者是孙子奇正第二层意思的表述，后两说则是孙子奇正第一层意思的阐释。而到了《唐太宗李卫公问对》那里，奇正范畴则有了新的发展。它对奇正的论述更完备，分析更透彻，提出了一个重要论断："善用兵者，无不正，无不奇，使敌莫测。故正亦胜，奇亦胜。"（《唐太宗李卫公问对》卷上）这比《孙子兵法》的奇正理论显然更全面、更深刻，但它依旧是祖述和发展《孙子兵法》的逻辑结果。

（三）对后世兵书编修风格与体裁的广泛影响。《孙子兵法》阐述兵理极具特色，突出的特点是舍事而言理，词约而义丰，具有高度的哲理色彩和抽象性。后世兵书祖述《孙子》，很自然形成了以哲理谈兵的历史传统。如《孙膑兵法》《吴子》《尉缭子》《六韬》《三略》《唐太宗李卫公问对》《阵纪》《兵经百篇》《草庐经略》《投笔肤谈》等著名兵书都以哲理性强而著称。一些大型综合性兵书如《武经总要》《武备志》等也收录了很丰富的军事理论内容。即使那些阵法、兵器等技术型兵书，也大都以理论为纲，进行编纂，从而形成了中国兵书"舍事言理"或"以理系事"的创作风格。至于编修形式上，后世兵书亦多有模仿《孙子兵法》者，如《投笔肤谈》即"仿《孙子》之遗旨，出一隙之管窥，谬成十三篇"（西湖逸士《投笔肤谈·引》）。

（四）《孙子兵法》对后世军事的深远影响也表现在战争实践之中。中国古代历史上众多的以弱胜强、以少克多的战例，有不少是人们活用和暗用《孙子兵法》的结果。像战国时期的齐魏桂陵、马陵之战，显然是孙膑借鉴运用孙武"避实击虚""用而示之不用"诸原则的杰作；像秦汉之际韩信背水布阵歼灭赵军，即系灵活运用孙武"置之死地而后生"思想的手笔；像三国时期邓艾偷渡阴平灭蜀汉之举，可视为对孙子"攻其无备，出其不意""以迂为直，以患为利"理论淋漓尽致的发挥；像努尔哈赤对明军的萨尔浒之战，则无疑是孙子集中兵力"并敌一向"用兵艺术的实战诠释。唐代杜牧在其《注孙子序》中说："孙武所著十三篇，自武死后凡千岁，将兵者有成者，有败者，勘其事迹，皆与武所著书一一相抵当，犹印圈模刻，一不差跌。"这话虽不免有些绝对化，但古往今来为将者莫不视《孙子兵法》为“兵经”，重视其实战功效，这确是事实。战争无论胜负，我们大都可以从《孙子兵法》中找到个中原因。

明代茅元仪在《武备志·兵诀评序》中指出：“前孙子者，孙子不遗；后孙子者，不能遗孙子。”这段话很好地概括了《孙子兵法》在历史上的地位和意义。作为中国古代兵学宝库中的一笔珍贵遗产，《孙子兵法》是不朽的。

① 参见吴九龙《简本与传本孙子兵法比较研究》，载《孙子新探》，解放军出版社 1990 年版。

② 杨丙安、陈彭《孙子书两大传本系统源流考》，《文史》第 17 辑。

③ 参见黄朴民《孙子兵法在历史上的地位与影响》，《文史知识》1991 年第 8 期。

孙子兵法

计　篇

孙子曰：兵者[1]，国之大事[2]，死生之地[3]，存亡之道，不可不察也[4]。

在孙子看来，战争既然是这样一件关系着国家存亡、人民生死、统治安危的头等大事，那么用慎重的态度去对待它不仅合理，而且必须。

［注释］

[1] 兵：本义指兵械，《说文解字》："兵，械也。"后引申为兵士、军队、战争等，此处作战争、军事解。　[2] 国之大事：意谓国家的重大事务。《左传》成公十三年："国之大事，在祀与戎。"《鹖冠子·近迭》亦云："人道先兵。"与《孙子兵法》此语相合。孙子所处的春秋晚期，大国争霸、列强兼并的战争正日趋激烈频繁，故合乎逻辑地产生这样的思想认识。汉简本"事"下有"也"字。樱田本同汉简本。　[3] 死生之地：以下两句是说战

争直接关系到军民的安危、国家的存亡。杜牧注："国之存亡，人之死生，皆由于兵。"梅尧臣则曰："地有死生之势，战有存亡之道。" [4] 不可不察：意指不可不仔细审察，谨慎对待。察，考察、研究。《论语・卫灵公》："众恶之，必察焉；众好之，必察焉。"

[点评]

如同一首律诗有它的"诗眼"、一首乐曲有它的主题旋律，一部理论著作自然也有它的中心篇章，在全书中起着提纲挈领、总揽全局的关键作用。《计篇》作为《孙子兵法》十三篇的首篇，也具有这样的特殊地位，在某种意义上可以看作是孙子杰出兵学思想的高度浓缩和精辟概括。

《计篇》的基本思想由两个部分所组成，一是战争的筹划理论，二是战争的实施方法。前者是"体"，后者是"体"之"用"，"体"与"用"两者有机结合，相得益彰，互为关系，相辅相成，从而奠定了孙子兵学体系的坚实基础。

战争作为一种特殊的社会活动形态，是随着人类历史的发展而发展的。阶级社会中的任何一种战争，无一不是一定的阶级意志的体现。因此，任何一个阶级对于面临的战争，不能不做出符合本阶级根本利益的认识和反映。春秋时代战争频繁，诸侯间竞相争霸，武力兼并一日无已，作为当时新兴阶级势力在军事领域的杰出代言人的孙子，其著作《孙子兵法》无疑要旗帜鲜明地反映这一时代特色。

孙子肯定并支持当时的争霸战争、兼并战争。以战致强，以战致盛，是孙子投身军事戎马生涯，并积极从事于对战争基本规律的探求和揭示的思想前提。他对战争的利弊得失有着比常人更为深刻的了解和认识，有着比常人更为权威的发言权。换句话说，作为兵家的孙子，在战争问题上头脑十分清醒，十分冷静，十分明智，理性主义遂成为其战争观的基调，千百载以来依旧不失却它的价值而熠熠生辉。

这种理性主义，首先表现为坚定执着的“慎战”立场。通观一部近六千言的《孙子兵法》，我们可以发现，其中没有一丝一毫黩武主义的气味，而是时时处处都强调兵凶战危，反映出谨慎从事战争的态度。

在战争不可避免的情况下，孙子坚定不移地主张，无论是战争决策，还是战争准备、战争实施乃至战争善后，都应该做到慎之又慎。为此，孙子不厌其烦地以告诫的口吻向统治者发出警告，提醒他们从生死存亡的角度慎重对待、充分认识、仔细研究战争：“明主慎之，良将修之。非利不动，非得不用，非危不战。”一再指出“亡国不可以复存，死者不可以复生”的要害之所在。对于那种缺乏政治目的和战略意图而轻启战端、挑起兵衅的愚蠢行为，孙子认为是十分短视和危险的，因而持坚决反对的态度：“主不可以怒而兴师，将不可以愠而致战。”（《火攻篇》）为此，孙子强调要在战前进行周密的战略筹划，做到“经之以五事，校之以计而索其情”，不打无把握之仗。用他自己的话说就是“未战而庙算胜者，得算多也；未战而庙算不胜者，得算少也”。

然而，主张慎战并不是意味着反对战争，取消战争。

如果是这样，孙子就用不着殚精竭虑来撰写兵法著作了。他提倡慎战的主旨，在于强调进行战争的政治目的应当遵循新兴势力的功利主义原则，即做到“非利不动，非得不用，非危不战”“合于利而动，不合于利而止”，以威慑敌，以谋止攻，追求不战，但又不惧挑战，不战则已，战则必胜。这种既重战又慎战的观点，使得孙武的战争观念，既不同于儒、墨等学派的反战、非战主张，也与稍后的法家一味嗜战、主战立场划清了界限；既区别于反对一切战争的空想和平主义者，又区别于那些穷兵黩武的战争狂人。由此可见，孙子的慎战出发点是“安国全军”，以最终赢得战争的彻底胜利。

故经之以五事[1]，校之以计而索其情[2]。一曰道[3]，二曰天，三曰地，四曰将，五曰法。道者，令民与上同意也[4]，故可以与之死[5]，可以与之生，而不畏危。天者，阴阳、寒暑、时制也[6]。地者，远近、险易、广狭、死生也[7]。将者，智、信、仁、勇、严也[8]。法者，曲制、官道、主用也[9]。凡此五者，将莫不闻[10]，知之者胜，不知者不胜。故校之以计而索其情，曰：主孰有道[11]？将孰有能[12]？天地孰得[13]？法令孰行？兵众孰强[14]？士卒孰练[15]？赏罚孰明[16]？吾以此知胜负矣。

值得注意的是，孙子所认知的“道”，即政治清明，政治和谐，是“令民与上同意”，而不是“令上与民同意”。两字顺序之不同，足见孙子见识之不凡。

[注释]

[1] 经之以五事：意谓要从五个方面分析、预测战争胜负的可能性。经，度量、衡量的意思。《诗经·大雅·灵台》："经始灵台，经之营之。"毛亨传曰："经，度之也。" [2] 校之以计而索其情：意谓要通过对双方各种条件的比较分析，来探索战争胜负的情况与规律。张预注："校计彼我之优劣，探索胜负之情状。"即孙子之本旨。校，衡量、比较。《广雅·释诂》："校，度也。"计，指下文所言"主孰有道"等"七计"。索，考索、探索。《墨子·尚贤中》："索天下之隐事遗利，以上事天。"情，情势、实情，也可理解为规律。汉简本"校"借作"效"，"而"作"以"，"情"又借作"请"。樱田本"计"上又有"七"字。 [3] 道：本义是道路，后引申为事理、规律、方法等等。此处的含义是指社会政治条件，尤指人心向背。《孟子·公孙丑》言："得道者多助，失道者寡助。寡助之至，亲戚畔之；多助之至，天下顺之。"即表明政治对战争成败的关键作用。 [4] 令民与上同意也：言使普通民众认同、拥护君主的意愿。令，使、教的意思。民，普通民众、老百姓。上，君主、统治者。意，意志、意愿。《管子·君臣下》："明君在上，便辟（嬖）不能食其意。"同意，同心同德。令民与上同意，武经本无"也"字，汉简本"也"上又有"者"字。 [5] 可以与之死：以下三句意谓民众与统治者一条心，乐于为君主出生入死而毫不畏惧危险。不畏危，不害怕恐惧危险。武经本无"故"字。汉简本无二"以"字。"不畏危"，武经本句末有"也"字。汉简本"不畏危"作"弗诡也"。"弗诡"意即无疑贰之心。有人释"弗诡"为"不敢违抗"，于义亦通。 [6] 阴阳、寒暑、时制：阴阳，指昼夜、晴晦等天时气象的变化。寒暑，指寒冷、炎热等气温差异。时制，指四时季节的更替。此句之下，汉简本又有"顺逆，兵胜也"五字，为各本所无。所谓"顺逆"乃是以阴阳向背

为禁忌，所谓“兵胜”则是以五行相胜为禁忌（参见李零《兵以诈立》第三讲《“始计”第一》）。 [7] 远近、险易、广狭、死生：远近，指作战区域的距离远近。张预注：“知远近，则能为迂直之计。”险易，指地势的险厄或平坦。广狭，指战场面积的宽阔或狭窄。死生，指地形条件是否利于攻守进退。死即死地，进退两难的地域；生即生地，易攻能守之地。《孙膑兵法·八陈》：“险易必知生地、死地，居生击死。”汉简本在“远近”前有“高下”二字。 [8] 智、信、仁、勇、严：智，足智多谋，计出万端。信，赏罚有信，令行禁止。仁，爱抚士卒，关怀百姓。勇，英勇善战，果断杀敌。严，严于律己，执法必严。凡此五德，孙子认为是作为优秀将帅所必须具备的基本素质。《史记·司马穰苴列传》称：“文能附众，武能威敌。”梅尧臣注：“智能发谋，信能赏罚，仁能附众，勇能果断，严能立威。”此句王符《潜夫论·劝将》引作“将者：智也，仁也，敬也，信也，勇也，严也”，孙校本谓“汉时故书如此”。 [9] 曲制、官道、主用：曲制，有关军队的组织编制、通讯联络等具体制度。曹操注：“曲制者，部曲、旛旗、金鼓之制也。”官道，指各级将吏的管理制度。张预注：“官谓分偏裨之任，道谓利粮饷之路。”主用，指各类军需物资，如车马兵甲、衣装粮秣的后勤保障制度。主，管理、主管。《孟子·万章上》：“使之主事而事治。”用，物资费用。 [10] 将莫不闻：以下三句的意思如曹操注所言：“同闻五者，将知其变极，即胜也。”闻，知道、了解。知，深切了解之意。 [11] 主孰有道：指哪一方国君为政清明，拥有广大民众的支持。主，君主、统治者。孰，疑问代词，谁，这里指哪一方。道，有道，政治清明。 [12] 将孰有能：哪一方的将领更有才能。 [13] 天地孰得：哪一方拥有天时、地利。张预注：“观两军所举，谁得天时、地利。” [14] 兵众孰强：哪一方兵械铦利，士卒众多，军队强大。兵，在这里是指兵械。但也有注家认为，“兵”为军队。 [15] 士卒孰练：哪一方的军队训练有素。张预注：“离合聚散之法，坐作进退之令，谁素闲习。”练，娴熟。《战国策·楚一》：“练士厉兵，在大王之所用之。” [16] 赏罚孰明：哪一方的奖惩能做到公正无私。《孙膑兵法·威王问》：“夫赏者，所以喜众，令士忘死也。罚者，所以正乱。”“明主施赏不迁，行诛无赦，誉辅其赏，毁随其罚，则贤不肖俱尽其力矣。”（《韩非子·五蠹》）

[点评]

孙子强调在战略规划与战略运筹上，应该注重系统性、综合性与完整性。他将决定战争胜负的基本要素，概括为道、天、地、将、法五个方面。“道”是政治条件，就是国内政治清明，上下和谐，在战争问题上，使高居庙堂的统治者和身处草莽的老百姓达成共识，心往一处想，劲儿往一处使，至少也要做到不唱反调，不有意作梗。“天”与“地”，都是讲战争的自然环境，要拥有有利的天时、地理条件，把握住战场的主动权。“将”，讲的是军队的统帅问题，将帅作为一支军队的灵魂，他的素质、才能直接关系着军队战斗力的发挥，正所谓“兵熊熊一个，将熊熊一窝”“置将不慎，一败涂地”，所以他理所当然成为衡量双方军事实力，预测战争胜负的重要因素。至于“法”，同样十分重要，合理的编制、有序的合成、有力的保障、适宜的赏罚，是任何军队从事军事活动过程中须臾不可缺少的环节。我们很难设想，一群乌合之众，没有法纪的约束，做不到令行禁止，单凭血气之勇，而能成就大事的。因此，三国时期大政治家、军事家诸葛亮才这样说："有制之兵，无能之将，不可以败；无制之兵，有能之将，不可以胜。"（《诸葛亮集·兵要》）孙子把健全军队法制看作是克敌制胜的基本保证。

近代普鲁士著名军事理论家克劳塞维茨在其不朽著作《战争论》中，曾把"决定战斗的运用战略要素"区分为"精神要素、物质要素、数学要素、地理要素和统计要素"（《战争论》第一卷）。孙子的"五事"实际上已经包含了克劳塞维茨所列举的战略诸要素，进入了宏观的大战略思维层次，树立了全局意识，这一点足以说明他的战前预测和运筹是高于一般军事家的。美国著名战略学家柯林斯说：大战略是在各种情况下运用国家力量的一门艺术和科学，如果单凭武力那将是十分愚蠢的。只有政治、经济、文化、心理、外交、社会全方位地配合起来，有机结合才能最终赢得战争的胜利（《大战略·大战略的结构》）。孙子的"五事"衡量法，说到底就是一门正确运用"国家力量"的艺术和科学，立足于军事，又不局限于军事，而是讲道、天、地、将、法等综合因素，是综合能力的一种凝聚和归纳。这种高明的算法，印证了一条普遍的战略原则："不谋全局者，不足谋一域。"因为全局能决定局部的成功与得失，而局部的成败或得失有时并不能对全局起决定性的影响。孙子的"五事"的奥秘正在于用全局的观点来进行战略运筹。

如果说"五事"的重心在于战前全面了解敌我双方的基本战略要素，那么，孙子讲"七计"的宗旨则在于对这些战略要素的优劣进行仔细周密的考察比较，"较之以计而索其情"。看一看究竟哪一方君主政治更加清明？

哪一方将帅更有才能？哪一方拥有有利的天时地利条件？哪一方法令更能贯彻执行？哪一方武器装备更加坚利精良？哪一方士卒更加训练有素？哪一方赏罚更加公正严明？正确估量敌我双方的态势，在此基础上做出正确的判断，定下正确的决心，制定正确的作战方案。

将听吾计[1]，用之必胜，留之。将不听吾计，用之必败，去之[2]。

［注释］

[1] 将听吾计：将，助动词，读作 jiāng，表示假设，意谓假如、如果。《左传》昭公二十七年："令尹将必来辱，为惠已甚。"如此，则本句意谓：如果能听从、采纳我的计谋。十家注多作此解。又一说，"将"在这里当作名词解，读作 jiàng，即将领。两说相较，当以前说为善。听，依从、遵从的意思。 [2] 去：离开。

计利以听[1]，乃为之势[2]，以佐其外[3]。势者，因利而制权也[4]。

［注释］

[1] 计利以听：计利，计算、衡量敌我双方的有利或不利条件。以，通"已"，《礼记·檀弓》郑玄注："以与已字本同。"已然、业已的意思。听，听从、采纳。 [2] 乃为之势：意思是指造成一种积极有利的军事态势。乃，于是、就的意思。为，创造、造就。之，语助词，无义。势，态势。 [3] 以佐其外：作为辅佐以争取

孙子极其重利，一切以利为本，是否发动战争、战争要发动多大规模，都是以是否得利作为基本的出发点。既然如此，十三篇的兵法未尝不可以说是一部"争利之法"或"逐利之法"。所以，孙子的兵法，都是力求占据有利于己的条件，再因此而采取灵活机动的应变措施，以充分掌握战场主动权。所以，孙子的兵法，也可以说是"因利而制权"的兵法。

战争的胜利。佐，辅佐、辅助。外，曹操注：“常法之外也。”一说，外指国境之外（李零《吴孙子发微》）。 [4] 因利而制权：意谓根据利害得失情况而灵活采取恰当的对策。张预注：“所谓势者，须因事之利，制为权谋以胜敌耳。”因，根据、凭依。《孟子·离娄上》：“为高必因丘陵。”制，从、随从。《淮南子·氾论训》：“圣人作法，而万物制焉。”高诱注：“制，犹从也。”这里是决定、采取的意思。权，本义是秤砣，用作动词，即掂量轻重，权衡利弊，此处引申为权变，灵活机动之意。

［点评］

常言道，良好的开始只是成功的一半，“算计”精明，“算计”正确，为夺取战争的胜利创造了可能性，然而可能性毕竟不等同于现实性，要使它真正转化为现实性，就必须发挥主观能动性，运用一切有用的方法，来达到消灭敌人，保存自己的目的。这个方法，就是孙子所说的“计利以听，乃为之势，以佐其外。势者，因利而制权也”。即在充分比较和掌握敌我双方的优劣态势基础上，尊重客观实际，努力发挥战争指导者的主观能动性，将胜利的可能性转化为现实性。这里，孙子将尊重客观规律性与发挥主观能动性辩证地加以统一起来了。

宋代郑友贤将《孙子兵法》与《司马法》进行过对比，他说：“《司马法》以仁为本，孙武以诈立；《司马法》以义治之，孙武以利动；《司马法》以正，不获意则权，孙武以分合为变。”（《十家注孙子遗说并序》）他的这段话，抓住了两部古典兵书的核心要义，说得很有道理。在我们看来，《孙子兵法》的核心价值观是“利”，十三篇的核心内容则是“以诈谋利”，孙子由此出发研究和探讨了一整套“分合为变”的战法，这些内容构成了《孙子兵法》十三篇的主体。

十三篇中除《形篇》之外，有十二篇都或多或少提及这个“利”字，孙子的重“利”不言自明。“利”在各篇的出现没有非常明显的规律性，可说是时隐时现，最多的是《军争篇》，出现十一次。由此，我们可以看出，“利”实则是贯彻十三篇的一根若断若连的红线，也就是说：“利”的思想，贯穿于整部《孙子兵法》，可视为支撑孙子兵学思想的重要内容。

在《计篇》中的“计利以听”，是十三篇中出现的第一个“利”字。从中可以看出，对国家有利与否，是孙武考虑军事问题的最重要的一个出发点，也即所谓“非利不动”。《谋攻篇》中说“兵不顿而利可全”，努力保住“全利”，追求利益的最大化，才是孙武谋划战争和进行战略决策的最终目的。十三篇中以《军争篇》出现“利”字最多最为频繁。军争为何？无外乎“利”。在孙子看来，发动战争与否，主要是看己方得利与否，或者是否符合己方的利益，也即“合于利而动，不合于利而止”。其中，“合于利而动，不合于利而止”这句话简单明了地概括了孙子的用兵原则，《九地篇》和《火攻篇》中重复出现两次，这显然是出于一种强调和重视。孙子的重利和争利思想，由此可见一斑。

我们应当看到，兵家之学是一种需要付诸实际，具有很强操作层面意义的学问，是一种务实之学，需要讲究实际效应，乃至追求最大效益。作为兵家，最要不得的就是空谈玄理，空谈仁义。而且，如果是对敌人大谈仁义，那一定是误国误民之举。从这个层面来看，孙子的功利思想既是顺应潮流，也是抓住了战争现象的本质。《孙子兵法》十三篇甫一诞生便受到普遍重视，并不是出于偶然，而是一种必然。

从兵学史的发展情况来看，孙子的重利，从根本上划清了同《司马法》为代表的旧军礼的界限，正确揭示了军事斗争的基本规律。很显然，按照周礼传统指导下的战争模式一定是特定的历史阶段的产物，不会是战争的常态和主流。战争发展到一定阶段之后，终究会回到保存自己、消灭敌人的这种模式之中。宋襄公正是没有看到这种发展变化，很不恰当地和自己的对手大谈仁义，结果被楚军打得大败。孙子的高明之处就在于，他看清了战争的本质，把握住了历史发展脉络，所以才创作了一部富有实际操作价值的兵书，并受到了广泛重视。值得一提的是，战国时期的法家同样抓住了这种功利的社会思潮，适时推出军功爵制，配合他们的农战思想，成了独步一时，受到各国政府普遍重视的一种思想。秦国甚至因为军功爵制之力，最终实现了统一中国的大业。

所以，孙子以“利”为核心价值观，是具有重要意义的，在中国古代兵学史，甚至在中国古代思想史上，都同样占据着相当重要的地位。古往今来，几乎所有战争，可说都是因“利”而生，又因“利”而争。漫长的古代社会，儒家思想长期占据要津，以“利”为核心的价值观，遂长期受到排挤和打压。儒家“重义轻利”的义利观，曾深刻影响和改造了国人的性格和思维。“君子固穷”式的义利观，一度受到追捧和赞颂。然而，这种义利观并非是放之四海而皆准。将它用于改造民风固然有其用武之地，甚至在特定时期需要大力弘扬——尤其是当金钱至上、唯利是图的世界观占据主流之时，但如果是浸染和改造了兵学领域，则很显然是非常不利的，甚至会产生巨大危害。最起码的，它很可能会造成大量违背战争规律的笑话出现，类似宋襄公之类的人物可能会因此层出不穷。而这对于保家卫国和保全族种来说，无疑都将是巨大的灾难。这个时候，《孙子兵法》作为中国古典兵学的重要代表，其中的重“利”思想，包括其“以诈谋利”之术，都尤其显出宝贵。因为它代表的是一种务实精神，同时也是一种唯物精神，无疑值得我们坚持和发扬。孙子因为能够摆脱虚名的束缚，坚持唯物精神，讲究实际效应，所以才能写出高明的兵法，并受到万世追捧。

由于孙子“诡道十二法”的作战指导思想，符合战争活动的内在规律，在实战实践中一再获得验证，因此为后世兵家奉为圭臬，备受青睐。这中间来历不明的《三十六计》可谓是集“诡道”，也即军事欺骗的大成之作。然而，“诡道”毕竟是作为“道德”的对立面出现的，一味推重“诡道”也有一定的副作用，尤其是将它不分青红皂白推广到非军事领域运用时，必定会产生不良的后果。

兵者[1]，诡道也。故能而示之不能[2]，用而示之不用[3]，近而示之远[4]，远而示之近，利而诱之[5]，乱而取之[6]，实而备之[7]，强而避之，怒而挠之[8]，卑而骄之[9]，佚而劳之[10]，亲而离之[11]。攻其无备，出其不意。此兵家之胜[12]，不可先传也[13]。

[注释]

[1] 兵：用兵打仗。诡道：诡诈、谲变的行为或方式。曹操注：

"兵无常形，以诡诈为道。"诡，欺诈，诡诈。《管子・法禁》："行辟而坚，言诡而辩。"道，行为、方式、原则。 [2] 能而示之不能：言能战却装作不能战的样子。能，有能力、能够。示，显示、假装。此句至"亲而离之"等十二条作战原则，即著名的"诡道十二法"。汉简本"示"作"视"，古通。 [3] 用而示之不用：实际要打，却假装不想打。用，用兵。 [4] 近而示之远：以下两句是说实际要进攻近处，却装作要进攻远处；实际要进攻远处，却显示要进攻近处，致使敌人无从防备。按：历史上，韩信灭魏一役中"木罂渡河"可谓"远而示之近"的典范；吴、越笠泽之战中，越王勾践左右翼佯动，中路突破大败吴师之举，可谓"近而示之远"的例证。 [5] 利而诱之：意谓敌人贪利，则用小利加以引诱，伺机进行打击。利，此处作动词用，贪利的意思。诱，引诱，诱使。 [6] 乱而取之：乱，混乱。取，乘机进攻，夺取胜利。梅尧臣注："彼乱，则乘而取之。"一说"取"指伏兵偷袭而败敌。《左传》庄公十一年："覆而败之，曰取某师。" [7] 实而备之：言对付实力雄厚之敌，需严加防备。备，防备，防范。 [8] 怒而挠之：意谓敌人暴躁易怒，就设法挑逗激怒它。怒，容易生气、愤怒。挠，挑逗、挠乱、骚扰的意思。又一说：敌人来势凶猛，当设法扼制其气焰。汉简本"怒而挠之"下即接下文"攻其无备"，无"卑而骄之，佚而劳之，亲而离之"三句，疑脱。 [9] 卑而骄之：言敌人卑怯谨慎，则应设法使其变得骄傲自大，然后伺机破之。卑，小、怯。《左传》僖公二十二年："公卑邾，不设备而御之。"杜预注："卑，小也。"又一说，敌人鄙视我方，则将计就计，使之更骄傲麻痹，然后寻找机会加以打击。又一说，我方当主动卑辞示弱，给敌人造成错觉，令其骄傲。后两说皆不如前说义长。因为此处"卑"与"怒""挠""实""乱""亲""佚"等意思同，皆就敌情而言，而非我方之状态或行为。 [10] 佚而劳之：敌方安逸，就设法使它疲劳。佚，同“逸”，安逸、自在。劳，疲劳，用作使动。 [11] 亲而离之：此句言如果敌人内部团结，则想方设法离间分化它。亲，亲近、团结。离，离间。《广雅·释诂一》：“离，分也。”如《三国演义》中“曹操抹书赚韩遂”，故意制造假象，分化离间马超与韩遂的关系，就是“亲而离之”的形象注脚。 [12] 兵家之胜：（上述“诡道十二法”）乃军事家用兵如神、克敌制胜的奥妙所在。兵家，军事家。胜，奥妙、胜券。 [13] 不可先传也：言不能够事先传授，必须根据具体情况灵活应用。先，预先、事先。传，传授、规定。

[点评]

在孙子看来，战争说到底是敌对双方比试“骗术”、你死我活的过程，骗术越是高明，骗法越是多样，就越是拥有赢的把握，越能成为胜利的主宰。战争是残酷的，你不想在战场上做人家的刀下之鬼，你就不能不把那中看不中用的“仁义道德”暂时搁置在一边，让自己变成铁石心肠，无怨无悔地施展出各种手段，让你的对手脑袋搬家，这个方式，孙子把它称为“诡道”。

“诡道”，顾名思义便是“诡诈之道”。这里，“诡”指的是手段运用的特色：诡秘神奇，变幻莫测，杀敌于无形之中。至于“诈”，指的是手段运用的性质：变招迭出，诈敌唬人，用尽可能小的代价，换取尽可能大的胜利。

高明的骗术在于能做到变化多端，花样翻新，即《司马法》所说的“无复先术”，否则一旦形成固定的模式，便容易为对手所识破，会偷鸡不成蚀把米，赔了夫人又折兵。孙子的了不起，就是他不但确立了用兵的基本原则：“兵者，诡道也。”而且更一口气传授给我们十多条如何使诈的方法，这就是所谓的“诡道十二法”：明明要打你却装出不想打的模样，明明能够打却装出不能打的姿态；要从远处打却装出会从近处打，要从近处动手却装出会从远处下手，不一而足。总之是要实施全方位、多层次的军事欺骗，以假象迷惑对手，真真假假，以假乱真，因势利导，造成不利于敌人而有利于自己的态势，从而牢牢把握战争的主动权。孙子认为用兵打仗所追求的成功标志说白了是非常单纯的：“攻其无备，出其不意”，便是要在敌人没有防备处发动进攻，在敌人意料不到时采取行动。可是要真正理解和掌握其中的精髓奥秘却并不容易，“此兵家之胜，不可先传也”。天底下没有免费的午餐，要在战场上得心应手、出神入化施展诡道，赢得胜利，就必须自己亲身去实践、去琢磨，甚至必须有付出沉重代价的思想准备。

“兵之变化，固非一道”，因敌变化，随机制敌，永远是高明的战争指导者自由驰骋的广阔天地。倘若不懂这一层道理，不遵循这一条原则，那么即便是遍读天下兵书，也终究是纸上谈兵，胶柱鼓瑟，隔靴搔痒，到头来难免夸夸其谈，一事无成。历史上赵括、马谡之流丧师辱身，贻笑天下，就是显著的例子。运用孙子“诡道十二法”的奥秘也是一样。战争中离不开军事欺骗的道理也许人人都懂，“兵者，诡道”的原则，只要是头脑正常的人都不会否认。然而，有的人成功，有的人失败，问题就在于骗术掌握、运用的高明与否。这种高明属于

“羚羊挂角，无迹可求”的境界，应该是“得鱼忘筌”“得意忘言”，而不能用言辞来状摹、来说明，所谓“上骗不言骗”。不过总的精神或许可以着眼于：第一，不能重复，切忌依样画葫芦，所谓“一之为甚，其可再乎”。第二，新奇怪诞，防不胜防，所谓“明枪易躲，暗箭难防”。第三，顺藤摸瓜，请君入瓮，所谓“将欲夺之，必固予之”。第四，逆向思维，反常为常，所谓“出乎意表，合乎其理”。按上述四个思路去设局，去谋策，势必能“眉头一皱，计上心来”，军事欺骗之手段日日翻新，军事欺骗之思维开阖自如。

夫未战而庙算胜者[1]，得算多也[2]；未战而庙算不胜者，得算少也。多算胜[3]，少算不胜，而况于无算乎！吾以此观之，胜负见矣[4]。

孙子的庙算决胜论实质是实力决胜论。也就是说，实力是基础和前提，诡道是淋漓尽致地运用和发挥实力的手段与方法。只有实力建设与诡诈权谲两者的圆满结合，相辅相成，方能在战争中稳操胜券，所向无敌。

［注释］

[1] 庙算：古代兴师作战之前，通常要在庙堂上商议谋划，分析战争利害得失，制定作战方略。这一作战准备程序，就叫做“庙算”。庙，古代祭祀祖先与商议国事的场所。算，计算、筹算。《仓颉篇》：“算，计也。”张预注：“古者兴师命将，必致斋于庙，授以成算，然后遣之，故谓之庙算。” [2] 得算多也：意谓取胜的条件充分、众多。算，即“筭”，古代计数用的筹码，此处引申为胜利的条件， [3] 多算胜：以下三句言胜利条件具备多者可以获胜，反之，则无法取胜，更何况未曾具备任何取胜条件？而况，何况、更不必说。于，至于。 [4] 胜负见矣：胜负的结果显而易

见。见，同“现”，显现。《战国策·燕策》：“（荆）轲既取图奏之，发图，图穷而匕首见。”

［点评］

用兵打仗先要算计，这是最基本的常识。但是，计算哪些细目，怎样进行计算，却大有讲究，这叫做“戏法人人会变，各有巧妙不同”。一类是占卜算卦、装神弄鬼的巫觋祝史，他们的算法最原始，但却最神秘，即通过灼烧乌龟壳、兽骨或者排列蓍草的方法，预测战争的吉凶，揣度胜负的归属。《史记·龟策列传》称它是“灼龟观兆，变化无穷”“卜筮至预见表象，先图其利”。此外，星占、五行占、梦占、六壬、遁甲、太乙等等，也是这一类算法中的节权旁枝、支派衍流。这种算法通常叫做“卜筮”，主要流行于我国历史上的夏、商、西周时期，显然是古代宗教迷信观念在军事预测领域的反映。它主观想象，牵强附会，随意比附，表面上幽深奥妙，实际上却荒诞不经，与其说是算计胜负，不如说是碰撞大运，算不准可以文过饰非，偶尔碰巧凑上了则不妨大大吹嘘一番。先秦时期这类算法曾风靡千百年，秦汉之后虽然风头不如以前强劲，但是在打仗的指挥官那里还是很有市场的，只要看看“顺时而发，推刑德，随斗击，因五胜，假鬼神而为助者”（《汉书·艺文志·兵书略》）的“兵阴阳家”，俨然成为兵学四大宗派之一，便可知用“卜筮”方法算计战争前景对于古代人们来说，有如“芝麻开门”的魔咒一样，始终是有一定吸引力的。

孙子作为兵家的真正创始人和代表者（姜太公虽被后人尊奉为兵家“本谋”，但他有实践而无理论体系传世，只能算作是兵家之先驱)，孙子的思想最能体现中国人文传统中的理性精神：不懂兵道，不会打仗，那么“人为刀俎，我为鱼肉”，人家就会杀上门来欺负你，生命财产难以保全，政权社稷危若累卵。但是，打仗可不是一件好玩儿的事情，既不轻松，也不愉快，它意味着鲜血的滚滚流淌、财富的灰飞烟灭，所以孙子要提出一个既能正视战争现实，又能减轻战争灾难的战略预测方案，它不同于巫史神祝的热衷猜谜，有的只是最普通最平凡却又最实用最高明的计算公式。

这个计算公式就是所谓的“五事七计”。具体地讲，就是从五个决定战争胜负的基本要素着眼，通过七个方面的具体比较，对敌我双方的战略态势优劣做出正确的估价，在此基础上对战争的可能性结果做出比较合乎实际的预测，并据此制定好自己这一方的战略决策，这叫做“夫未战而庙算胜者，得算多也”。

孙子没有对综合评估的具体情形进行描述，但对于综合评估可能得出的结果作了明确的说明。这种结果有两种：一种是“得算多”，一种是“得算少”。也就是说，经过前两步的单项分析和对比分析，最后还需将所得的筹码综合起来，并从总体上评估出敌我双方的胜算几率。孙子说：“夫未战而庙算胜者，得算多也；未战而庙算不胜者，得算少也。”由此可以看出两层意思，一是，“庙算”的最后阶段需要得出敌我双方总体得算多少的客观结论；二是，须由“庙算”所得出的这一结论来预见战争的胜负。

“庙算”理论是春秋时代战争实践的经验总结和理论

提升。时至今日，虽然战争的规模和样式已经发生了巨大变化，但是这一古老的理论仍有一定的价值，富于深刻的启示性，值得我们深入探讨和借鉴。

作战篇

孙子曰：凡用兵之法[1]，驰车千驷[2]，革车千乘[3]，带甲十万[4]，千里馈粮[5]；则内外之费[6]，宾客之用[7]，胶漆之材[8]，车甲之奉[9]，日费千金[10]，然后十万之师举矣[11]。

战争准备，是个综合系统的体系，包括军事、政治、外交、经济、文化等各个方面的全方位准备。但是，经济是动员和实施战争的基础。所以，所有的准备中，重点是经济上的准备。孙子的战争准备，同样从经济入手，这体现的就是孙子思考问题时既兼顾全面，又突出重点的战略思维特征。

［**注释**］

[1] 法：规律，法则。 [2] 驰车千驷：战车千辆。驰，奔、驱的意思。驰车，快速轻捷的战车，古代亦称“轻车”“攻车”。曹操注：“驰车，轻车也，驾驷马。”驷，原称驾一辆车的四匹马，后通指四匹马拉的战车，此处作量词用。 [3] 革车千乘：专门用于运载粮草和军需物资的辎重车千辆。革车，一般认为就是守车、重车、辎车。杜牧注：“革车，辎车、重车也。载器械、财货、衣装也。”一说革车为重型作战车辆。其文献依据有《左传》闵公二年：“革车三十乘。”《孟子·尽心下》：“武王之伐殷

也，革车三百乘。”等等。亦能成立。乘，辆，也是古代一辆四匹马拉的车子。这里也作量词用。 [4] 带甲：戴盔披甲，此处指全副武装的士卒。《国语·吴语》：“为带甲三万，以势攻，鸡鸣乃定。”《管子·大匡》：“天下之国，带甲十万者不鲜矣。” [5] 千里馈粮：意谓当时的战争往往都是深入敌境，远离后方，所以需要有很长的后勤补给线，跋涉千里辗转运输粮草。馈，这里作供应、运送解。 [6] 则内外之费：此句意谓前方后方的开支花费。内外，这里指前方、后方。王皙注：“内谓国中，外谓军所也。”武经本“内外”前无“则”字，樱田本亦无。又，汉简本“内外”作“外内”。 [7] 宾客之用：指招待诸侯国使节、游士的费用。宾客，诸侯使节以及游士。杜牧注：“军有诸侯交聘之礼，故曰宾客也。” [8] 胶漆之材：通指制作和维修弓矢等军用器械的物资材料。 [9] 车甲之奉：泛指武器装备保养补充的开销。车甲，车辆、盔甲之属。奉，同“俸”，费用、开销的意思。 [10] 日费千金：每天都要花费大量财力。千金，巨额钱财。李筌注：“举千金者，言多费也。”李零《吴孙子发微》：“先秦时期的‘金’可能与秦制的‘金’接近，是以一镒为一金，‘千金’约合 374 公斤。” [11] 举：出动。张预注：“约其所费，日用千金，然后能兴十万之师。”

[点评]

作战，始战，即从事战争准备。这里不是通常意义上的战阵交锋。作，始、开始的意思，同“乍”。《诗经·鲁颂·闷宫》：“思马斯作。”毛亨传曰：“作，始也。”又，《荀子·致士》：“故土之与人也，道之与法也者，国家之本作也。”张预注：“计算乃定，然后完车马，利器械，运粮草，约费用，以作战备。”最符合孙子本篇之主旨。应该说，孙子在《计篇》之后紧接着论述战争准备这一问题，充分体现了其思想体系的内在逻辑性和系统性。

本篇中，孙子开门见山就列举了战争准备的主要项目：

首先就是要准备各种作战兵器，包括驰车、革车、铠甲以及制作其他兵器所需器材等等。古往今来的战争，包括冷兵器时代的战争，武器装备都是非常重要的因素，这些物资当然是需要首先作重点准备。《孙子兵法》十三篇中描述的基本是车战，围绕车战而展开，这是西周到春秋时期的作战特点。《孙子兵法》中并没有谈到骑兵，因为这是战国时期才兴起的兵种。从这一点也可以看出其成书年代可能不是晚至战国。战国晚期的兵书《六韬》已经开始大量讨论骑兵战术以及骑兵、车兵、步兵之间的协调问题，这显然才是战国时期的特点。从《孙子兵法》到《六韬》，我们可以看出先秦军事的发展和演变脉络。

第二个需要准备的则是粮草和各种军费开支，重点是粮食。古语说："兵马未动，粮草先行。"可以说，粮食补给在战争中起到生命线的作用。在不少军事家眼里，打仗就是打后勤，拼补给。如果是边防保卫战和越境作战，则需解决长途运输问题，孙子谓之"远输"，或者叫做"千里馈粮"。此外则要考虑到三军的日常开销等问题。在孙子看来，必须将以上各个环节都准备充分之后，才能出动大军与敌作战。

除了粮食之外，孙子对于军费的开支也大致列了几个大项："内外之费""宾客之用""胶漆之材""车甲之奉”。所谓“内外之费”，可以理解为前方后方的开支花费。王皙注所说的“国中”，即战略后方，“军所”则为前线部队。这两处都需要大量的军费开支，所以总称“内外之费”。所谓“宾客之用”，是指招待诸侯使节、游士的费用。所谓“胶漆之材”，可以统称制作和维修弓矢等各种作战武器所需材料，同样需要大量的军费开支。所谓“车甲之奉”，主要指的是战车和铠甲的补充消耗所产生的费用。以上这些开支，都需要单列出来，予以特别的重视，在战争准备过程中，作为考虑与落实的要点。

从军事学角度来讲，通过旷日持久同敌人拼消耗、拼意志来完成战略优劣态势的转换，最终赢得战争的胜利，是一种颇不情愿但又无可奈何的选择。如果自己方面在实力上明显占有优势，又机缘凑合，那么自然应该采取“快刀斩乱麻”的手段，干净利落地摆平对手，尽可能用最小的代价换取最大的胜利，这就是所谓的速战速决。

其用战也胜[1]；久则钝兵挫锐[2]，攻城则力屈[3]，久暴师则国用不足[4]。夫钝兵挫锐，屈力殚货[5]，则诸侯乘其弊而起[6]，虽有智者[7]，不能善其后矣。故兵闻拙速[8]，未睹巧之久也。夫兵久而国利者[9]，未之有也。故不尽知用兵之害者[10]，则不能尽知用兵之利也。

[注释]

[1] 其用战也胜：指在战争耗费巨大的情况下用兵打仗，就要求做到速决速胜。胜，取胜，这里作速胜解。　[2] 久则钝兵挫锐：意谓用兵旷日持久就会导致军队疲惫，锐气挫伤。张预注：“久而后能胜，则兵疲气沮矣。”钝，疲惫、困乏的意思。挫，挫伤。锐，锐气。汉简本作“……用战，胜久则顿……”，无“也”字，“钝”作“顿”。　[3] 攻城则力屈：力屈，指力量耗尽。屈，通“绌”，

竭、竭尽。《荀子·王制》:“使国家足用,而财物不屈。”又,《庄子·天运》:“目知穷乎所欲见,力屈乎所欲逐。” [4] 久暴师则国用不足:意谓长久陈师于外就会给国家经济造成困难。暴,露,“曝”的本字。《谷梁传》隐公五年范宁注:“暴师经年。暴,露也。”国用,国家的开支。《礼记·王制》:“冢宰制国用。” [5] 屈力殚货:指力量耗尽,经济枯竭。殚,尽、枯竭。《文选·张衡〈东京赋〉》云:“征税尽,人力殚。”薛综注:“殚,尽也。”货,财货,此处指经济。 [6] 诸侯乘其弊而起:其他诸侯国家便会利用这种危机前来进攻。张预注:“邻国因其罢弊,起兵以袭之。”其说甚是。弊,疲困,此处作危机、危难解。 [7] 虽有智者:以下两句意谓即便有智能超群之人,也将无法挽回既成之败局。贾林注:“人离财竭,虽伊、吕复生,亦不能救此亡败也。”后,后事,此处指败局。汉简本作“虽知者”。知,同“智”。 [8] 兵闻拙速:拙,笨拙、不巧。《老子》第四十五章:“大直若屈,大巧若拙,大辩若讷。”速,迅速取胜。巧,工巧、巧妙。以下两句张预注云:“但能取胜,则宁拙速而无巧久。”李贽《孙子参同》卷二注云:“宁速毋久,宁拙毋巧,但能速胜,虽拙可也。” [9] 夫兵久而国利者:以下两句谓长期用兵而有利于国家的情况,从来不曾有过。杜佑注:“兵者凶器,久则生变。”汉简本“未”下无“之”字。 [10] 不尽知用兵之害者:以下两句意谓必须充分认识用兵的危险性。汉简本作“不尽于知”。不尽知,不完全了解。知,了解、认识。害,害处、危害。利,利益、好处。

[点评]

古今中外有头脑、不糊涂的军事家都遵奉速战速决这条原则,都把在尽可能短的时间里打败敌人,实现预定的战略目标作为用兵打仗的理想追求。因为他们都知道一个普通的道理：一分钟决定战斗的结局，一小时决定战局的胜负，一天决定国家的命运。军队的迅速机动和闪电般的冲击永远是真正的战争灵魂。所以《吕氏春秋》的作者把迅猛神速、进攻速胜看成是“决义兵之胜”的关键：“急疾捷先，此所以决义兵之胜也，而不可久处。”（《吕氏春秋》卷八《论威》）明朝人尹宾商更是强调“时不再来，机不可失，则速攻之，速围之，速逐之，速擒之”，认为如此这般，则“靡有不胜”（《白豪子兵䍐》卷一《迅》）。

孙子是进攻速胜论的首创者，他汲汲主张的“兵闻拙速，未睹巧之久也”“兵贵胜，不贵久”，实际上已经十分精辟地概括了速战速决理论的本质属性。

孙子的速战速决思想，不是凭空产生的，而是通过核算战争经济成本后得出的基本认识。作为参悟战争禅机的军事家，孙子充分认识到战争对人力、物力和财力存在着巨大的依赖关系。这种深刻的依赖关系，在当时生产力比较低下，战争规模、作战方式相对原始的特定历史条件下，不可避免地决定了战争中速战速决的极其重要和旷日持久的莫大危害。这一特点，要求战争指导者在从事战争准备活动的过程中，明确树立起“兵贵胜，不贵久”的速战速决指导思想，一切战争准备工作都必须紧紧围绕这一中心来开展。

孙子不但是一位军事学家，更是一位经济学家。在他看来，战争不仅是智慧的角逐，同时也是国家综合实力的较量。而在构成国家综合实力的诸多因素中，经济又占据特殊的地位。换句话说，经济是从事战争的前提和基础，是制约一切军事活动的最主要物质因素。没有充足的财力、物力，任何美好的战略计划都是空中楼阁，说白了便是望梅止渴、画饼充饥。所以不能不算经济账，而经济账算下来，战争便不能不是速战速决，时间越短越好。

善用兵者，役不再籍[1]，粮不三载[2]；取用于国[3]，因粮于敌[4]。故军食可足也。

［注释］

[1] 役不再籍：役，兵役。籍，本义为名册，此处用作动词，即登记、征集，按名籍征发。再，二次。《左传》僖公五年：“一之为甚，其可再乎？” [2] 粮不三载：粮草不多次运送。三，多次。载，运输，运送。 [3] 取用于国：曹操注：“兵甲战具，取用国中。” [4] 因粮于敌：粮草给养依靠在敌国就地解决。其主要途径是抄掠敌境，如本书《军争篇》所言“掠乡分众”，《九地篇》所言“重地则掠”，等等。因，依靠、凭借。《左传》僖公三十年：“因人之力而敝之，不仁。”按，“取用于国”“因粮于敌”是孙子军事后勤思想中的核心内容。

［点评］

为了确保速战速决作战指导思想的实现，就需要解决战争消耗巨大与后勤补给困难之间的矛盾。为此，孙子提出了“取用于国”“因粮于敌”的军事后勤保障原则。众所周知，后勤保障是军队战斗力的重要组成部分，是

打仗在很大程度上是打后勤，所以古代兵家都把搞好军事后勤保障看成是克敌制胜的重要前提。“民以食为天”，在整个军事后勤保障体系中又以粮食的补给供应为首要条件。中国自古以农立国，农耕经济方式影响人们的思维，是把填饱肚子作为生存的基本要义，“无粮食则亡”，粮食问题在军事后勤乃至整个战争过程中始终占有最突出的地位，军事后勤是否成功，战争准备是否充分，很大程度上取决于粮食是否供应得上，“用兵制胜，以粮为先”。

重要的战略因素，它直接关系到战争的胜负，孙子对此是有深刻认识的。所谓“取用于国”，就是主张武器装备由国内提供。这是因为，士兵对战场上使用的兵器必须事先熟悉其性能，长短轻重适用，能掌握其特点，这样使用起来才能得心应手，杀敌制胜。另外，武器装备直接为敌国兵库所收藏和控制，不能像粮秣那样可以随时就地征发。受这两个基本因素的制约，所以武器装备最佳的保障途径乃是“取用于国”。所谓“因粮于敌”，就是指在敌国境内就地解决粮饷补给的后勤保障原则。孙子认为，军粮问题生死攸关，然而假如采取“千里馈粮”的方式来解决补给问题，实在是弊大于利，既造成民穷国困，又导致物价飞涨，从而引起“内外骚动”，埋下社会动乱的种子。所以，“千里馈粮”乃是不得已的选择，正确的做法应该是“因粮于敌”。在敌国境内就地解决军粮供应问题，以战养战，来维系战争机器的正常运转。

至于“因粮于敌”的具体手段，孙子也非常坦率地提了出来，这就是“重地则掠”“掠于饶野，三军足食”“掠乡分众”等等。一个字便是“抢”：抢对方田地上长的庄稼，抢对方牧场上放的牛羊，抢一切可以用来填饱自己肚子的东西。手段很单纯，目的很简要，就是要让对手当自己的“运输大队长”。孙子认为，纵兵大掠，抢得快，抢得好，至少有三层好处：一是缩短了补给线，减少了损耗率，大大节省了本国粮草开销与运输成本，也有效减轻了本国民众的战争负担。二是有力地削弱了敌人的后勤补给能力，从根本上打击了敌人用以支持战争的经济潜力，彼消而我长，速战速决有了更大的希望。

三是补给上更有了及时性，就地抢粮要比千里迢迢运送粮草来得方便、迅捷，从而使捕捉战机、掌握战场主动更有了保障。

国之贫于师者远输[1]，远输则百姓贫[2]。近于师者贵卖[3]，贵卖则百姓财竭，财竭则急于丘役[4]。力屈财殚，中原内虚于家[5]。百姓之费，十去其七[6]；公家之费[7]，破车罢马[8]，甲胄矢弩[9]，戟楯蔽橹[10]，丘牛大车[11]，十去其六。

［注释］

[1] 国之贫于师者远输：意思是说国家之所以因用兵而导致贫困，是由于军粮的远道运输。之，虚词，无实义。师，指军队。远输，远道运输。 [2] 远输则百姓贫：远道运送就会造成百姓的贫匮。百姓，金文中多作“百生”。指当时的世族大家。汉简本作“国之贫于师者，远者远输则百姓贫”。 [3] 近于师者贵卖：意谓临近军队驻扎地区的物价就飞涨。按，古代往往在军队驻地附近设置军市，以供交易。近，临近。贵卖，指物价飞涨。武经本“近”下无“于”字。汉简本同。唯“师”作“市”。 [4] 丘役：军赋。古代以丘为单位征集的赋税。丘，古代的地方行政区划单位。《汉书·刑法志》：“四井为邑，四邑为丘。” [5] 中原内虚于家：意谓国家百姓之家因远道运输而变得贫困、空虚。中原，此处指国中。 [6] 去：耗去、损失。 [7] 公家之费：公家，国家。费，费用，开销。 [8] 罢马：疲惫不堪的马匹。罢，同“疲”。 [9] 甲胄矢弩：甲，护身的铠甲。胄，头盔。矢，箭，箭

镞。弩，弩机，一种依靠机械力量发射箭镞的弓，在当时为杀伤力颇大的新式武器。“积弩齐发”，是当时具有大规模杀伤作用的重要战法。 [10] 戟楯蔽橹：戟，古代戈、矛功能合一的兵器。楯，同“盾”，盾牌。蔽橹，用于攻城的大盾牌。甲胄矢弩，戟楯蔽橹，是对当时攻防兵器与装备的泛指。 [11] 丘牛：从丘役中征集来的牛。大车：指载运辎重的牛车。曹操注：“丘牛，谓丘邑之牛。大车，乃长毂车也。”

[点评]

在孙子看来，战争是一场成本极其昂贵的“豪赌”：动用十万部队规模的军事行动，花销大得让人吃惊，简直是一个填不满的无底洞，“日费千金”。在“丘牛大车”的农耕社会里，没有比兴师动众更花费钱财的事情了。如此高投入、高消耗的战争，一旦旷日持久，久拖不决，那么它的后果必定是极其严重的，甚至是非常可怕的。孙子认为这种后果至少有三个方面：

第一，战争旷日持久一定会导致国家财力物力的巨大消耗。国家经济资源再丰富，也承受不起长期战争所带来的巨大支出，“久暴师则国用不足”“力屈财殚，中原内虚于家。百姓之费，十去其七；公家之费，破车罢马，甲胄矢弩，戟楯蔽橹，丘牛大车，十去其六”。金山银山，也经不得“坐吃山空”，老是打仗，老是用兵，国库当然空空如也，银子流水一般花掉，国家的建设还搞不搞？朝廷的前途还要不要？这显然是一桩十分不划算的买卖。

第二，战争久拖不决势必会进一步加重普通民众的负担，激化各种社会矛盾。国家的财富从哪里来？自然不是从天上掉下来，从来没有天上掉馅饼的好事，说到底还不是从民众身上征收来的，所谓“羊毛出在羊身上”。打仗打久了，国库空虚了，可还想打下去，怎么办？唯一的出路，便是加大对民众的搜刮力度，“财竭则急于丘役”，把战争负担转嫁到民众身上。而那些不法奸商也会乘机哄抬物价，大发战争横财，“近于师者贵卖，贵卖则百姓财竭”，使得底层民众“屋漏偏逢连夜雨，船破更遇顶头风”，雪上加霜，苦不堪言。肚子里怨气积多了，迟早有一天会宣泄出来，这样就会激化各种矛盾，导致极大的社会危机。这在历史上是有很多例子的：汉武帝长期对匈奴用兵，“海内虚耗，户口减半”（《汉书》卷七《昭帝纪》），结果面临民众暴动的威胁：“盗贼滋起……大群至数千人，擅自号，攻城邑，取库兵，释死罪，缚辱郡太守、都尉，杀二千石”（《汉书》卷九〇《酷吏传》）；隋炀帝远征高句丽，劳民伤财，导致隋末阶级矛盾的高度激化，最终酿成隋末农民大起义的爆发，等等，便是证明。如此看来，战争旷日持久绝对不是一桩好事。

第三，战争时间久了很容易使国家陷入多面受敌、两线作战的被动局面。俗话说“螳螂捕蝉，黄雀在后”“鹬蚌相争，渔翁得利”。要知道，春秋战国是诸侯林立、列国纷争的分裂动荡时代，“国际”关系十分复杂。在这种情况下，如果某一个国家长期从事征战攻伐，暴师在外，导致国内防御空虚，实力锐减，那么就会给原先坐山观虎斗的第三国提供可乘之机，最终使得自己陷入多线作战的不利处境，即所谓“夫钝兵挫锐，屈力殚货，则诸侯乘其弊而起”，而这样的危险局面一旦形成，那么即便是有十个诸葛亮、一百个刘伯温也是无法加以挽回了，“虽有智者，不能善其后矣”。这叫做“天作孽，犹可违；自作孽，不可活”。

从历史的情况看，春秋末期吴国的衰亡，战国中期魏国的没落，都是明显的例子。吴王夫差的穷途末路，让对手勾践逼得在姑苏台上自杀身亡，原因固然很多，但他好大喜功，长期穷兵黩武，追逐“图虚名而处实祸”的霸权，多线出击，倾全国之师北上与齐、晋等大国较量高下，造成“钝兵挫锐，屈力殚货”，以致为世仇越国所乘隙蹈虚，惨遭败绩，无疑是其中最主要的因素。而战国时期魏国霸权的中衰，也实与魏惠王爱面子不爱里子，战略眼光短浅，多方树敌，陷于东西两线作战的困境，最终为齐国所乘，一败于桂陵，再败于马陵，丧师辱国，破军杀将有直接的关系。可见，要想避免出现“诸侯乘其弊而起”的糟糕局面，最好的办法，是尽可能地缩短打仗的时间，在别人还没有反应过来的时候，已经迅速地把所有事情给摆平了。

故智将务食于敌[1]，食敌一钟[2]，当吾二十钟；萁秆一石[3]，当吾二十石。

[注释]

[1] 智将务食于敌：意谓明智的将帅总是务求就食于敌国。智将，明智的将领。务，务求、力求。 [2] 钟：古代的容量单位。每钟六十四斗。曹操注：“六斛四㪷（dǒu）为钟。” [3] 萁（qí）

秆一石：萁秆，泛指牛、马等牲畜的饲料。萁，同“萁”，豆秸。石，古代的重量单位，每石一百二十斤。《汉书·律历志》：“三十斤为钧，四钧为石。”据出土衡器，战国时期的“石”重约三十公斤。

故杀敌者[1]，怒也；取敌之利者，货也[2]。故车战，得车十乘已上[3]，赏其先得者，而更其旌旗[4]，车杂而乘之[5]，卒善而养之[6]，是谓胜敌而益强[7]。

《三略·上略》：“军无财，士不来；军无赏，士不往。”

［注释］

[1] 杀敌者：以下两句言军队英勇杀敌，关键在于激励部队的士气。张预注：“激吾士卒，使上下同怒，则敌可杀。” [2] 取敌之利者：以下两句指用财货进行奖赏，以调动广大官兵杀敌制胜的积极性。句意谓要让军队夺敌资财，就必须先依靠财货奖赏。货，财货。 [3] 已：同“以”。 [4] 更其旌旗：意谓在缴获的敌军战车上更换上我军的旗帜。张预注：“变敌之色，令与己同。”更，变更、更换。旌旗，古代用羽毛装饰的旗帜，是重要的军中指挥号令工具。 [5] 车杂而乘之：意谓将缴获的敌方战车和我方车辆掺杂在一起，用于作战。杂，掺杂、混合。《国语·郑语》云：“先王以土与金木水火杂，以成万物。”韦昭注：“杂，合也。”乘，驾、使用。 [6] 卒善而养之：通常的解释是为优待被俘虏的敌军士卒，使之为己所用。张预注：“所获之卒，必以恩信抚养之，俾为我用。”卒，俘虏、降卒。汉简本“善”作“共”，共，掺杂之意。 [7] 胜敌而益强：指在战胜敌人的同时使自己变得更加强大。杜牧注：“因敌之资，益己之强。”益，增加。

［点评］

按传世本的文字，“卒善而养之”的意思，就是要优待被俘虏的敌军士卒，使之为己所用。张预注：“所获之卒，必以恩信抚养之，俾为我用。”这样，也就意味着愈是战胜敌人，自己也就愈是强大，“胜敌而益强”。从表面上看，这么解释似乎文从字顺，没有什么问题。但是，如果对照汉简本，我们就会发现问题来了，即“卒善而养之”之“善”，汉简本乃作“共”。而“共”之文义，有“共有”的义项，如祸福与共，《论语·公冶长》：“愿车马衣轻裘与朋友共，敝之而无憾。”也可引申为掺杂、混合的意思。考究《孙子兵法》“车杂而乘之，卒善而养之”全句的文义，很显然，汉简本言“共”是正确的，“共”与“杂”交错对文，均为掺杂与混合，孙子言此，乃是反复强调在作战中应当将俘获的敌方人员、车辆加以利用，混合并掺杂编入己方的车队与军阵之中，共赴战事，从而来增强自己的力量。这里，孙子说的是因敌之资以助己的问题，借力打力而已，实与优待俘虏风马牛不相及，张预等人“恩信抚养之”的说法乃望文生义、郢书燕说。由此可见，“共”在传世本作“善”，当属《孙子兵法》流传过程中为后人所臆改，以迁就所谓“善俘”的主张。

按，古代兵书中，“善俘”的主张也是常见的，如《司马法·天子之义》即有言：“见其老幼，奉归勿伤；虽遇壮者，不校勿敌；敌若伤之，医药归之。”

在西方世界，速战速决的作战原则，也被众多军事家奉为圭臬，践行遵循。拿破仑的军事成就，就集中体现为他善于分析战场形势，捕捉住稍纵即逝的战机，集中优势兵力，积极机动，速战速决，在尽可能短的时间里，歼灭敌人的有生力量，实现战役的目的。他在奥茨特里茨战役中，迅速展开兵力，凶猛攻击，坚决突破，大破俄奥联军，确立起对整个欧洲的霸权，就充分反映了他敢于速胜、善于速胜的精湛军事艺术造诣。

故兵贵胜[1]，不贵久。故知兵之将[2]，生民之司命[3]，国家安危之主也[4]。

［注释］

[1] 贵：重、推重的意思。《礼记·中庸》："去谗远色，贱货而贵德。" [2] 知兵之将：指深刻懂得用兵之法的优秀将帅。知，认识、了解的意思。《周礼·大司徒》："知仁圣之忠和。"郑玄注："知，明于事。" [3] 生民之司命：意谓普通民众命运的掌握者。生民，泛指一般民众。《孟子·公孙丑上》："率其子弟，攻其父母，自有生民以来，未有能济者也。"司命，星宿名，主死亡。《宋史·天文志》："司命二星在虚北……主死亡。"此处是喻指命运的主宰。武经本无"生"字，樱田本亦无。 [4] 国家安危之主：国家安危存亡的主宰者。王皙注："将贤则民保其生，而国家安矣。"主，主宰之意。

［点评］

孙子大概是出于对速决战的强调，在《作战篇》的结尾处，再次说道："故兵贵胜，不贵久。"很显然，这一句是与"其用战也胜"一句形成了前后呼应之势，为的是更加突出强调其速决战思想。在孙子看来，用兵打仗贵在速战速决。但是，这一主张仍需客观看待。

这首先要求我们以中国兵学文化的整体性特征为坐标来进行科学地分析。

我们认为，在中国兵学思想发展史上，一直存在着两条演进的线索，一条是主线，也是明线，即以孙子为代表的进攻速胜路线，强调进攻，主张速战速决，它反映的是强者的军事战略，以刚强进取为特征，实现的手段就是“先发制人”。另一条是辅线，也是暗线，是从《老子》的哲学衍生出来的（历史上，《老子》曾被不少人视为兵书。如唐代王真《道德真经论兵要义述·叙表》认为：“五千之言……未尝有一章不属意于兵也。”宋代苏辙《老子解》卷二也指出：“……此几于用智也，与管仲、孙武何异。”），提倡防御，主张持久待机，所反映的是弱者的军事战略，以柔弱防守为特征，以柔弱胜刚强，实现的手段就是“后发制人”，在《逸周书》中的概念，就是“柔武”。两种战略思维刚柔相济，相辅相成，“一阴一阳之谓道”，共同构筑了中国兵学的文化形态。

考察和讨论速决战和持久战的优劣问题，我们认为，历史上最具典型的战例是战国时期燕、齐之间发生的一场战争。这个战例中，乐毅起初是用速决战取得了大捷。但是，在即墨之战中，两军陷入僵持，成为持久战，燕军的后勤补给等问题都出来了，田单则趁机使了反间、诈降、火牛阵等一系列的组合拳，终于把燕国军队打败。可见，速决战，尤其是在深入敌境作战时，应该是一个颇有效果的战法。

我们要看到，孙子的速决战思想，主要是从战争对经济的依赖，从战争所带来的危害性出发所进行的考虑。他的这一思想，在今天仍有重要的指导意义。在军事家看来，虽则战略上可采用速决，也可采用持久，但在战术上则一定是要采用速决。毛泽东对其中的辩证关系有过精彩的阐述：“在战术和战役上的速决，是战略上持久的必要条件。”（毛泽东《论持久战》，《毛泽东选集》第四卷）

从19世纪上半叶开始，随着军队快速机动性的提高和兵器杀伤威力的增强，速战速决的理论更是风靡一时，成为克劳塞维茨、若米尼（有些论者译为约米尼）、毛奇、施里芬、福熙、鲁登道夫等著名军事思想家所十分热衷、倾心阐发的军事理论命题，并在战争实践中予以充分的运用。换句话说，孙子所总结的先发制人、速战速决的作战指导原则，作为一般战争的规律，在近现代战争中仍未失去它特有的价值。

当然，任何高明的军事思想，任何卓越的作战原则，都存在着思维上的盲区，都不是无懈可击的，这就是所谓的“智者千虑，必有一失”。在这方面，孙子的速战速决战争指导思想也不例外。它的局限性在于其观察、分析、把握问题上的片面化、绝对化倾向，缺乏全面辩证、有机统一的思维理性，就“因粮于敌”问题而言，他同样未能意识到它与“千里馈粮”的后方供应之间辩证统一、互为弥补的关系，而忽略两者的有机结合。对此，我们自然用不着替孙子避讳。

就军事斗争的基本规律而言，孙子一再强调进攻速胜固然有相当合理、相对正确的一面，也大致符合春秋晚期战争的实际需要。但是，让人感到遗憾的是，他并没有能辩证地认识到军事行动中速决与持久的内在关系，有意无意地忽略了防御持久在战争中应有的地位、必要的意义，以至于将速胜与持久的关系机械地截然对立起来，给人们留下凡是进攻速胜便是好的，凡是防御持久便是差的深刻印象。其实速胜与持久乃是对立的统一，不应该人为地割裂开来。因为虽然在战役与战斗的层次上采取速战速决的方针始终有必要，绝对不能有所动摇；然而，在战略的层次上，究竟是防御持久还是进攻速胜，则不是由战争指导者的主观愿望决定的，而必须由特定的历史条件特别是敌对双方各种力量的对比来决定的，即战争指导者必须根据双方力量对比、战略态势、国际环境等实际情况，来具体决定到底是进攻速胜抑或是防御持久，当速则速，宜久则久，“兵无常势，水无常形”，不可意气用事，拘泥局囿。否则，“欲速则不达”，便是形而上学，便是画地为牢，到头来必定会遭到战争规律的无情惩罚。

对于弱势的一方，其要战胜强大的对手，自然不能指望速战速决，而只能采取积极防御的对策，这时候在战略上同对手持久抗衡就显得十分必要了。它要像牛皮糖一样紧紧把敌人粘贴住，拖垮对手，磨得对手没有脾气。在这个过程中，利用时间换取空间，悄悄地完成双方优劣态势的转换，等到时机完全成熟之后再果断发起反击，赢得战争的胜利。抗日战争时期，毛泽东针对“亡国论”与“速胜论”两种错误观点，提出“持久战”理论，为抗日战争的最后胜利指明方向，就是典型的以弱胜强原则，也是对孙子兵学思想的继承与发展。

谋攻篇

孙子曰：凡用兵之法，全国为上[1]，破国次之；全军为上[2]，破军次之；全旅为上[3]，破旅次之；全卒为上[4]，破卒次之；全伍为上[5]，破伍次之。是故百战百胜[6]，非善之善者也；不战而屈人之兵[7]，善之善者也。

［注释］

[1] 全国为上：以下两句是说以实力为后盾，迫使敌方城邑完整地降服为上策，而通过战争交锋，攻破敌方的城邑则稍差一些。曹操注："兴师深入长驱，距其城郭，绝其内外，敌举国来服，为上。以兵击破，败而得之，其次也。"全，完整、全部。国，在春秋时指的是国都或大城邑，《国语·周语中》："国有班事，县有序民。"韦昭注："国，城邑也。"破，攻破、击破的意思。按：国在这里也可以理解为国家，因为古人一般以国都代指整个国

从战史上看，那种折冲樽俎，"上战无与战"的现象也是曾经存在过的。仅在先秦两汉时期，就曾有墨子救宋不以兵革，与鲁班一番沙盘攻守作业推演下来，逼得楚国国君不得不打消攻打宋国的念头；郑国烛之武夜见秦穆公，巧舌如簧、口若悬河劝退秦师，一举挫败秦晋联军灭亡郑国的企图；韩信采纳李左车的建议，派遣使者传檄书进行威慑，不动干戈而顺利平定燕地；赵充国以谋代战，屯田备边，显示实力，慑服羌人等脍炙人口的事例。

家。 [2] 全军为上：以下两句是说能使敌人的“军”完整地降服是上策，击破敌人的“军”则略逊一筹。以下“全旅”“破旅”，“全卒”“破卒”，“全伍”“破伍”等句，也是这一观点的不同表述。军，本义为驻屯，后来泛指军队，也是军队的一个编制单位。此处当是后义。《周礼·地官·小司徒》：“五旅为师，五师为军。”郑玄注：“军，万二千五百人。”但春秋战国时各国军队编制不尽相同，故文献中“军”的编制人数也各有差异。 [3] 旅：古代军队编制单位。通常以五百人为一旅。《左传》哀公元年：“有田一成，有众一旅。”杜预注：“五百人为旅。” [4] 卒：古代军队编制单位。《左传》杜预注：“百人为卒。”但春秋齐国之“卒”则为二百人，《管子·小匡》：“四里为连，故二百人为卒。” [5] 伍：古代军队最基本的编制单位，《周礼·地官·乡大夫》：“五人为伍。”按，古代各种军队编制均是从伍法起源，如十人制的什，二十五人制的两，五十人制的小戎或队，一百人或二百人的卒，都是从伍进上去的。伍可按前、中、后成“列”，也可按左、右、前、后、中成方阵。可见，“伍”是决定古代队形编制（阵法）的最基本要素（李零《吴孙子发微》，第 49 页）。 [6] 是故百战百胜：张预注曰：“战而后能胜，必多杀伤，故云非善。”善，好、高明之意。 [7] 不战而屈人之兵：以下两句张预注：“明赏罚，信号令，完器械，练士卒，暴其所长，使敌从风而靡，则为大善。”这是对孙子“不战而屈人之兵”主张之实现条件及效果的恰切阐述。屈，屈服、降服，用作使动。

[点评]

孙子认为：战争准备就绪，紧接着的逻辑，就是对战略实施基本手段的选择。故本篇主要论述如何谋划进攻之道，即根据战争成本的大小，排列优先选择的战略手段，立足于最坏的方式，即“攻城”，而争取最好的途径，即“伐谋”，运用谋略以夺取“全胜”。杜牧注：“庙堂之上，计算已定，战争之具，粮食之费，悉已用备，可以谋攻。”

战争是流血的政治，它固然是社会进步、文明嬗递过程中一个不可逾越的阶梯，但是它对物质、文化的毁耗，对生命的吞噬等种种严重后果也同样显而易见。所以，历史上真正伟大的军事家，出于对人类命运的终极关怀，都致力于在确保战略目标实现的前提下，寻找最大限度减少战争伤亡和损失的道路，“兵圣”孙武就是这方面最杰出的代表。他所找到的道路即所谓的“全胜”理论，提出的方案便是“必以全争于天下”，做到“兵不顿而利可全”。

从全篇文字来看，“全胜”思想包含两个主要层次，一是追求“不战而屈人之兵”的理想境界，二是在不得已而用兵作战的情况下，尽可能减少损失，实现破中之全。前者是高层次的“全胜”，而后者则是相对低层次的“全胜”，然而两者互为关系，相互弥补，相得益彰（黄朴民、高润浩《孙子兵法新读》）。

孙子认为“百战百胜”，表面上轰轰烈烈，风光无限，但并非用兵打仗的上乘境界，唯有“不战而屈人之兵”，才是战争指导者所应该孜孜追求的神圣目标：“是故百战百胜，非善之善者也；不战而屈人之兵，善之善者也。”换句话说，高明的战略家应该真正做到“屈人之兵而非战也；拔人之城而非攻也；毁人之国而非久也。必以全争于天下，故兵不顿而利可全”，即以强大的军事实力作为后盾，通过高明的谋略算计敌人，唬住敌人，摧毁敌人的抵抗意志，不经过直接的战场交锋而使得对手屈膝投降，从而实现战略上的“全胜”。在孙子看来，推行“全胜”战略乃是理有固宜，势所必然。因为对自己一方来说，这样做代价最小；对敌人一方来说，这样做反抗最小；对普通老百姓来说，所遭受的灾难最小；对天下来说，所获得的利益最大，毫无疑义属于最佳的选择。

孙子“不战而屈人之兵”的“全胜”战略思想，对后世兵家的影响是非常深远的。如《六韬》就一再宣扬“全胜不斗，大兵无创”“故善战者，不待张军；善除患者，理于未生。善胜敌者，胜于无形。上战无与战”（《六韬·龙韬·军势》）。《尉缭子》也说：“高之以廊庙之论，重之以受命之论，锐之以逾垠之论，则敌国可不战而服。”（《尉缭子·战权》）其他像《淮南子·兵略训》《神机制敌太白阴经》《百战奇法》《翠微先生北征录》等典籍在这方面也有大同小异的说法。它们之间论述的侧重点虽然不无差异，论述的程度也有高低妍媸之别，但是其核心精神却完全一致，这就是要做到“以威德服人，智谋屈敌，不假杀戮，广致投降”（《阵纪·赏罚》），真正进入用兵的理想境界。

战争固然是铁血的交锋，生灵的厮杀，但是在一定的条件之下，开展正确有力的政治、外交斗争，加上机遇凑巧，仍是有可能达到“不战而屈人之兵”的目的。从这个意义上讲，孙子的“全胜”战略思想不是空穴来风、一厢情愿，有人把它斥责为“主观唯心主义”的单纯“空想”，大加鞭挞，是粗暴也不公正的做法。

不过，假如因为孙子“不战而屈人之兵”思想具有合理的成分，而把它尊奉为孙子整个学说的精髓，说孙子理论的宗旨是“不战主义”，孙子本人是“和平大使”，那么又完全是郢书燕说、胡说八道了，叫做“差之毫厘，谬以千里”。“不战而屈人之兵”的全胜战略思想作为一种十分美妙、令人羡慕的用兵理想境界，那么在活生生的现实生活之中，它的实现难免是荆棘丛生、困难重重。因为理想与现实之间，毕竟存在着很难逾越的巨大鸿沟，在处理阶级之间、民族之间、集团之间以及国家之间不可调和的对抗性矛盾的时候，“不战而屈人之兵”当然是一种选择，但是这种选择实属偶然，并没有普遍性的意义。一般地说，只有在一方处于绝对的优势，另一方处于绝对的劣势，而处于绝对劣势的一方又由于各种各样的原因丧失了抵抗意志、双手放下武器的情况下，“不战而屈人之兵”才有可能变成现实。换句话说，与大量存在的“困兽犹斗”“负隅顽抗”“狗急跳墙”“即便是死，也得找个人做垫背”的现象相比，“不战而屈人之兵”的情况毕竟十分罕见，少之又少。

奇谋妙策，龙韬虎略，数千年来都是无数军事理论家构筑其兵学理论体系时最为倾心的命题，也是响彻刀光剑影战争舞台的嘹亮的主旋律。它们的核心含义只有一个：谋略胜敌，以最小的代价换取最辉煌的胜利。这是中国古典军事理论最明快、最深沉的主题，反映在战争图卷上，就是“上兵伐谋”的胜利实践贯穿于始终！

故上兵伐谋[1]，其次伐交[2]，其次伐兵[3]，其下攻城；攻城之法[4]，为不得已[5]。修橹轒辒[6]，具器械[7]，三月而后成，距闉[8]，又三月而后已[9]。将不胜其忿而蚁附之[10]，杀士三分之一而城不拔者[11]，此攻之灾也[12]。

[注释]

[1] 上兵伐谋：用兵的最高境界是用谋略胜敌。梅尧臣注：“以智胜。”上兵，上乘的用兵之法。张预注：“兵之上也。”伐，进攻、攻打。谋，谋略。伐谋，以谋略攻敌赢得胜利。 [2] 伐交：在两军阵势已列，战衅将开之际，向敌显示己方的严整军容、强大实力，震慑对手，吓阻敌人，从而使敌人丧失斗志和信心，被迫退兵或无奈投降。即所谓“以威胜”（梅尧臣注）。交，交合，两军对峙示威。曹操注：“将合也。” [3] 伐兵：通过军队间交锋一决胜负。兵，此处指进行野战。梅尧臣注云：“以战胜。” [4] 法：途径、手段的意思。 [5] 为不得已：言实出无奈而为之。汉简本无“为不得已”四字，樱田本“已”后有“也”字。 [6] 修橹轒辒：制造大盾和攻城的四轮大车。修，制作、建造，曹操注：“治也。”橹，曹操注“大楯也”，即用藤革等材料制成的大盾牌。一说，橹即“楼橹”，一种攻城用的器具。轒辒，攻城用的四轮大车，用大木制成，外蒙生牛皮，可以容纳兵士十余人。杜牧注：“排大木为之，上蒙以生牛皮，下可容十人，往来运土填堑，木石所不能伤。” [7] 具器械：准备攻城用的各种器械。具，准备，《左传》隐公元年：“缮甲兵，具卒乘。”器械，曹操注：“机关攻守之总名，飞楼、云梯之属。” [8] 距闉：为攻城做准备而堆积的高出城墙的土山。曹操注：“距闉者，踊土积高而前，以附其城也。”距，依杨炳安《孙子会笺》说，“距”与“拒”相通，皆有“备”“治”之义，故可理解为准备。闉，小土山。武经本作“堙”，义同。 [9] 已：完成、竣工之意。 [10] 将不胜其忿而蚁附之：胜，克制、制服。《国语·晋语四》：“尊明胜患，智也。”忿，忿懑、恼怒。蚁附之，指驱使士兵像蚂蚁一般爬梯攻城。 [11] 杀士三分之一而城不拔者：杀士三分之一，言使三分之一的士卒被杀。士，士卒。拔，攻占城邑或军事据点。曹操注：“将忿，不待攻器成，而使士卒缘

城而上，如蚁之缘墙，必杀伤士卒也。”武经本“士”下皆有“卒”字，樱田本与《通典》卷一六〇引并同。 [12] 攻：此处特指攻城。

［点评］

在古希腊神话里，战神阿瑞斯的形象是手持锐利的长矛、能征惯战的勇士。然而在中国人的心目中，真正意义上的“战神”，却不是那豹额环眼、有万夫不当之勇的张飞和手执双斧、横扫千军的李逵，而是那羽扇纶巾、未卜先知的诸葛亮和状貌文弱、神机妙算的“智多星”吴用一类人物。

中国古代军事家重视谋略绝非偶然。因为很显然战争既是力的竞赛，更是智的较量。穷兵黩武，不免自取灭亡；深谋远虑，则常致“兵不顿而利可全”之奇效。胜利经验的启示和失败教训的儆戒，使得古人情不自禁引吭高歌，“以计代战一当万”“谋定事举，敌无不克”“贵谋而贱战”遂成为经受住血与火洗礼的铁的规则，而兵贵用谋的极致，自然是那“不战而屈人之兵”的理想境界。

这里，孙子是根据战争成本的大小，给进攻方式做出了优劣先后的排序，体现了孙子有关战略手段选择上的多样性原则。在孙子看来，实现高层次的“全胜”的基本途径是“伐谋”，即跟敌人拼智慧、斗计谋，让对手甘拜下风。其次是“伐交”，即向敌人显实力、展威风，让对手知难而退。再次便是“伐兵”，即在野外旷地上拼个你死我活，在没有其他招数的情况下也不排斥“攻城”。当然，这种“伐兵”与“攻城”，绝不是鲁莽进攻，死打硬拼，而是依靠智谋奇计，开动脑筋，胜得巧，胜得妙，同样立足于对战争效果的积极追求。

故善用兵者，屈人之兵而非战也[1]；拔人之城而非攻也[2]；毁人之国而非久也[3]。必以全争于天下[4]，故兵不顿而利可全[5]，此谋攻之法也[6]。

《孙子兵法》十三篇中，提到“全”的地方多达十余处，什么“全国为上”“全军为上”“全旅为上”“全卒为上”“全伍为上”“必以全争于天下”，什么“自保而全胜”“安国全军之道”，不一而足。可见，“全”在孙子思想体系中的地位非常重要。

［注释］

[1] 屈人之兵而非战也：言不采用直接交战的办法而迫使敌人屈服。张预注：“或破其计，或败其交，或绝其粮，或断其路，则可不战而服之。”汉简本“屈”作“诎”，古通。 [2] 拔人之城而非攻也：意谓夺取敌人的城池而不靠硬攻的办法。 [3] 毁人之国而非久也：指灭亡敌人之国而无须旷日持久。曹操注：“毁灭人国，不久露师也。”非久，不旷日持久。汉简本“毁人”作“破人”。 [4] 必以全争于天下：此句意谓一定要根据全胜的战略争胜于天下。全，即上言“全国”“全军”“全旅”“全卒”“全伍”之“全”。 [5] 顿：同“钝”，指疲惫、受挫折。利：利益。全，保全、万全。 [6] 此谋攻之法也：这就是以谋略胜敌的最高原则。法，原则、宗旨。

［点评］

“全”无疑是美好的，是值得锲而不舍追求的理想目标。然而，正因为它太美好了，太崇高了，所以要真正做到“计出万全”实在太困难了，变得可遇而不可求。在很大程度上，它只能是一种美好的愿望，而不是一种客观的现实。在军事活动实践中，最值得注意，最应该避免的，是因追求万全而优柔寡断，以致错失战机。因为“先作万全之计，然后图彼。得之则大克，不得则自全”，往往只是一种虚幻性的设想，如果处处求全，事事求备，就会不分主次，面面俱到，“眉毛胡子一把抓”，结果顾此失彼，进退维谷，什么都是浅尝辄止，什么都是蜻蜓点水，这叫做“备前则后寡，备后则前寡，备左则右寡，备右则左寡，无所不备，则无所不寡”。

可见，真正的“万全之策”是不存在的，战前准备的充分只是相对的，战争的进程是复杂多变的，战争的前景是充满各种不确定因素的，对战争的预期只有可能性、或然性而没有肯定性，在任何情况下，军事行动都带有一定的冒险性，更何况你的对手并非泥塑木偶，也不会毫无作为，等在那里被动挨打。所以正确的态度是，且把所谓的“万全之策”暂时搁置在一边，立足于以自己为主，排除各种干扰，敢于冒一定的风险，敢于走“偏锋”，发挥主观能动性，在有七八成，甚至五六成把握的前提下，及时采取必要的军事行动，“并敌一向，千里杀将”，重点突破，中心开花，从而以点带面，扩大战果，控制全局，取得胜利。

这方面西晋时期大军事家杜预的做法值得人们好好借鉴。当时晋武帝司马炎计划兴师南下征伐东吴孙皓政权，实现国家统一大业。但由于考虑到东吴水师实力比较强大，且拥有长江天险之利，“孙氏负江山之阻隔，恃斗牛之妖氛，奄有水乡，抗衡上国”（《晋书》

卷四二《王浑王濬唐彬列传》“史臣曰”），大举南征并无万全的把握，因此不免踌躇迟疑，不敢轻易下定决心。杜预对此看在眼里，急在心里，遂上书晋武帝，具体分析灭吴之战的利弊得失，对万全与风险之间的关系做出了辩证深刻的判断。他认为“凡事当以利害相较，今此举十有八九利，其一二止于无功耳”（《晋书》卷三四《杜预传》）。结论是这样的：风险值得去冒，灭吴之战箭在弦上，不得不发，应该尽快拍板，迅速展开。晋武帝听取了杜预的建议，大军齐发，直捣建康，很快完成了统一南北、平定天下的赫赫大业。不妨设想一下，如果西晋王朝一味追求万全而在“十之一二”不利条件面前畏首缩尾，自缚手脚，那么其灭亡东吴统一全国的事业究竟要拖到哪一天才能够得到实现？

北宋攻灭南唐统一江南地区同样反映了赵匡胤等战略决策者对待军事上“万全”与风险问题的辩证态度。当时北宋对南唐虽然拥有相当大的政治、军事优势，但平心而论，远未达到“以碫投卵”“以镒称铢”的程度。南唐方面兵力众多，水师强大，总兵力达三十余万人，而且还据有长江天险。在这样的形势下，北宋大军渡江作战并没有十成的把握，更何况北宋王朝侧后还存在着北汉势力以及辽国政权的严重威胁。然而，北宋君臣没有因这些困难而放弃席卷江南、混一南北的计划，而是在经过较为充分的准备之后，权衡整体形势，把握战机，适时发起攻击南唐之役，并通过正确的运筹，在高明的作战方针指导下，克服种种不利，长驱直入，纵横驰骋，克敌制胜，最终一举翦灭了南唐小朝廷。这里，北宋军队取胜的前提，就在于其决策者跳出了“万全之策”思维怪圈的束缚，于“不全”中求“全胜”，炉火纯青地驾驭了用兵的艺术。

故用兵之法：十则围之[1]，五则攻之[2]，倍则分之[3]，敌则能战之[4]，少则能逃之[5]，不若则能避之[6]。故小敌之坚[7]，大敌之擒也。

此处“十”和“五”等数字，似不能确指，只可当作是大约的数字。这一层意思，曹操的相关注释，可以作为参考。曹操以他自己在下邳生擒吕布这个战例说明，如果是主弱客强，兵力无需达到十倍，也一样可以组织围攻对手。

[注释]

[1] 十则围之：兵力十倍于敌就包围敌人。曹操注：“以十敌一，则围之。” [2] 五则攻之：兵力五倍于敌就主动向它发起进攻。 [3] 倍则分之：有一倍于敌的兵力，就设法分散敌人，造成局部上的更大优势。倍，加倍。分，分散。 [4] 敌则能战之：此句言如果敌我力量相当，则当敢于抗击、对峙。敌，《尔雅·释诂》：“匹也。”指兵力相等，势均力敌。《战国策·秦五》：“四国之兵敌。”高诱注：“强弱等也。”能，乃、则的意思。此处与则合用，以加重语气。 [5] 少：兵力少。逃：退却、躲避。 [6] 不若：不如，指实际力量不如敌人。 [7] 小敌之坚：以下两句通常的解释是小不可能勉强敌大。李筌注：“小敌不量力而坚战者，必为大敌所擒也。”但亦有人认为，此句可释为小的对手如果能集中兵力，即使大的对手也可擒获（李零《吴孙子发微》）。小敌，弱小的军队。之，若、如，《左传》宣公十二年：“楚之无恶，除备而盟。”坚，坚定、强硬，此处指固守硬拼。大敌，强大的敌军。擒，捉拿，此处指俘虏。

[点评]

孙子是聪明人，他非常清醒地认识到“不战而屈人之兵”是可遇而不可求的，与其仰着脖子眼巴巴等待天上掉馅饼的好事，不如脚踏实地去争得属于自己的利益。所以，在本篇中他更注重从实际出发，立足于高明的作战指导，心无旁骛通过战场上一刀一枪去争取胜利。当然，这种胜利的出发点也完全建立在以最小的代价换取最大的战略利益认识基础之上，即所谓“以破求全”，而不是逞血气之勇，鲁莽行事，打“舍命仗”，打“糊涂仗”。这显然是孙子“全胜”战略思想的第二个层次，与前一个层次相比，它更具有可操作性，不是花拳绣腿，而是见血封喉的毒辣功夫。

为此，孙子在本篇中独具匠心地提出了一整套的战术运用方针：拥有十倍于敌的兵力就包围敌人，拥有五倍于敌的兵力就进攻敌人，拥有两倍于敌的兵力就分割敌人，兵力与敌人相当就要努力抗击敌人，兵力少于敌人就要设法摆脱敌人，实力弱于敌人就要努力避免决战。总之，是要根据集中优势兵力各个击破敌人的根本原则，针对敌我兵力对比不同而采取灵活机动的战术，“分别主客，指画攻守”，迫使敌人在我的凌厉打击下丧失抵抗的意志，摇白旗投降。

这样一来，孙子就使得他的“全胜”战略思想系统化和具体化了，一方面确立了崇高的理想追求目标“不战而屈人之兵”，另一方面又规范了付诸军事斗争实践的可操作性，“十围”“五攻”“倍分”“敌战”“少逃”“不若避”。两者互为弥补，相辅相成，共同服务于“必以全争于天下”这个基本宗旨。由此可见，孙子已经在理想与现实之间寻找到了最好的平衡点与结合点，既不乏崇高的追求，又能充分尊重现实；既志存高远，不甘于庸碌无为，又平心静气，不存异想天开之念。

应该说，孙子思想体系中“全胜”策与“战胜”策的浑然天成、水乳交融，恰好是合乎中国传统文化的价值取向与思辨逻辑的。从历史考察，中国人在对待和处理任何问题时，都习惯于区别理想追求与实际操作之间的辩证关系，既确定最高的标准，用以弘扬己之理想，这就是所谓的“取法乎上”；又立足于具体的目标，用以躬践实行，这就是所谓的“得乎其中”。前者只是说的，主要用来作姿态给外界看；后者才是做的，主要用来满足自己心灵的真正渴求。譬如孔老夫子，他虽然主张“祖述尧舜”，推崇宣扬尧、舜的丰功伟绩，“唯天之大，唯尧则之”，但真正的用力处却在于“宪章文武”，寻梦周公，一生颠沛流离，奔走呼号，为恢复西周“礼乐文明”倾注全部的精力。又如诸葛亮丞相，表面上汲汲致力于“奖掖三军，北伐中原，兴复汉室，再造一统”，实际上聪明如他，又何尝不明白所谓“兴复汉室”不过是一个凝聚人心、鼓舞士气的口号而已。真正要做和能做的，是尽可能维系住偏处西南一隅的蜀汉政权命脉，能拖多少时间就拖多少时间。所以，“兴复汉室”是理想追求，维系三国鼎立之局是操作要务。当然，能以一州之地与强大的曹魏势力相周旋，对诸葛亮来说已是极不容易了，后人对其赞颂有加，说什么“伯仲之间见伊吕，指挥若定失萧曹”云云，也不算是太离谱。再如近代康有为，他当年思想境界之高，即便在今天仍教人肃然起敬。具体的标志，便是在“万马齐喑究可哀”的封建帝制时代，他已经在考虑“天下大同”问题，还为此专门写了《大同书》，追求公平合理，没有人剥削人的社会理想秩序，但实际上他真正致力去做的，却是“变法维新”“君主立宪”。

这类双重人格的差异，双重目标的分歧，在“兵圣”孙武身上，也没有例外，他积极倡导“不战而屈人之兵”，津津乐道“必以全争于天下”，但最最重视的却是如何打仗、怎样用兵。换句话说，在孙子那里，“兵不顿而利可全”只是一面高高飘扬的旗帜，“致人而不致于人”，夺取作战主动权，才是现实，才是其兵学的旨趣所在。

更深入地考察，我们能发现，如果说孙子的“谋攻之法”还只是讨论原则问题，那么这一段中的“十围五攻”之法则相对更加具体。“十围五攻”之法，其中体现的是实力原则，还有集中兵力和机动用兵的原则。

孙子认为，当己方的兵力是敌人的十倍时，就可以对敌人实施包围之术，可以歼灭敌人，也可以迫使敌人投降；当己方兵力大约是敌军的五倍时，也可以发起攻击；兵力是对方的一倍时，则可以通过分割对方，形成兵力优势；本来就是对方的倍数，如果再能把对手分割成两块，则可形成四倍的优势，如果是分割成三块四块的话，则兵力优势更大，那就可以放手对敌发动攻击了；如果遇到双方兵力相当的情况，则需要能够阻击对手，形成对峙和对抗的局面，这便是“敌则能战之”。“敌”的意思是兵力相当，势均力敌。

“十围五攻”之法，红军在早期的反“围剿”战争中运用得最为精妙。国民党军队“围剿”苏区的部队无论在数量上还是质量上，都占据着明显的优势。面对这种危险的局面，红军灵活机动，极力与敌军周旋，进而寻找机会分割对手，再形成局部的兵力优势围歼对手，成功地取得反“围剿”战争的胜利。这个过程中，兵力机动是非常关键的因素。说白了，就是处理好“打”和“走”的关系，正确处理进攻和防御的关系。这里的“走”不是被动逃跑，而是通过积极的兵力调动来牵制对手，诱敌深入，或者寻机分割敌军。所谓防御也不是保守御敌，而是积极应敌，是要在防御的过程中寻找反击的机会，伺机消灭敌人。张辉瓒率领十万兵马浩浩荡荡开进，苏区的红军加在一起仅仅十万人马，能拉出作战的只有四万人马，而且装备和国民党军队无法相提并论。但是红军通过积极的兵力调动，把张辉瓒的“围剿”部队逐渐拉开，最终形成包围切割的机会。所谓兵力调动，既是“少则能逃之，不若则能避之”，同时也是寻找机会反击。最终，张辉瓒的师部和两个旅共九千人形成孤军深入之势，钻进红军布置的口袋阵，最终被团团包围。这个时候双方作战的兵力对比约为五比一，正可“五则攻之”。战斗中，张辉瓒被活捉，九千兵马也无一漏网。这次声势浩大的“围剿”行动遭到彻底失败。

真正运用好“十围五攻”的用兵之法，其关键都在正确认清敌情，做好“知彼知己”，做好诸如“五事七计”这种分析工作。只有对“知彼知己”下足了功夫，只有根据敌我双方客观情况，主要是兵力对比，有了清醒的孙子认为要想顺利实现“全胜”的目的，重要条件之一，在于将帅的素质和能力。俗话说，千军易得，一将难求。将帅本人德行情操的优劣、韬略智慧的长短、指挥艺术的高下，直接关系到军队的安危、战争的胜负。因为假如统军之将猥琐无能，“伐谋”“伐交”固然无从谈起，“伐兵”“攻城”也将一事无成。

认识，才能真正运用得好。可以说，一开始的几次反“围剿”战争都是因为正确的兵力机动，寻找到了合适的反击机会，形成局部的优势，再进而取得战争胜利。与此形成对比的是，第五次反“围剿”战争中，红军由于缺少正确的指挥，以劣势的兵马和“围剿”之敌硬拼，最终招致惨败，才被迫长征。这也正是孙子所总结的“小敌之坚，大敌之擒”的情况。我们可以从红军几次反“围剿”战争的不同结果，看出孙子“十围五攻”用兵之法的价值。

从“谋攻之法”的讨论原则问题，到“用兵之法”的讨论具体问题，这是非常符合逻辑的。十三篇兵法就是这样一步步具体展开，先是摆出一些原则问题，接着就是就一些细节问题逐步展开论述。从《计篇》开始，到后面的《作战篇》《谋攻篇》，乃至《火攻篇》《用间篇》都体现出这样一个逐步展开的过程。通过这种方式，孙子把自己的兵学思想一步步地深入化、具体化。

夫将者，国之辅也[1]。辅周则国必强[2]，辅隙则国必弱[3]。

[注释]

[1] 国之辅也：国，指国君。辅，原意谓辅木，《左传》僖公五年：“辅车相依。”孔颖达疏：“盖辅车一处分为二名耳，辅为外表，车是内骨，故云相依也。”这里引申为辅助、佐辅。 [2] 辅周则国必强：言辅助周密、相依无间国家就强盛。周，周

密。 [3] 辅隙则国必弱：辅助有缺陷则国家必弱。隙，缝隙，此处指有缺陷、不周全。

［点评］

春秋以前的职官制度有一个很大的特点，即文武基本不分职，这是与当时军政合一、兵民一体，“作内政而寄军令”的社会政治生活情况相一致的。到了春秋中晚期，随着社会经济、政治、军事、文化等领域新的因素的出现，尤其是争霸兼并战争步入更激烈的阶段，这种文武不分职的社会现象也就不能不受到大的冲击。当时军队的人数日益庞大，战场的区域相当广阔，作战的方式趋于复杂，杀伤的程度愈加残酷，这样就决定了需要有一定军事才能的将领负责作战指挥，从而开始了文武分职、将相殊途的漫长历史过程。

据历史记载，春秋时代已有将军的名称，如晋国的六卿，《墨子》称为六将军，《银雀山汉墓竹简·孙子轶文·吴问》也提到“六将军分守晋国之地”。另外文献中还有“郑人以詹为将军”（《国语·晋语四》）、“十旌一将军”（《国语·吴语》）等一类记载。这些都是文武分职、将相殊途的萌芽。

专职将帅的出现，在历史发展长河中是值得大书特书的重大事件。它不但是古代职官制度发展史上的一次巨大变革，而且是古代军队建设上的一个质的飞跃。从此军队拥有了专门的治理者和指挥员，理顺了军事领导体系，军队职业化走上了正常发展的轨道。总之，它使军队呈现出全新的面貌，使古代战争进入了新的阶段。

这是符合军事斗争内在规律的逻辑选择。

孙子是站在时代前列的军事思想家，对专职将帅登上历史舞台这一新生事物自然持积极拥护的态度，并从理论上对培养、选拔、任用军事人才问题进行深入的探讨，在此基础上形成了他相当完整系统的选将任将思想，其中包括对将帅地位的认识、将帅品德才能的要求以及将帅职权的界定等众多方面的内容。

从《孙子兵法》所叙的内容看，孙子是高度重视将帅的地位和作用的。

孙子为什么要关注君将关系，道理很简单，仗是要靠将军去打的，而将军又是国君任命的。处理好这一层关系，对于确保战争获胜显然是非常重要的。在《计篇》中，孙子举出影响战争胜负的五个因素，即“五事”时，就把“将”列为其中之一。不仅如此，十三篇中数次论及君将关系。在本篇中，孙子对“将”的地位和作用进行了定位：“夫将者，国之辅也。辅周则国必强，辅隙则国必弱。”

这里的“辅”，是“辅佐”之意。把“将”作为国家的主要辅助，这并不是要肆意抬高将帅的地位，而是道出了将帅的作用。将帅如果辅佐周全，国家就会强盛。将帅如果辅佐有缺陷，国家就会衰弱。俗话说，千军易得，一将难求。将帅为什么重要，因为是将帅领导着军队，而军队是保家卫国最重要的工具。这个工具能不能起到应有的效果，将帅往往起到决定性作用。此外，在战场上披坚执锐、指挥作战的也是要靠将帅。所以，孙子必须要很认真很严肃地讨论君将关系。那么，如何处理好君将关系呢？孙子提供了“二选一”的选择模式，而且同样是告诉我们“非”，由此得出“是”。将帅是国家的辅佐，辅助周密，国家就一定强盛；辅助有缺陷，国家就一定衰弱。

故君之所以患于军者三[1]：不知军之不可以进而谓之进[2]，不知军之不可以退而谓之退；是谓縻军[3]。不知三军之事[4]，而同三军之政者，则军士惑矣[5]。不知三军之权[6]，而同三军之任，则军士疑矣。三军既惑且疑，则诸侯之难至矣，是谓乱军引胜[7]。

[注释]

[1] 患：危害、贻害。三：指三类情况、三种做法。 [2] 谓之进：犹言“使（命令）之进”。谓，告诉，此处是命令的意思。《诗·小雅·出车》：“自天子所，谓我来矣。”郑玄笺曰：“以王命召己，将使为将帅也。”可资参证。 [3] 是谓縻军：这叫做束缚军队。縻，束缚、羁縻。 [4] 不知三军之事：以下两句梅尧臣注曰：“不知治军之务而参其政。”三军，泛指军队。周代时一些大的诸侯国设三军，有的为上、中、下三军，有的为左、中、右三军。同，共。此处是参与、干预、干涉的意思。政，政务，这里专指军队的行政事务。 [5] 军士：指军队的吏卒。惑：迷惑、困惑。 [6] 不知三军之权：以下两句意谓不知军队行动的权变灵活性质，而直接干预军队的指挥。权，权变、机动。任，指挥、统率。《左传》僖公十五年：“重怒难任。”杜预注：“任，当也。” [7] 是

谓乱军引胜：梅尧臣注曰："自乱其军，自去其胜。"最合文意。乱军，扰乱军队。引，去、却、失的意思。《礼记 · 玉藻》"引而去"，郑玄注："引，却也。"引胜，即却胜。一说"引"为引导、导致之意，引胜即导致敌人胜利。于说虽可通，但孙子此处实就己方军情发议，故应以前说为善。

[点评]

孙子对将帅的地位和作用予以充分的肯定，把它看作是保证"全胜"战略目标实现的重要条件。指出将帅对于国家的关系，就好比辅木对于车毂一样。强调如果将帅在指挥千军万马时，能切实从国家的利益出发，力求以谋制敌，真正做到"兵不顿而利可全"，就一定能使军队保全、国家强盛。

将帅在实现"全胜"战略过程中的地位既然如此重要，那么协调处理好将帅与国君的关系，使之辅车相依、紧密合作也就成了一个不可忽视的问题。孙子认为，在将帅和君主这一对矛盾关系中，占矛盾主导方面的是君主一方，所以要协调处理好君将关系，首先需要解决的是将从中御的问题。孙子对军事行动中瞎指挥、瞎管理、瞎监督的做法深恶痛绝，严词抨击，坚决反对国君脱离实际情况干涉部队的指挥事宜。他指出，国君危害军事行动的情况有三种，不了解军队不能前进而硬让军队前进，不了解军队不能后退而硬令军队后退，这叫做束缚军队；不了解军队的内部事务，而去干预军队的行政，就会使得将士迷惑；不懂得军事的权宜机变，而去干涉军队的指挥，就会使得将士产生疑虑。孙子认为，一旦发生这类情况，敌人便会乘机进犯，己方将处于十分不利的位置，灾难不可避免，这叫做“乱军引胜”。

要力争“全胜”，就必须克服这些弊端，而克服的途径，在于君主能真正赋予将帅指挥战争的实权，使将帅能充分发挥自己的才干，以追求“全胜”的理想结果。应该说，孙子这一立足于“全胜”战略的重将任将思想是非常高明的，对后人也有启迪作用。

故知胜有五：知可以战与不可以战者胜；识众寡之用者胜[1]；上下同欲者胜[2]；以虞待不虞者胜[3]；将能而君不御者胜[4]。此五者，知胜之道也[5]。

这五条，既包含了对客观军事力量进行综合分析的基本方面，也体现了对主观作战指导能力的高度强调，全面具体又深刻精辟，反映出孙子在预知胜负问题上的卓越识见。

［注释］

[1] 识众寡之用者胜：能善于根据双方兵力对比情况而采取正确战法，就可以取胜。众寡，指兵力多少。 [2] 上下同欲者胜：上下同心协力的能够获胜。同欲，意愿一致，指齐心协力。 [3] 以虞待不虞者胜：自己有准备对付没有准备之敌则能得胜。虞，有准备、有戒备。 [4] 将能而君不御者胜：将帅有才能而国君不加掣肘的能够获胜。杜佑注：“将既精能晓练兵势，君能专任事不从中御。”能，贤能、有才能。御，原意谓驾驭，这里指牵制、制约。 [5] 知胜之道也：认识、把握胜利的规律。道，规律、方法。

［点评］

无论是“全胜不斗”，还是“破中求全”，它的基础都在能否做到“知彼知己”。战争指导者最大的愚蠢，就是“情况不明决心大，计划不周干劲足”。这样的决心越是大，这样的干劲越是足，带来的灾难便越是可怕，受到的损失便越是巨大。所以，孙子一再强调“知彼知己”的重要性，“知彼知己，胜乃不殆；知天知地，胜乃不穷”，据此以力求“全胜”，争取“战胜”。这在《计篇》之中是著名的“五事七计”，而在本篇中则是所谓的“知胜有五”，即争取谋胜、全胜的五个条件。

所谓“知胜有五”，正是战争指导上争取“全胜”的五个条件：知道可以同敌人打或不可以同敌人打的，能够胜利；了解多兵和少兵的不同用法的，能够胜利；全军上下意愿一致的，能够胜利；以有备之己对付无备之敌的，能够胜利；将帅有才能而国君不加掣肘的，能够胜利。凡此五项，就是预知胜负的方法。

这其中，判定可以打或者不可打，“知可以战与不可以战”是前提；懂得根据兵力多少而采取合适的战法，“识众寡之用”是用兵的枢机；全军上下心往一处想、劲往一处使，“上下同欲”是政治保障；未雨绸缪，有备无患，“以虞待不虞”是有备无患；将帅智勇双全、才华横溢而做君主的不加牵制干涉，“将能而君不御”是用兵成功的秘诀。五者互为条件、互为作用，构成了预知胜负、实现“全胜”的完整整体。那么这仗不打即罢，一打必胜，就像孟子说的“君子有不战，战必胜矣”。

这五条“知胜之道”，说到底其实都是“五事七计”的主要内容，但在这里孙子又换了一下说法，有的内容则是对“五事七计”的提炼和深化，也可看作是经过《计篇》《作战篇》和《谋攻篇》的论证之后所提炼的精华内容。比如说，“识众寡之用者胜”就是直接对应“兵众孰强”；“上下同欲者胜”则是对应“主孰有道”；“知可以战与不可以战者胜”则是“庙算”所得出的结论；“以虞待不虞者胜”则是在《作战篇》和《谋攻篇》的论证之后得出的结论，至于“将能而君不御者胜”，则是前面论述君将关系之后所形成的结论。在孙子眼中，上述五条是最为关键的内容，故此在反复论证之后，又予以特别强调。

但是，需要注意的是，孙子所用字句不同，立意也悄悄发生改变。孙子在前面讨论君将关系时，尚且没有就将帅的能力展开讨论。但是在论述“知胜之道”时，已经关注到这一点。“将能而君不御者胜”这句话中，我们要注意这个“能”字。有能力的将帅，更不需要干预。

另外，“知胜之道”中有一个关键字眼“知”。从这个词语可以看出，孙子对于情报的重视和特别强调，这也是从“庙算”开始的一贯思路。这一理念，我们从《谋攻篇》的结尾也可看出大概。

“知彼知己，百战不殆”，就像“人要吃饭”的道理一样浅显、通俗，也一样的深刻、高明。的确，最伟大的哲理往往包含于最平凡、最简单的事物之中，平实的语言才闪烁真理的光泽。

故曰：知彼知己者[1]，百战不殆；不知彼而知己，一胜一负[2]；不知彼，不知己，每战必殆。

[注释]

[1] 知彼知己者：以下两句孟氏注曰：“审知彼己强弱利害之势，虽百战，实无危殆也。”殆，危险。汉简本作“故兵知彼知己”，

《通典》卷一五〇引“彼”“己”互倒。孙校本、武经本均无“者”字。 [2] 一胜一负：杜佑注：“胜负各半。”指无必胜之把握。

[点评]

在本篇中，孙子提出了“知彼知己，百战不殆”的重要观点。他认为要驾驭战争，争取“全胜”的理想结果，就必须全面了解和正确把握敌我双方的情况，预知胜负，制定正确的战略战术方针，确保自己牢牢立于不败之地，而不放过任何战胜敌人的机会。

孙子这一“全胜”战略认识论原则的强大生命力，其实早已为无数次战争实践所证明了。

一个例子是著名的“汉中对”。楚汉战争爆发前夕，曾经落魄多年的韩信时来运转，经萧何的推荐，当上了汉军大将。作为见面之礼，他向汉王刘邦呈上一份“战略咨询报告”，即所谓的“汉中对”。在对策中，他全面分析了楚汉双方的战略态势，预测了双方战争的基本走向。指出：项羽虽然“勇悍仁强”，不可一世，但他的“勇”，不过是没有头脑的匹夫之勇；他的“仁”，不过是婆婆妈妈的“妇人之仁”；他的“强”，也不过是“百姓不附，特劫于威”的蛮横强梁，“强梁者不得好死”。因此，项羽的强大仅仅是表面现象，骨子里虚弱得很，迟早要走向反面。相反，对刘邦，韩信是非常看好的，所以在“汉中对”中，他积极为刘邦打气。指出只要刘邦能反项羽之道而行之，任用天下英雄豪杰，舍得花大本钱调动手下文武官员的积极性，好好利用汉军将士渴望东归老家的心理，并凭借日前在关中“约法三章”所带来的民众好感优势，就可以“明修栈道，暗度陈仓”，一举平定关中，逐鹿中原，得志天下（参见《史记》卷九二《淮阴侯列传》）。

这是一个建立在“知彼知己”基础上完整成熟的战略方案，无怪刘邦听了之后茅塞顿开，两眼放光，连声叫好。事情的发展也证明了韩信战略眼光的远大和高明：汉军果然迅速占领三秦地区，进而挥师东向，与西楚霸王项羽争夺天下，经过前后四年的浴血奋战，终于逼得这位“力拔山兮气盖世”的大英雄洒泪别姬，自刎于呜咽的乌江边上。

又一个例子是日俄对马海战。20世纪初，日俄两国为争夺东北亚地区的霸权，尤其是对我国东北三省的控制而剑拔弩张。俄国人既不知己，又不知彼，竟然把日军轻蔑地称为“乳儿军”，趾高气扬地宣称俄军战胜日军不过是小菜一碟，“易如反掌”。他们不是与日军斗智斗谋，而是跟日军斗气斗性。结果俄国海军主力波罗的海舰队，不远数万里长途跋涉，从大西洋绕过非洲好望角，经印度洋，过马六甲海峡，入太平洋，行驶到对马海峡，却因敌情不明，疲惫不堪，而被“知彼知己”、胸有成竹的日本海军元帅东乡平一郎运用“以逸待劳”的战法杀得惨败。

再一个例子是第二次世界大战初期的德法之战。战争爆发前夕，法国军事领导人自恃拥有坚固的马其诺防线而狂妄自大，高枕无忧，放松了战争的准备。尤其是那位艾仑赛元帅，自我感觉太良好了，总是过高估计法军的战斗力，过低估计德军的战斗力，声称德军所有将领在第一次世界大战中，没有一个曾经做过比上尉更高的官职，这是德军的一个大弱点。可以想见他当时说这番话时沾沾自喜、神气活现的模样。然而，结果却是法国军队在德军大举进攻面前，丢盔弃甲，溃不成军。而指挥德军勇猛进军的，正是那些为艾仑赛元帅所不屑一顾的小人物：当年一战战场上德军队伍中的少尉、中尉们。

毛泽东十分推重孙子在军事理论方面的重大建树，高度评价其不朽价值："孙子的规律，'知彼知己，百战不殆'，仍是科学的真理。"（毛泽东《论持久战》）"中国古代大军事家孙武子书上'知彼知己，百战不殆'这句话，是包括学习和使用两个阶段而说的，包括从认识客观实际中的发展规律并按照这些规律去决定自己的行动克服当前敌人而说的，我们不要看轻这句话。"（毛泽东《中国革命战争的战略问题》）

"唯大英雄能本色，是真名士自风流"。李白发牢骚，说是"自古圣贤皆寂寞"，这不对。真正的圣贤是不会寂寞的，孙子身后拥有无数的"知音"，其中甚至包括了毛泽东这样的一代伟人！

形　篇

孙子曰：昔之善战者，先为不可胜[1]，以待敌之可胜[2]。不可胜在己[3]，可胜在敌。故善战者，能为不可胜，不能使敌之可胜。故曰：胜可知而不可为[4]。

［注释］

[1] 先为不可胜：指我方不致被敌人战胜，即所谓“立于不败之地”的意思。为，造就、创造。 [2] 以待敌之可胜：待，等待、寻找、捕捉的意思。敌之可胜，指敌人可能被我战胜的时机。 [3] 不可胜在己：以下两句指创造不被敌人战胜的条件，在于自己主观的努力，而敌方是否能被战胜，则取决于敌方自己的失误，而非我方主观所能决定。 [4] 胜可知而不可为：胜利可以预知，但敌人有无可乘之隙，战而胜之，则不能由我方来决定。张预注：“己有备则胜可知，敌有备则不可为。”

认识军事实力在战争中的重要地位和作用，并不等于顺理成章拥有了强大的军事实力，更不意味着能淋漓尽致地运用和发挥自己的实力，在战场交锋中所向披靡，战无不克。用孙子的话说，便是“不能使敌之可胜”“胜可知而不可为”。孙子之所以高明，见识远胜于其他军事家，就在于他能宏观认识战争中军事实力的地位作用，并在此基础上系统地论述了运用军事实力的原则和建设实力的方法、途径等问题，从而使自己以实力制胜的理论体系完备，逻辑严谨，具有充分的说服力和深刻的启示性。

汉简本“为”下有“也”字。

[点评]

本篇篇题，汉简本作《刑》，“刑”为“形”之通假字，先秦两汉时人多以“刑”为“形”。武经本作《军形第四》，“形”上有“军”字，其当为后人援引曹操注文“军之形也”所增。形，古有器之一义。《周易·系辞上》：“见乃谓之象，形乃谓之器。”韩康伯注：“成形曰器。”孔颖达正义曰：“体质成器，是谓器物，故曰形乃谓之器，言其著也。”由此可见，“形”不仅可指形于外者，也可指器物，即实质性的东西。孙子在这里引入“形”的概念，所要说明的正是军事实力及其外在表现，如众寡、强弱等等。

本篇主要论述如何依据敌我双方军事实力的强弱，灵活运用攻守两种不同的形式，以达到在战争中保全自己、消灭敌人的目的。孙子清醒地认识到敌我力量对比对于战争胜负的决定性意义，主张在军队作战中努力确保自己立于不败之地，强调要寻求敌人的可乘之机，以压倒性的优势，予敌以致命的打击。这就是带有普遍意义的“先为不可胜，以待敌之可胜”的作战指导原则。

具体地说，《形篇》全面系统地论述了军事实力在战争中的地位和作用，以及军事实力运用的原则和实力建设的方法、途径诸问题。具体地说，“先为不可胜”“胜兵先胜而后求战”是实力政策；“守则不足，攻则有余”，即“强攻弱守”是对实力的战略运用；“修道而保法”是发展军事实力的基本原则，而“善战者之胜也，无智名，无勇功”“胜于易胜”则是实现实力政策所要达到的上乘境界。孙子认为，战争指导者必须依据敌我双方物质条件的优劣、军事实力的强弱，灵活采取攻守两种不同形式，“以镒称铢”“决积水于千仞之谿”，以达到在战争中保全自己、消灭敌人的目的。

既然敌我力量对比对战争胜负具有关键性的意义，孙子便提出了在军队作战中要努力确保自己先立于不败之地，“先为不可胜”“不可胜在己”，做到“胜兵先胜而后求战”，在此基础上，则要积极寻求和利用敌人的可乘之机，即所谓“以待敌之可胜”“不失敌之败也”，一旦时机成熟，便果断采取行动，乘隙蹈虚，以压倒的优势，予敌人以致命的打击，“故胜兵若以镒称铢”“胜者之战民也，若决积水于千仞之谿者，形也”。认为唯有如此，才是真正“能为胜败正”，成为战争胜负的主宰。应该说，这一作战思想是带有普遍指导意义的。

不可胜者[1]，守也；可胜者，攻也。守则不足[2]，攻则有余。善守者[3]，藏于九地之下；善攻者[4]，动于九天之上，故能自保而全胜也[5]。

按，十一家注本、武经本作“守则不足，攻则有余”。各本皆同。但汉人言兵法者多言攻不足守有余。《汉书·赵充国传》：“臣闻兵法，攻不足者守有余。”《后汉书·冯异传》：“夫攻者不足，守者有余。”文义皆与简本相近。“守则有余，攻则不足”，意谓在同等兵力的情况下，用于防御则兵力有余，用于进攻则感到兵力不足。亦通。

[注释]

[1] 不可胜者：以下四句意谓使敌人不能胜我，在于我方防守得宜；而战胜敌人，则取决于我方进攻得当。汉简本作“不可胜，守；可胜，攻也”。 [2] 守则不足：以下两句意谓采取防御，是由于处于劣势；采取进攻，是因为拥有优势。汉简本此句作“守

则有余，攻则不足”。 [3] 善守者：以下两句言善于防守的人，能够隐蔽军队活动，如藏物于极深之地下，令敌方莫测虚实。故梅尧臣注曰：“九地，言深不可知。”此句另一种解释为：善于防守者，能巧妙利用各种地形以为坚固防守。曹操注：“因山川丘陵之固者，藏于九地之下。”但似不如前说为善。九，虚数，泛指多数。汪中《述学·释三九》：“古人措辞……约之以九以见其极多。”九地，用于形容极深的地下。 [4] 善攻者：以下两句意谓善于进攻的人，进攻时能做到行动神速、突然，如自九霄而降，令敌猝不及防。梅尧臣注云：“九天，言高不可测。”九天，形容极高的天上。李白《望庐山瀑布》之二：“日照香炉生紫烟，遥看瀑布挂前川。飞流直下三千尺，疑是银河落九天。”又一说云：善攻者，善于利用天时天候主动地选择进攻时间。曹操注：“因天时之便者，动于九天之上。” [5] 自保而全胜也：保全自己，战胜敌人。张预注：“守则固，是自保也；攻则取，是全胜也。”

[点评]

孙子强调，要根据战场情势的变化，采取相宜的攻守策略，主动灵活地打击敌人，顺利实现敌我军事实力对比的转化。一般地说，受种种主客观条件的制约，在临战之前，双方的力量对比尽管有强弱之别，但并非是一成不变的。所以作为战争指导者，要善于根据战场情势，发挥主观能动性，采取正确的、行之有效的措施和方法，使己方的军事实力得以充分的施展，已有优势则进一步加强之，若处劣势则设法改变摆脱之，处处高敌一筹，稳操胜券。在这个过程中，如何采取适当的作战样式，仍是一大关键。通常的作战样式不外乎攻与守两种，两者各有自己的功能。一般地说，“不可胜者，守也；可胜者，攻也”。高明的军事家应该按照“守则不足，攻则有余”的作战规律，从自己的军事实力出发，灵活主动地实施进攻或进行防御。若是实施防御，要善于隐蔽自己的兵力，“藏于九地之下”，令敌无法可施；一旦展开进攻，则要做到“动于九天之上”，使敌猝不及防。总之，只有在攻守问题上真正做到因敌变化，随机处置，才算是完全掌握了灵活机动的指挥艺术之精髓。这时候无论是实施进攻，还是进行防御，都可以得心应手，从容自如，无往而不胜，“故能自保而全胜”。孙子认为，这乃是正确运用军事实力的重要途径，能够进入用兵的理想境界——“战胜不忒”“所措必胜”。

值得我们注意的是，两千多年之后，西方近代军事学鼻祖、普鲁士人克劳塞维茨在其名著《战争论》一书中，也曾对攻守问题进行过深入的探讨，并且得出了和孙子相似的结论。他说：“假定使用的是同一支军队，进行防御就比进攻容易。”防御这种作战形式，就其本身来说，比进攻的作战形式要显得优越。这是因为防御者可以得到的“待敌之利和地形之利”，“不仅仅是指进攻者在前进时所遇到的种种障碍，如陡峭的山谷、高山峻岭、两岸泥泞的河流、成片的灌木林，等等，而且是指那些能使我们隐蔽的配合军队行动的地形”。因此，在“力量弱小”之时就不得不采用防御的作战样式，“一旦力量强大到足以达到积极的目的时，就应该立即放弃它……所以以防御开始而以进攻结束，是战争的自然进程”（《战争论》第二卷）。不过，克劳塞维茨的这番见解要比孙子的攻守思想晚出了两千多年。

传本“守则不足，攻则有余”一句，汉简本作“守则有余，攻则不足”，字面意思看似截然相反。自从汉简本出土之后，学术界就对此处异文有一定的关注，目前尚且无法达成统一意见，存在两种截然相反的观点，一种是以吴九龙等人为代表，认为以汉简本为是（《孙子校释》）。他们找来的证据是，《汉书·赵充国传》及《后汉书·冯异传》中有支持汉简本的引文。另一种意见是以李零等人为代表，认为传本文义更顺（《兵以诈立：我读〈孙子〉》）。与吴九龙从古文献中寻找证据的做法有所不同，李零基于作战原理，找出了一些支持传本的证据，同样具有相当的说服力。

其实，在汉简本出现之前，大家对这段文字的理解并无困难之处。兵力不如人家，当然只能采取守势，兵力超过别人，自然可以采取攻势。十三篇中，还不乏支持这种理解的内证，比如《谋攻篇》中有“少则能守之”一句，与“守则不足”多少能求得对应。此外，我们从曹操注文（“吾所以守者，力不足也；所以攻者，力有余也”）中也可以看出，曹操当年所见本就是作“守则不足，攻则有余”。

很显然，汉简本和传本中都能找到各自有力的证据，孰是孰非很难断定，出现上述两种截然相反的观点，本在情理之中。

与上述截然对立的两种观点不同，我们认为汉简本、传本皆通。“守则有余，攻则不足”这一句，我们不妨解读为：“在同等兵力的情况下，用于防御则兵力有余，用于进攻则感到兵力不足。”（黄朴民《孙子兵法解读》）这其实也是从战法出发，对汉简本文字作出的一种非常合理的解读。

汉简本、传本的异文情况，或许不需要作势如冰炭式的解读。这种异文情况的出现，正为我们解读孙子的攻守之道提供了新的途径。当然，如何准确解读这种异文，则需要我们多方探讨，最终找出一种最为近情最为合理的解释。

《形篇》接下来一句——“善守者，藏于九地之下；善攻者，动于九天之上”，所使用的便是互文的修辞手法。很显然，“动于九天之上”和“藏于九地之下”并非一个专指攻，一个专指守。因为即便是在进攻战斗中，指挥员同样需要善“藏”，让对手摸不清自己的主攻方向，才能达成进攻时的突然性，一举制敌。同样道理，在防守战斗中，如果不懂得分合为变，不会机动兵力，也是行不通的。防守同样要善于运用兵力，一味死守往往是守不住的，不能求得战争胜利。作为指挥员，一定要善于根据战争实际情况，及时补充兵力。在做好防守的同时，要处理好攻守之间的关系，注意适时组织反攻，这才能确保自己真正立于不败之地。可以说，孙子战争之法的关键就是“分合为变”，合理机动兵力，合理分配进攻和防守的力量，同时也要求做好善“藏”善“动”。只有这样，才能真正实现所追求的“自保而全胜”。

见胜不过众人之所知[1]，非善之善者也；战

不管《三国演义》《说岳全传》等古典小说把“锦囊妙计”吹嘘得如何神乎其神，也不管《三十六计》等坊间兵书把“骗人招数”讲得怎样煞有介事，战争归根结底是拼实力。这就是说，军事实力是军队综合战斗力的具体表现，也是战争的物质基础。在军事斗争中，奇谋妙计固然占有举足轻重的位置，但从根本上讲，强大的军事实力才是真正决定战争胜败天平上的砝码。因为不仅“伐兵”“攻城”离不开一定的军事实力的巧妙运用，就是“伐谋”“伐交”也必须要以雄厚的军事实力为后盾。

胜而天下曰善，非善之善者也。故举秋毫不为多力[2]，见日月不为明目，闻雷霆不为聪耳[3]。古之所谓善战者，胜于易胜者也[4]。故善战者之胜也[5]，无智名，无勇功。故其战胜不忒[6]。不忒者，其所措必胜[7]，胜已败者也[8]。故善战者，立于不败之地，而不失敌之败也。是故胜兵先胜而后求战[9]，败兵先战而后求胜[10]。善用兵者，修道而保法[11]，故能为胜败之政[12]。

[注释]

[1] 见：预见。不过：不超过。众人：普通人。知：认识。 [2] 秋毫：鸟兽之毛至秋更生，细而末锐，称为“秋毫”。通常比喻极轻微的东西。多力：力量大。 [3] 闻雷霆不为聪耳：能听到雷霆之声算不上耳朵灵敏。聪，听觉灵敏。 [4] 胜于易胜者也：易胜者，容易战胜的敌手，指已经暴露弱点之敌。此句汉简本作“所谓善者，胜易胜者也”。《太平御览》卷三二二引此作“古人所谓善战者胜于易胜者也”，孙校本从之。 [5] 故善战者之胜也：以下三句言真正能打仗的人取得胜利，并不显露智谋的名声，并不呈现为勇武殊世的赫赫战功，而于平淡中表现出来。即老子所谓“大方无隅，大器晚成，大音希声，大象无形”。故杜牧注云：“胜于未萌，天下不知，故无智名；曾不血刃，敌国已服，故无勇功也。”汉简本有“无奇胜”三字，甲本作“无奇□”，乙本作“□奇胜”。其他各本皆无。 [6] 不忒（tè）：无差错，意谓确有把握。忒，失误、差错。《周易·豫》“四时不忒”，郑玄

注："忒，差也。"汉简本作"故其胜不贷"，无"战"字。"贷"从"代"声，"代"从"弋"声，"忒"亦从"弋"声，二字可通假。 [7] 其所措必胜：措，筹措、措施、措置。《礼记·中庸》："故时措之宜也。"郑玄注："时措，言得其时而用也。"此处指的是作战措施。平津馆本、武经本无"必"字，樱田本亦无。汉简本"措"作"错"，古通。 [8] 胜已败者也：战胜业已处在失败地位的敌人。 [9] 胜兵先胜而后求战：此句意谓能取胜的军队，总是先创造取胜的条件，然后才同敌人决战。胜兵，胜利的军队。先胜，先创造不可被敌战胜的条件。《尉缭子·攻权》云："兵不必胜，不可以言战；攻不必拔，不可以言攻。"与孙子的意思相合。 [10] 败兵先战而后求胜：指失败的军队总是轻易开战，然后企求侥幸取胜。 [11] 修道而保法：意谓修明政治，确保各项法制得到贯彻落实。张预注："或曰：先修饰道义以和其众，后保守法令以戢其下，使民爱而畏之。" 道，政治、政治条件。法，法度、法制。 [12] 为胜败之政：即成为胜败问题上的主宰。政，同"正"，主、主宰的意思。《老子》第四十五章"清静为天下正"，即言清静为天下主。又，《管子·水地》："为祸福正。"汉简本作"能为胜败正"。

[点评]

综观古今中外的战争历史，大都是力量强大的一方战胜力量弱小的一方，即使本来是弱小的一方，要最后战胜力量强大的一方，也是由于通过各种途径，逐渐完成优劣强弱态势的转换，使自己的力量最后从总体上超过了最初力量强大的一方而实现的，这是战争活动的客观规律。孙子对这一问题有着清醒的认识，并用专门的篇章加以深入详尽的探讨，这反映了其军事思想注重实际、尊重客观的科学理性精神。

杜甫诗云："诸葛大名垂宇宙。"但是不论诸葛亮怎样足智多谋，忙前忙后，殚精竭虑，鞠躬尽瘁，"三顾频烦天下计，两朝开济老臣心"，五月渡泸，深入不毛，六出祁山，北伐中原，但到头来依然是僻处西南一隅，"出师未捷身先死"，就是因为蜀汉与曹魏实力之比，实在太过于悬殊了。"起巴蜀之地，蹈一州之土，方之大国，其战士人民，盖有九分之一也""众寡不侔，攻守异体"(《三国志·蜀书·诸葛亮传》裴松之注引张俨《默记·述佐篇》)。常言道，"巧妇难为无米之炊"，诸葛亮"连年动众，未能有克"的命运乃是注定了的，后人除了替他一掬同情的眼泪，"长使英雄泪满襟"，还真的不能多说些什么。隋王朝一举灭亡南朝陈国，完成统一南北的大业，人心向往统一、战略决策高明、作战指挥卓越固然是十分重要的原因，但是归根结底，在于隋王朝包括军事在内的综合实力，较之于陈后主方面，好比是"以镒称铢"，占有压倒性的优势。

实力至上，很显然，孙子追求的战争模式是"善战"。这其实与《谋攻篇》中所倡导的"不战而屈人之兵"和"全胜"，力图以最小的代价换取最大的战果，在逻辑上是完全一致的。此外，这段话中隐约告诉了我们什么是"形"，这就是"不败之地"，也可以说是"不败之形"。

我们认为，这段话其实是对《形篇》的开篇——"昔之善战者，先为不可胜，以待敌之可胜"的呼应。孙子说，以前那些善于用兵打仗的人，总是先努力做到不被战胜，然后再等待敌人可被战胜的机会出现。而上述这一大段话就是用来做具体论证的，力求达成不被战胜的局面。

细分一下，这一大段话其实也可分为三段：

第一段是论述什么是“不善”“战胜”。具体地说就是：“见胜不过众人之所知，非善之善者也；战胜而天下曰善，非善之善者也。故举秋毫不为多力，见日月不为明目，闻雷霆不为聪耳。”其中运用了比喻和排比的修辞格，都是为了告诉我们，哪些行为是“非善”，知道了什么是“非善”，也就知道了什么是“善”。通过作者的描述，这里所说的“战胜”其实就是《谋攻篇》的“破胜”，而非“全胜”。这种“破胜”也是《谋攻篇》所抛弃的，其实只能算是“众人之所知”，是不足为道的。这和平常人举起秋毫、看到日月、听见雷霆来证明自己力气大、视力好、听力强一样，都不足为奇。

第二段则是论述“善战”：“胜于易胜”和“战胜不忒”。通过前面论述何为“非善”，其实已经基本将什么是“善战”勾勒出来。但孙子认为，这还不够，于是再用平白的语言告诉我们什么是“善战”：“胜于易胜”。为什么能做到“易胜”，当然是因为有了强大的实力和战胜敌人的最佳时机。这样作战才有必胜的把握，把损失降到最低，也就是孙子所说的“战胜不忒”。

第三段则是论述“先胜”：“立于不败之地”和“修道保法”。“立于不败之地”并非是说占据了非常有利的地形，而是说整体实力占优、战略指导有方。此处的“地”不可简单理解为“地形”。为了实现这个目标，那就需要“修道而保法”。“修道”和“保法”既可指军队，也可指国家，是希望有一个最优的组织架构，上下同心，内外亲和，目标和方向都保持一致，这样就可以保持政治清明、国防坚固，让对手毫无可乘之机，也就是处于“不败之地”。

其中，“胜兵先胜而后求战，败兵先战而后求胜”一句，关锋认为，也可句读为“胜兵先胜，而后求战；败兵先战，而后求胜”（关锋《孙子军事哲学思想研究》，载《十家论孙》）。这里，孙子通过“胜兵”和“败兵”的对比，告诉我们“先胜”的重要性。

所谓“立于不败之地”，最重要的就是“修道而保法”，其次则是发展经济实力。关于“修道”和“保法”，孙子在《计篇》已经有所讨论。大概在孙子看来，这也更像是国君之事，所以这里论述无多，只是一笔带过。所以接下来，孙子重点谈的是如何发展经济，提升实力。这就是接下来《形篇》结尾要重点讨论的内容。

孙子重视军事实力，把实力看作是运计设谋的前提和基础，这是很了不起的认识。注重谋略与发展实力在孙子那里乃是一枚钱币的正反两面，是辩证的统一。充分认识到实力是计谋之“体”，计谋是实力之“用”，体用和谐，方能克敌制胜。

兵法：一曰度[1]，二曰量[2]，三曰数[3]，四曰称[4]，五曰胜。地生度[5]，度生量[6]，量生数[7]，数生称[8]，称生胜[9]。故胜兵若以镒称铢[10]，败兵若以铢称镒。胜者之战民也[11]，若决积水于千仞之谿者[12]，形也[13]。

［注释］

[1] 度：指度量土地面积。贾林注：“度，土地也。” [2] 量：

容量、数量，指计量物质资源。 [3] 数：数量、数目，指计算兵员的多寡。 [4] 称：衡量轻重。王皙注："权衡也。"指敌对双方实力状况的衡量对比。 [5] 地生度：言双方所处地域的不同，产生土地幅员大小不同的"度"。生，产生。 [6] 度生量：指幅员大小的不同，产生物质资源多少的"量"的差异。 [7] 量生数：指物质资源多少的不同，产生兵员多寡的"数"的差异。 [8] 数生称：指兵力多寡的不同，产生军事实力对比强弱的不同。 [9] 称生胜：指双方军事实力对比的不同，产生、决定了战争胜负的不同。 [10] 故胜兵若以镒称铢：以镒称铢，指两者相称，轻重悬殊。此处比喻力量相差悬殊，胜兵对败兵拥有实力上的绝对优势。张预注："有制之兵对无制之兵，轻重不侔也。"镒、铢，皆古代的重量单位。镒，《玉篇 · 金部》："镒，二十两。"李筌注："二十两为镒。"张预注同。铢，张预注："二十四铢为两。" [11] 胜者之战民也：战民，指统率指挥士卒作战。民，作"人"解，这里借指士卒、军队。战民，与下篇《势篇》"任势者，其战人也，如转木石"之"战人"含义同。春秋时，兵农合一，民众平时生产，战时征集从戎。汉简本《形篇》（甲）（乙）本"胜"字前有"称"字，作"称胜者战民也"。武经本、樱田本等本句作"胜者之战"，无"民也"两字。 [12] 千仞：形容极高。仞，古代的长度单位，七尺（一说八尺，见《说文》及《孟子》赵岐注）为仞。谿：山涧。 [13] 形：喻指军事实力。《势篇》云："强弱，形也。"

［点评］

如何在战争中确立自己的优势地位，孙子在《形篇》中高屋建瓴地提出了一系列正确的方案。要言之，大致包括以下几个方面：

第一，“修道而保法”，从政治上加以具体保障。所谓“道”，就是清明的政治、和谐的秩序、调动起广大民众和参战士兵的积极性，即《计篇》中所提到的“令民与上同意也，故可以与之死，可以与之生，而不畏危”，从而造就同仇敌忾、举国一致、勇于公战、怯于私斗的理想政治局面。所谓“法”，就是严格的制度，正确的法纪，表现为：赏罚公正严明，上下井然有序，士卒训练有素，用人唯才是举，办事有章可循。由此可见，“修道而保法”的核心便是修明政治，严肃法制，提高军队的凝聚力，鼓舞民众的士气，为夺取战争主动权创造必要的条件。很难设想，一个国家、一支军队如果离心离德、一盘散沙，还能算是有实力、有前途的吗？指望它们打胜仗不啻是刻舟求剑、缘木求鱼，肯定会让人失望。

第二，对敌我双方的实力进行认真的综合对比分析，在此基础上预见胜负，指导战争。预知胜负，是高明军事家指导战争的必有之义。孙子十分重视这一问题，在《计篇》中即开宗明义加以深刻的阐述。本篇的主旨是探讨军事实力地位作用以及运用原则，因此同样要把衡量军事实力列为重要的环节。孙子在这里提出了综合对比衡量双方军事实力的具体标准，这就是“度”“量”“数”“称”“胜”。即从双方的所处地域位置、地幅面积大小、物质资源丰瘠、兵员多寡等客观情况，来比较分析双方军事实力强弱关系，并进而预见战争胜负趋势。按孙子的理解，实力上占有绝对优势的一方，是可以所向无敌、横扫一切的：“胜兵若以镒称铢，败兵若以铢称镒。”孙子认为这种“度”“量”“数”“称”“胜”

五个方面依次相生、层层递进，链条式的因果关系，具有法则的性质。所以要增强自己的军事实力，就必须使自己的主观愿望符合这种客观的规则，紧紧围绕这个因果关系来从事自己的军事实力建设。

我们从《计篇》所总结的“七计”，也可以看出作者对实力的重视。所谓“七计”，其实也是对决定战争胜负的主要因素的另外一种总结方式，其中关系到政治、经济等各个方面，既有精神因素的考量，又有物质因素的考量。“五事七计”都是“庙算”的重要内容。重视“庙算”，其实也是重视实力的体现。此外，《谋攻篇》“十围五攻”的战法也是孙子基于重视实力而提出的。在孙子看来，如果己方兵力能够十倍或五倍于敌，就可以对敌人实施或围或攻，战而胜之，也即“十则围之，五则攻之”。反之，如果实力不如对手，就一定要学会或守或避，尽量不与对方展开正面交锋，也即“少则能逃之，不若则能避之”。孙子强调“无奇胜”，其实也是提倡军事实力为本。

至于《形篇》，更是论证了实力是制胜之源的理论。孙子所期望达成的“治形”，一定要努力达成兵力上的巨大优势，努力实现“以镒称铢”。孙子“地生度，度生量，量生数，数生称，称生胜”的“称胜”理论，也完全是从营建实力的角度提出。

孙子的实力为胜利之本理论，在后世已为无数次战争实践所证明。先秦时期僻处西北一隅的秦国，之所以能后来居上，最后统一山东六国，其关键就是依靠了“农”“战”两手，始终不渝地把发展军事实力放在首要的位置。它重视农业，奖励耕织，结果是粮食充足，布匹够穿，军队就养得多，士兵就吃得饱、穿得暖，打起仗来就特有力气，特有热情，便成了一支人见人怕的“虎狼之师”，所谓“齐之技击不可以遇魏氏之武卒，魏氏之武卒不可以遇秦之锐士”云云，实际上就是秦国较之于山东六国占有实力优势的一个缩影。粮食产得多，打仗打得狠，两者相辅相成，就像一辆车子有了左右两只匹配的轮子，横扫六合，一统天下，也便水到渠成了，这叫做“奋六世之余烈，振长策而御宇内”！

汉武帝北逐匈奴也是一样的道理。当时匈奴占地面积很大，但人口稀少，只相当于汉朝的一个大县，开始打仗时，汉朝根本打不过它，汉高祖刘邦被匈奴在平城白登山整整围了七天七夜，泱泱天朝大国的面子都给丢尽了；吕后当政，冒顿单于送来书信，极尽奚落侮辱之能事，吕后读了气不打一处来，可想想自己技不如人，也只得心字头上一把刀，硬是给“忍”了；文、景二帝先后上台，推行的还是低声下气的“和亲”政策。这当然不是汉王朝统治者自己所乐意干的，说来说去是军事实力有很大的欠缺，特别是汉朝的军队兵种建设跟不上对匈奴战争的需要：汉朝的军队多是步兵（“材官”）和车兵（“轻车”），机动性不强，而匈奴几乎是清一色的骑兵，来无影去无踪，机动性好，战斗力强；而且匈奴人吃的是牛羊肉，在非常艰苦的环境中生长起来，忍渴耐寒，兵强马壮，所以汉兵同他们交手总是占下风，老吃亏。可见实力不足是汉朝在双方军事对峙中处于不利地位的重要因素。汉武帝登基后，把军事实力建设放在第一位，尤其是有针对性地优先发展骑兵。在汉武帝之前的古代中国，车、步、骑、舟四大兵种之中骑兵是占第三位的。到了汉武帝手中，骑兵一跃而成为第一位，超过了步兵和车兵。这在中国古代军队建设史上具有划时代的意义，对于汉匈战争的最终结局更是发挥了关键的作用。

骑兵的主要特点是快速机动，“能离能合，能散能集，百里为期，千里而赴，出入无间”（杜佑《通典》卷一四九引孙膑“用骑十利”语），并具有强大而猛烈的突击力，类似于现代由装甲机械化部队组成的“快速兵团”。汉武帝大规模发展骑兵进攻兵团，使之成为战场上独立作战的主要兵种，这样就使得汉匈之间的战略态势发生了根本性的变化。汉军从此便可以机动对付敌之机动；可以远程奔袭，能够实施迂回、包围、分割、围歼等各种战法，赢得战场上的主动优势地位。正是在这样的历史条件下，汉武帝胜利地发动了前后五次大规模反击匈奴的战役，从根本上遏制住了匈奴贵族对北部中原地区的入侵骚扰，“匈奴远遁，而漠南无王庭”（《汉书》卷九四《匈奴传上》），为多民族统一的封建中央集权制大帝国的巩固和发展做出了重要的贡献。这一回，可是轮到匈奴人伤心落泪，跺脚长叹了：“夺我祁连山，使我六畜不蕃息；失我焉支山，使我妇女无颜色。”（《文献通考》卷三二二《舆地考八》）

当然，发展军事实力也有一个突出重点的问题，要抓关键，要选择好突破口，这叫做“有所为，有所不为”。而要正确选择突破口，核心问题是要对战略大势明了于心，具有超前意识。例如，第二次世界大战前夕，海军的实力主要是以战列舰为衡量标准的，一个国家拥有战列舰的数量多，吨位大，大炮火力强，似乎海军的实力就可观，拥有了海上霸权。但这仅仅是表面的现象。这时有一种新的军事动态正在出现并开始在海军建设上占据主导地位，这就是海军航空兵在海空作战中的作用逐渐显得突出，成为海战制胜的主要手段，它代表着日后海战的发展方向。在这种新的军事革命来临之际，发展海军实力的突破口便是建造更多、更先进的航空母舰，而不应该按陈旧的观念，再把海军实力建设的重点放在建造战列舰的上面。从这个意义上说，日本偷袭珍珠港虽然大获成功，但真正的战果却是有限的。因为尽管美国的大量战列舰在这次日军偷袭行动中被击沉，被击毁，人员伤亡也很惨重，然而由于它的航空母舰未受损失，所以其整个海军的主要实力并没有遭到根本性的打击，依然具备着与日本海军在太平洋上抗衡的能力。

战局的发展证明了这一点，中途岛海战成为太平洋战争的转折点。之所以如此，是因为在这场海空大决战中，美国海军在尼米兹的统帅下，一举歼灭了日本特遣舰队的主力，即击沉日海军“赤城号”等四艘航空母舰，这对于日本海军的打击可以说是致命的：使得日本海军渐渐丧失了太平洋上空的制空权，也同时丧失了制海权，而战争主动权一经易手，那么日本海军也就不得不处于被动挨打的境地了。那些吨位大到六七万吨，表面上象征着海军实力的大型战列舰——“大和号”“武藏号”，在失去海军航空兵空中掩护的情况下，不但显示不了什么力量，反而成了作战中的累赘，活像是浮动于海上的巨型铁棺材，成为美军蝗虫一般的轰炸机投弹轰炸的目标。在美军飞机夜以继日地连续轰炸之下，它们终于支撑不住了，先后沉入海底，而舰上成千上万名日本海军将士也随之葬身于鱼腹。

由此可见，发展军事实力不是空洞的口号，不是虚泛的概念，而有切实的内涵。必须以动态超前的战略目光，捕捉到正确的信息，掌握住正确的方向，牢牢占有先机主动之利。否则，投入的人力、财力、物力再多，也是南辕北辙，把钱财打水漂了。表面上或许是大张旗鼓、轰轰烈烈，实际上纯粹是“作秀”，无助于真正提升实力，只会误国误民。

这层道理中国历史上明智的统治者其实都是懂得的。西晋、隋朝都从事过统一南北的战争，要统一天下，就必须先拥有实力，而发展实力则必须抓住中心，突出重点。西晋、隋朝的统治者在这方面做得均不含糊，把军事实力建设的重点确定在发展水师、建造舟船上。这无疑是高明的抉择，因为南方地区多江河湖泊，且有长江天险阻隔，擅长野战驰骋的北方骑兵在江南无所用其长，北方军队要踏足江南大地，实现国家统一，就必须“到哪座山唱哪座山的歌”，入乡随俗，“舍鞍马而就舟楫”。这时候衡量北方军队真正实力的标志，便不再是有多少匹骏马，有多少辆战车，而是看有没有拥有一支能征服长江天险的水军了。所以，晋武帝采纳羊祜的建议，委派大将王濬在益州一带修造舟舰，整治水师，“乃作大船连舫，方百二十步，受二千余人，以木为城，起楼橹，开四出门，其上皆得驰马来往”（《晋书》卷四二《王浑王濬唐彬传》)。隋文帝乾纲独断，指令杨素、李衍、元寿等重臣在长江沿岸多处“修营战舰，为上流之师”(《隋书》卷五四《王长述传》)，制造出“五牙”“黄龙”“平乘”等不同等级的战船，组建起一支强大的水师。一旦西晋、隋朝解决了水师这个问题，它们的军事实力便有了质的飞跃，统一天下的大业也便瓜熟蒂落、水到渠成了。

另外，军事实力还有一个如何发挥的问题，这里便牵涉到制度与人的因素了。最强大的实力说到底还是“硬件”，是有形的东西；而制度的优劣，人的素质的高下，乃是“软件”，是无形且又十分关键的东西。“硬件”再好，“软件”不济，那么军事实力要想充分发挥，肯定是办不到的。同样的飞机、同样的坦克、同样的导弹，其战斗性能的发挥也会不尽相同。这种情况历史上也出现过。近代中国搞洋务运动，曾引进过不少先进工艺和武器装备，到 19 世纪末，清朝军队的装备其实并不是太差。至少李鸿章控制的北洋水师，其战舰数量、舰队吨位、火炮口径、铁甲厚度等主要技术指标，与日本的海军相比较，大体上处于一个水平之上，即使差一点(主要是航速要慢一些)，也没有糟糕到弱不禁风、不堪一击的程度。可是，甲午海战的结果大家都看到了，一支规模可观、实力不弱的北洋水师，居然让对手杀得一败涂地，酿成中国近代史上又一个奇耻大辱！这里就不再是单纯的军事实力优劣强弱问题了，而是当时中国君主专制体制因素在作祟。有这样的体制，有这样的体制培育出来的各色人等，最好的军事“硬件”也都会变成“破铜烂铁”，中看不中用，俨然成摆设。

所以，促进军事实力方面的“硬件”建设固然重要，改善军事实力方面的“软件”素质更为迫切，古今中外，概莫能外。

势　篇

孙子曰：凡治众如治寡[1]，分数是也[2]。斗众如斗寡[3]，形名是也[4]。三军之众，可使必受敌而无败者[5]，奇正是也[6]。兵之所加，如以碫投卵者[7]，虚实是也[8]。

何谓“奇正”？具体地说，在兵力使用上，守备、钳制的为正兵；机动、突击的为奇兵。在作战方式上，正面攻、明攻为正；迂回、侧击、暗袭为奇。在作战方式上，按一般原则作战为正，采取特殊战法为奇。在战略上，堂堂正正进军为正，突然袭击为奇。

何谓“虚实”？表现在具体军情上，大凡怯、饥、乱、劳、寡、不虞、弱为“虚”，勇、饱、治、逸、众、有备、强为“实”。这里含有以强击弱、以实击虚的意思。

［注释］

[1] 治众如治寡：意谓管理人数众多的部队如同管理人数极少的部队一样。治，治理，管理。　[2] 分数：此处指部队的组织编制。曹操注：“部曲为分，什伍为数。”刘寅《武经七书直解》：“偏裨卒伍之分，十百千万之数。”可见分指分门别类；数指人员数量。　[3] 斗众：指指挥人数众多的部队作战。斗，使动用法。　[4] 形名：目可见者为形，耳可闻者为名。曹操注：“旌旗曰形，金鼓曰名。”《释名·释言语》：“句之为言，鸣与命也。”此处指的是军队的指挥号令。　[5] 必受敌而无败：此句张预注：“人

人皆受敌而不败。”甚是。汉简本“必”作“毕”。必，“毕”的同音假借，意谓完全、全部。 [6] 奇正：古代兵法中的常用术语，其含义非常广泛。一般以常法为正，变法为奇，它包括正确使用兵力和灵活变换战术两个方面。 [7] 以碫投卵：比喻以坚击脆，以实击虚。碫，即磨刀石，此处泛指坚硬的石头。 [8] 虚实：古代兵法中的常用术语，指军事实力上的强弱、优劣。有实力为“实”，反之为“虚”；有备为“实”，无备为“虚”；休整良好为“实”，疲敝懈怠为“虚”，等等。总之，无者为虚，有者为实；空者为虚，坚者为实。被动为虚，主动为实。“虚”指兵力分散而薄弱，“实”指兵力集中而强大。

［点评］

本篇篇题，武经本作“兵势第五”，“兵”字恐当为后人因曹操《孙子注》解题作“用兵任势也”而臆增。势，态势、气势、形势，是中国古典兵学中的一个重要范畴。古代兵家均重视“势”的地位与作用，《吕氏春秋·不二》：“孙膑贵势。”《六韬》亦强调，古之善战者，“具成与败，皆由神势”。故张预有云：“兵势已成，然后任势以取胜，故次《形》。”

本篇与前篇《形篇》为姊妹之篇，主要阐述在强大的军事实力的基础上，充分发挥将帅的杰出指挥才能，积极创造和利用有利的作战态势，主动灵活，出奇制胜地打击敌人，夺取战争的胜利。所谓“势”，孙子认为就是兵势，亦即根据一定的作战意图而灵活部署兵力和掌握运用作战方式方法所造成的一种客观作战态势。换言之，“势”指的是军事力量合理的积聚、运用，充分发挥威力，表现为有利的态势和强大的冲击力。

孙子在开篇首先使用了一个排比句，这个排比句总共谈了四个概念：“分数”“形名”“奇正”和“虚实”。四个概念，孙子有的一笔带过，因为“分数”“形名”是“形而下”的规则与管理问题，故点到为止。而详加阐释“奇正”，又另辟专章深入讨论“虚实”，因为其属于“形而上”的抽象用兵艺术，需要透彻分析。由此可见，孙子的匠心独运：既兼顾论说的全面，又讲求说理的重点。

“分数”其实是针对“众寡”而言的，目的是通过有效的组织管理，把人数庞大的军队管理得井井有条。“众”和“寡”是孙子在《计篇》就已经提及的范畴，是就军队规模和士卒数量而言的。《谋攻篇》中，孙子说“识众寡之用者胜”，将其作为“知胜之道”之一。在《行军篇》中，孙子谈到部队的建设问题时说“兵非益多”，认为真正有战斗力的部队，不一定建设军队规模大，士卒数目多。相反，如果超过了国家的承受能力，那只能是穷兵黩武，反而只会给国家和人民带来灾难。

而且，在孙子看来，“众”和“寡”之间还可以实现转换。比如说，孙子的“形人”之术及兵力机动、虚实之变等，都是力求实现“以十攻一”这种效果，其目的就是形成众寡之间的转换。再如，孙子认为正确对待战俘，把一些战俘收编，所谓“卒善而养之”，也可以实现“胜敌而益强”的效果，这和战场上大量杀伤敌人一样，也是可以实现众寡之间的转换的。这样就可以有效地依靠局部的兵力优势来击败敌人。

当然，在孙子看来，通过“分数”也是可以实现这种众寡转换的。与前面的转换不同的是，这时候是就部队的管理而谈的，而不是就战场上的指挥作战而谈。所谓“分”和“数”，历史上有很多的解释，最具权威和最被广泛采用的是曹操的注释：“部曲为分，什伍为数。”

所谓“部曲”，并非是孙子之世的军事编制，而是汉代的军事编制。“部是400人，曲是200人”（李零《唯一的规则——孙子的斗争哲学》）。曹操以汉代的编制情况来注释孙子，无非是想直观地告诉当时的人们什么叫“分数”。“什伍”之法则发源于齐国的管仲，目的就是“作内政而寄军令”，保持国防体制编制的相对稳定性，并以宗族血缘为纽带，依靠这种关系所组建起来的部队，在战场上能够团结互助、同仇敌忾、协同作战。

接下来的“形”和“名”则是就部队机动指挥而言。何为“形名”，我们还是看曹操的注释：“旌旗曰形，金鼓曰名。”古代作战没有什么高科技，没有电子通信设备，有很长时间都是用金鼓、旌旗来作为指挥行军作战的手段。白天多用旌旗，晚上多用金鼓。

总体而言，“分数”和“形名”是就理顺组织体制和指挥体制而言的，孙子着墨不多。接下来的“奇正”和“虚实”才是孙子讨论的重点内容。我们需要注意到两点：第一，孙子这个排比句，就“分数”和“虚实”等都进行了简单描述，但都是就目的而谈的，不是讨论具体的方法问题。第二，孙子这种由“分数”到“虚实”的逐次排序是非常有讲究的，并不是胡乱排列。“分数”和“形名”属于刚性，属于硬件建设，“奇正”和“虚实”则相对柔性，是软件建设。“分数”讲的是组织和体制，等兵马的员额定了之后就需要“形名”进行管理，其目的就是要形成战斗中的战术组合和战术变化，这就是“奇正”。而“奇正”的关键是达成战场的主动权，实现虚实相生，所以要讨论“虚实”。或许是出于篇幅考虑，或许是为了突出重点，孙子将《势篇》所讨论的重点内容定位为“奇正”，“虚实”则另外又专辟一章进行详细探讨，因此就有了《虚实篇》。

需要注意的是，孙子将“分数”“形名”“奇正”和“虚实”一字排开，都是为了讨论“造势”（“任势”）的问题。孙子为什么讲这些内容，道理很简单：所谓“造势”（“任势”），其实也是一种“治众”和“斗众”的指挥艺术。所以，“形名”“分数”和“奇正”“虚实”一样，都是“造势”（“任势”）的内容。通观《孙子兵法》十三篇，作者在这种“治众”和“斗众”上费了不少笔墨，诸如《军争篇》“勇者不得独进，怯者不得独退”、《九地篇》“携手若使一人”，其实都是在讲“治众”和“斗众”的艺术，其目的都是为了求得整体上的“势”。由于这个缘故，孙子才会在《势篇》讨论“造势”问题时，首先将“分数”和“形名”这些问题提出来进行讨论。

凡战者，以正合[1]，以奇胜。故善出奇者，无穷如天地[2]，不竭如江河。终而复始，日月是也；死而复生[3]，四时是也。声不过五，五声之变[4]，不可胜听也[5]。色不过五，五色之变[6]，不可胜观也。味不过五，五味之变[7]，不可胜尝也。战势不过奇正[8]，奇正之变，不可胜穷也。奇正相生[9]，如循环之无端[10]，孰能穷之[11]？

［注释］

[1] 以正合：以下两句是说以正兵合战，用奇兵制胜。张预注："两军相临，先以正兵与之合战，徐发奇兵，或捣其旁，或击其后，以胜之。"合，交战、合战。胜，制胜、取胜。 [2] 无穷如天地：以下两句是说奇正变化有如宇宙万物之变化无穷，江河水流之滔滔不竭。竭，竭尽。汉简本作"无谒（竭）如河海"。武经本"江河"作"江海"，樱田本同。《太平御览》卷二八二引此亦同。 [3] 死而复生：以下两句是说去而复来，如春、夏、秋、冬四季之更替。武经本"复"作"更"，樱田本与赵注本并同。 [4] 五声：五音。古代把宫、商、角、徵、羽五个基本音阶称为五声（五音），以区分声音之高低强弱。《左传》昭公六年："章为五声。"杜预注："宫、商、角、徵、羽。"变，变化。 [5] 不可胜听：意谓听之不尽。胜，尽、穷尽的意思。 [6] 五色之变：中国古代以青、赤、黄、白、黑五种基本色素为正色。《左传》昭公六年："发为五色。"杜预注："青、黄、赤、白、黑。" [7] 五味之变：五味，指甜、酸、苦、辣、咸五种味道。《左传》昭公六年："气为五味。"杜预注："酸、咸、辛、苦、甘。" [8] 战势不过奇正：言作战方式归根结底就是奇正的运用。战势，指具体的兵力部署和作战方式。 [9] 奇正相生：意谓奇正之间相互依存、相互转化、变化无穷。汉简本作"奇正环相生"。 [10] 如循环之无端：此句意谓奇正变化转换，就如顺圆环旋转一般，永无尽头。汉简本作"如环之毋端"。循，顺着。环，圆环。无端，无始无终。 [11] 孰能穷之：孰，谁、何者。穷，

在孙子看来，一名将帅如果能根据战场情势的变化来灵活理解和巧妙运用"奇正"战术，做到战术运用上正面交锋与翼侧攻击浑然结合，兵力使用上正兵当敌与奇兵制胜相辅相成，作战指挥上遵循"常法"与新创"变法"互为弥补，那么不管怎样强大的敌人，收拾起来也是轻松愉快，就算是真正领会了用兵打仗的奥妙精髓，也为"造势"和"任势"创造了必要的条件。总而言之，一切都应该从实际情况出发，当正则正，当奇则奇，因敌变化，攻守自如，从而进入驾驭战争规律的自由王国。

穷尽。之，指奇正相生变化。武经本句末“之”下又有“哉”字，樱田本同。

［点评］

韩非子说：“势者，胜敌之资也。”这个资本太重要了。“尧为匹夫，不能治三人；而桀为天子，能乱天下。”（《慎子校正·内篇》，又见《韩非子·难势篇》）既然是“时势造英雄”，那么兵学家同样要对“势”情有独钟，挖空心思琢磨“造势”，处心积虑诉求“任势”，把“势”这个好东西牢牢掌控在自己的手中。孙子写《势篇》，便是这方面具有经典意义的论述。

孙子重视军事实力，可他又认为光有军事实力还不够，关键在于如何把军事实力淋漓尽致地运用起来，发挥出来，也即使静态的“力”转化为动态的“势”。在孙子看来，所谓“势”，就是“兵势”，它作为中国古典兵学的一个重要范畴，主要是指军事力量合理的组合、积聚和运用，充分发挥其威力，表现为有利的态势和强大的冲击力。换句话说，“势”是战争指导者根据一定的作战意图，匠心独运，灵活地部署使用兵力和正确地变换战术所造成的有利作战态势。为此，孙子本人曾用十分形象的比喻来说明“势”的特征：“势”就是转动大石头从万丈高山顶上推滚下来，或者是像湍急的流水以飞快的速度奔泻，以致把河床上的石头给冲得漂浮起来。“善战人之势，如转圆石于千仞之山者，势也”“激水之疾，至于漂石者，势也”。在这样强大“势”的冲击面前，任何敌人都无法抵挡，遇之者毁，触之者折，抗之者灭：

“故智者从之而不释，巧者一决而不犹豫。是以疾雷不及掩耳，迅电不及瞑目，赴之若惊，用之若狂，当之者破，近之者亡，孰能御之！”（《六韬·龙韬·军势》）

孙子认为，合理的编组、有效的指挥、灵活的战法、虚实的运用，这四者是“造势”（“任势”）的客观基础；而快速突然和近距离接敌，造成险峻恐怖的态势，把握恰到好处的战机，采取猛烈而短促的行动节奏，则是“造势”（“任势”）的必有之义和最佳表现。即所谓“善战者，其势险，其节短。势如彍弩，节如发机”。

要做到这一步，首要的任务是妥善解决战术变换和兵力使用上的“奇正”问题。“用兵之钤键，制胜之枢机”，这是古人对“奇正”地位与价值最富有诗意，也是最到位的总结。作为概念，“奇正”一词最早见于《道德经》一书，老子说过：“以正治国，以奇用兵，以无事取天下。”（《老子》第五十七章）不过，真正把它引入军事领域并作系统阐发的，孙子当之无愧是第一人。中国古代的理论范畴一般都很模糊，追求的是一种只可意会不可言传的混沌境界。“奇正”的情况也一样，含义之蕴藉丰富，表述之隐晦曲折，令人回味深长，曲尽其妙。一般地说，常法为正，变法为奇；在兵力的使用上，用于守备、相持、钳制的为正兵，用于机动、预备、突击的为奇兵；在作战方式上，正面进攻、明攻为正兵，迂回、侧击、暗袭的为奇兵；在作战方法上，循规蹈矩、按一般原则进行作战的为正兵，采取特殊战法破敌的为奇兵；在战略态势上，堂堂正正下战书，然后进兵交锋为正，突然袭击，出其不意，诡诈奇谲为奇。

孙子谈“势”“节”，本质上是追求积极造势与把握分寸的有机统一，是一个如何掌控“度”的问题。人之患，在于观察问题的一点论，只见其利，不见其害，反之亦然。孙子指出以偏概全、以长饰短是用兵的大忌，致败的根源。这时候就要有一个“度”来中和、缓释思维上的偏激性，节制行动上的放任性。孙子说：“必死，可杀也；必生，可虏也；忿速，可侮也；廉洁，可辱也；爱民，可烦也。”其实，勇于牺牲、善于保全、同仇敌忾、廉洁自律、爱护民众等等，本来都是身为将帅者应该具备的优良品德，可是一旦失去节制、过了尺度的话，那么就会走向事物的反面，而成为“覆军杀将”悲剧发生的起因了。

孙子的高明，是他第一次用精粹而又生动的文字描绘了“奇正”的要旨：凡是展开军事行动，无论是进攻还是防御，在兵力的使用上，一般要用正兵去当敌，用奇兵去制胜：“凡战者，以正合，以奇胜。”而在战术变换上，则要做到奇正相生，奇正相变，虚虚实实，真真假假，变化无端，出神入化：“战势不过奇正，奇正之变，不可胜穷也。奇正相生，如循环之无端，孰能穷之？”

孙子确立“奇正”这一范畴后，后世兵家无不奉为圭臬，广为沿用和阐述。如《孙膑兵法》说“形以应形，正也；无形而制形，奇也”（《孙膑兵法·奇正》）；《尉缭子》说“正兵贵先，奇兵贵后”（《尉缭子·勒卒令》）；曹操《孙子注》说“正者当敌，奇兵从旁击不备也”，就是这方面的例子。而到了《唐太宗李卫公问对》那里，“奇正”范畴则有了新的丰富和发展。它对“奇正”论述更完备，分析更透彻，提出了一个重要论断：“善用兵者，无不正，无不奇，使敌莫测。故正亦胜，奇亦胜。”（《唐太宗李卫公问对》卷上）这比孙子的“奇正”理论显然更全面，更深刻。但它依旧是祖述和发展《孙子兵法》的逻辑结果。

激水之疾[1]，至于漂石者，势也；鸷鸟之疾[2]，至于毁折者[3]，节也[4]。是故善战者，其势险，其节短。势如彍弩[5]，节如发机[6]。

［注释］

[1] 激水之疾：激，湍急。疾，快、迅猛、急速。《易·说卦》："动万物者，莫疾于雷；挠万物者，莫疾于风。"汉简本无"激"字。 [2] 鸷鸟：凶猛的鸟，如鹰、雕、鹫之类。 [3] 毁折：折物。此处指猛禽捕捉擒杀鸟雀。 [4] 节也：节，节制、节度、审度长短。指动作爆发得既迅捷、猛烈，又把捏分寸，恰到好处。张预注："鹰鹯之擒鸟雀，必节量远近，伺候审而后击。" [5] 彍弩：彍，同"彉"。弩弓张满的意思。彍弩即张满待发的弓弩。 [6] 发机：即引发弩机的机钮，将弩箭突然射出。机，即弩之机钮（弩牙），类似现代枪上的扳机。

［点评］

理解和运用"奇正"的重要性固不待言，而要在这方面有所作为、独领风骚，关键在于"造势"和"任势"，即积极发挥将帅的主观能动性，使自己方面的军事潜能得到最佳的凝聚和施展，十八般武艺都拿将出来，掌握作战的主动权，形成强大无比、摧枯拉朽的战斗力："善战者，求之于势，不责于人，故能择人而任势。"在此基础上把对手打得落花流水。

为了说明"势"，孙子将"势"与"节"放在一起讨论。在他看来，要想做好"任势"，首先必须在"节"上做文章。什么是"节"，从孙子自己所给的答案来看，所谓"节"更像是说"节奏"，而"节短"就是说节奏非常紧凑、快速。孙子说"鸷鸟之疾，至于毁折者"是"节"，也像是就节奏的快慢来说的。飞鸟捕捉食物一定要动作迅捷，只有这样才能让猎物来不及反应，逃脱不掉。而求快求速，也是孙子的一贯主张，相关理论主要见诸《作战篇》。

孙子认为，真正会打仗的，一定要努力达成“势险”和“节短”。表面上看，这二者很像是一回事，其实不然。事实上，他们是互相配合的，是战场争胜的一个有机过程。

孙子担心我们不明白这个道理，用射箭作比喻说明了“蓄势”和“任势”的道理。他说：“势如彍弩，节如发机。”“彍弩”就是力图达成“势险”。拉弓射箭，一定要把拉弓的力气做到。有的弓很难拉开，就是为了张势和蓄势。只有那些有力气的人才能拉开，才能把箭射出去。如果把弓拉开了，就可以把箭矢射出去，但是一定要动作迅捷，否则蓄势的功夫都白做了。所以，孙子其实是用射箭的道理告诉了我们什么是“任势”：所谓“任势”，就是要求指挥员在使用军事打击力量的时候，一面要学会蓄势，一面要懂得出击的时候做到迅速和突然。简单说来，打仗之前做好充分的宣传工作就是一种“造势”和“蓄势”。如果宣传工作到位，能够把部队的士气充分调动起来，把士兵对于敌人的仇恨最大限度地激发起来，开战之后，士兵自然会一往无前。再如，战争之前的武器装备准备工作也是“蓄势”和“造势”，装备维护保养好，弹药准备充分，一旦打起来，这才会有足够的火力。

在孙子看来，“造势”和“任势”是夺取战争主动权的关键，但如何在这个问题上把捏分寸，恰到好处，乃是更为重要的事情。中国文化的显著特点之一，是凡事爱走极端，考虑问题常常偏颇化、片面化，矫枉过正，所以孔子提倡“中庸”之道，强调“过犹不及”，希望大家能够避免这类思维误区，克服这类偏激做法。可惜的是言者谆谆，听者藐藐，似乎效果并不理想，气得孔子连声悲叹：“中庸之为德也，其至矣乎，民鲜久矣！”孙子考虑到了如何使“造势”“任势”恰到好处，即正确处理“势”与“节”的关系，尽可能以“节”去制“势”。

孙子并且认为，“势”与“节”两者之间互为因果关系，相辅相成。如果有“势”而无“节”，不能发其机，“强弩之末，势不能穿鲁缟”；如果有“节”而无“势”，则不能逞其威，“龙游浅水受虾戏，虎落平阳遭犬欺”。“势”要险，即应该快速、突然、迅猛；“节”要短，即应该近距离发起最猛烈的攻击。只有做到节量远近，掌握时机，拿捏分寸，正中其宜，才能充分发挥“势”的强大威力，真正拥有“致人而不致于人”的战场主动地位。

“兵者诡道”“兵以诈立”，喋血沙场，不相信眼泪，“胜则王侯败则寇”，这时候如果同敌人讲什么信义，比什么道德，说什么仁慈，那么只能自己吃亏，丧师辱国，祸不旋踵。宋襄公想保持贵族的尊严，当了一回君子，结果让大家嘲笑讥讽了数千年。打仗取胜需要因敌变化，使用各种手段，真真假假，虚虚实实，来迷惑对手，使其一头雾水，计无所出，力无所施，从而确保自己招招占先，左右战局。孙子把这种四两拨千斤、乾坤大挪移的绝招，概括为“示形动敌”。

纷纷纭纭[1]，斗乱而不可乱也[2]；浑浑沌沌[3]，形圆而不可败也[4]。乱生于治[5]，怯生于勇[6]，弱生于强[7]。治乱[8]，数也；勇怯，势也；强弱，形也。故善动敌者[9]，形之[10]，敌必从之；予之，敌必取之；以利动之[11]，以卒待之[12]。

[注释]

[1]纷纷纭纭：指旌旗杂乱的样子。纷纷，紊乱无序。纭纭，

众多且混乱。 [2] 斗乱：谓在纷乱状态中指挥作战。不可乱：言做到从容镇静，有序不乱。 [3] 浑浑沌沌：混乱迷蒙的样子。形容战场上尘土飞扬，迷茫一片。 [4] 形圆：指摆成圆阵，保持态势，周到部署，首尾连贯，与敌作战应付自如。武经本无“斗乱”与“形圆”两句末之“也”字，樱田本同。 [5] 乱生于治：意谓示敌混乱，是由于有严整的组织。又一说，混乱产生于严整之中。于，此处作根据解。 [6] 怯生于勇：示敌怯懦，是由于自己具备勇敢的素质条件。杜牧注：“欲伪为怯形以伺敌人，先须至勇，然后能为伪怯也。”又一说，“怯”可以由“勇”产生。 [7] 弱生于强：示敌弱小，是由于本身拥有强大的实力。杜牧注：“欲伪为弱形以骄敌人，先须至强，然后能为伪弱也。”梅尧臣、王皙、何氏、张预诸注皆近杜注。另一说，“弱”可以由“强”产生。按，李零《吴孙子发微》释“乱生于治”等三句为：“部队投入战斗，一开始往往是整齐的、勇敢的和强大的。但投入战斗后问题往往就暴露出来，逐渐向对立面转化。”其说可资参考。 [8] 治乱：以下两句言军队的整治或混乱，决定于组织编制是否有序。数，即前言之“分数”，指军队的组织编制。 [9] 动敌：调动敌人。 [10] 形：用作动词，即示形，示敌为伪形，指以假象迷惑、欺骗敌人，使其判断失误，为我所乘。 [11] 以利动之：汉简本作“以此动之”。武经本“卒”作“本”，樱田本同。 [12] 以卒待之：用重兵伺机破敌。卒，士卒，此处可理解为伏兵、重兵。

[点评]

孙子指出，善于作战的指挥员，能够在混乱之中作战做到军队整齐不乱，始终布阵周密，保持严整的态势而不致失败。而且，善于调动敌人的指挥者，伪装假象以迷惑敌人，敌人便会听从调动；用小利来引诱敌人，敌人就会前来争夺。用这样的办法积极调动敌人，再预备重兵伺机掩击它。孙子的这段话是讲“示形”之术，其实仍是在告诉我们如何“造势”和“蓄势”。所谓“示形”就是“动敌之法”。在孙子眼中，高明的“动敌之法”就是一定要给敌人切实的诱惑，这才能把敌人调动起来。这就是“形之，敌必从之；予之，敌必取之”的道理。总体上看，这里讨论的这些“示形”和“动敌”之术，其实就是为了“造势”的需要，充分地调动敌人，以寻求最佳的作战时机。这种“示形”之术，孙子在接下来的《虚实篇》中更多精彩的阐发。

“造势”（“任势”）的主要手段，在于巧妙“示形”，机智“动敌”，即用谋略去迷惑欺骗敌人，调动控制敌人，从而达到消灭敌人、保全自己的目的。

战场上两军对垒，生死相搏，敌我双方在主观上都没有例外地致力于“造势”（“任势”），争做胜利的主宰。但是谁能够成功做到这一点，就看谁能够真正广施权变，示形动敌，出奇制胜，即究竟谁是“骗人者”，谁是“受骗者”。

所谓“示形”，就是伪装和欺骗，即隐蔽真相，制造假象，让敌人乖乖地中计上当。所谓“动敌”，就是实施机动，调动敌人，即牵着敌人的鼻子走，最后使其陷入失败的命运。这用孙子自己的话说，便是“善动敌者，形之，敌必从之；予之，敌必取之；以利动之，以卒待之”。在这里，“示形”是“动敌”的前提和基础，而“动敌”则是“示形”的最佳效果。很显然，成功的机动是

“造势”（“任势”）的中心环节，它的目的在于利用敌人的过失或弱点，积极争取主动，形成优势的地位。一有机会就咬住敌人的脖子，绝不放松，直到咬断他的喉咙，让他死去为止。

孙子指出，“示形”“动敌”必须具备一定的条件。这个条件就是自己要做到组织编制严整，将士素质优良，整体实力强大，即所谓“乱生于治，怯生于勇，弱生于强。治乱，数也；勇怯，势也；强弱，形也”。只有具备了这样的前提条件，军队欺敌误敌，实施机动才有可靠的保障。在这个基础上，指挥员发挥主观能动性，制造假象迷惑敌人，施以诱饵调动敌人，然后集中优势兵力，伺机攻击敌人，“以利动之，以卒待之”，从而达到出奇制胜的目的。值得附带指出的是，《老子》曾说过：“将欲夺之，必先予之。”（《老子》第三十六章）孙子的“示形”方法与《老子》之言颇有相通之处，这表明孙子高明军事思想的形成，乃是借鉴汲取前人思想精华的结果。这种文化继承发展现象应引起我们的重视。

孙子认为，用兵打仗是敌我之间的生死较量，只有掌握了“奇正”的变化，具备了“造势”（“任势”）的条件；又合理拿捏住“势”与“节”的分寸，具备了“造势”（“任势”）的手段，有利的作战态势才算是基本形成，战场上的主动权才算是大致到手。这时才可以“是骡子是马，拉出来遛遛”，同敌人一决雌雄，分个高下，这就是所谓的“转圆石于千仞之山”，所向披靡，战无不胜。

故善战者，求之于势[1]，不责于人，故能择人而任势[2]。任势者，其战人也[3]，如转木石；木石之性[4]：安则静[5]，危则动，方则止，圆则行。故善战人之势[6]，如转圆石于千仞之山者，势也。

[**注释**]

[1] 求之于势：以下两句言当追求有利的作战态势，而不是苛求下属。责，求、苛求。成语有“求全责备”。 [2] 故能择人而任势：选择简拔人才，创造利用态势。择，选择。任，任用、利用、掌握、驾驭的意思。一说，“择”训“释”，意谓不强求人力。按，古人往往假“择”为“释”，可参见 [日] 泷川资言《史记会注考证》下册第 2043 页（上海古籍出版社 1986 年版）。 [3] 战人：指挥士卒作战。与前《形篇》中之“战民”义同。 [4] 木石之性：木石的特性。性，性质、特性。 [5] 安则静：以下两句中安，指安稳，这里指平坦的地势。危，指高峻、危险。《庄子·田子方》：“尝与汝登高山，履危石。”此处指地势高峻陡峭。张预注：“木石之性，置之安地则静，置之危地则动……自然之势也。” [6] 势：是指在“形”（军事实力）的基础上，发挥将帅的主观能动作用，从而造成的有利积极的作战态势。王皙注云：“石不能自转，因山之势而不可遏也；战不能妄胜，因兵之势而不可支也。”

[**点评**]

孙子兵学理论如常青的大树，“造势”（“任势”）原则作为大树上的一根枝条，同样是青翠欲滴、生意盎然。这么说不是红口白牙，无凭无据。最主要的理由，就是它的重要意义曾一再得到过古今中外历史上数不胜数的战例之佐证。

战国后期秦、赵长平之战中双方指挥上的优劣得失，可用来对本篇基本原理作最好的诠释。

《孟子·离娄》描绘战国时期的战争场景是：“争地以战，杀人盈野；争城以战，杀人盈城。”综观烽火连天、刀光剑影的二百五十余年的战国历史，可知“亚圣”孟子的这一番话并没有夸张的成分。当然，就战争规模之庞大，杀伤程度之惨烈而言，在当时的众多战争中，没有比秦、赵长平之战更为惊心动魄的了。

长平之战发生在公元前260年，是秦、赵之间的一次战略决战。在战争中，秦军上下贯彻正确的战略指导，采用灵活多变的战术，一举歼灭赵军四十五万人，开创了我国历史上时间最早、规模最大的包围歼灭战先例。

秦国自孝公任用法家商鞅实行变法以来，制定了正确的兼并战略：奖励耕战，富国强兵，国势如日中天；连横破纵，远交近攻，外交连连得手；旌旗麾指，铁骑驰骋，军事捷报频传。百余年间，蚕食缓进，重创急攻，破三晋，败强楚，弱田齐，构成了对山东六国压倒性的战略优势。在秦国“虎狼之师”的咄咄兵锋面前，韩、魏屈意奉承，荆楚自顾不暇，东齐力有不逮，北燕无足轻重。环顾六合之内，只有赵国，自公元前302年赵武灵王推行“胡服骑射”军事改革以来，国力还算雄厚，军队还算强大，对外战争胜多败少，而且拥有廉颇、赵奢、李牧等一批深富韬略、能征惯战的将领，还可以硬着头皮同强秦进行一番周旋。

形势非常清楚，秦国要完成兼并六国、统一天下的殊世伟业，就一定得拔去赵国这颗钉子；自然，赵国也不是温顺的羔羊，岂肯坐而待毙，乖乖听凭他人宰割?!如果说，秦国是老虎，那赵国便是豺狼，虎狼同笼，必有一拼，双方之间不是你死，便是我活，一场战略决战如箭在弦，势所难免。

公元前260年，秦昭王派遣大将王龁领兵攻打刚刚降赵的上党郡，与赵军主力对峙于长平一线。赵军主帅廉颇深沟坚壁，固守不出，以逸待劳，消磨秦军锐气。秦军远道奔袭，客地作战，急求速决，不间断地向赵军骂阵挑战，无奈老将廉颇“任凭风浪起，稳坐钓鱼船”，沉着应对，岿然不动。

秦相范雎遂行离间之计，派间谍向赵国权臣郭开贿赂黄金千斤，挑拨赵王让廉颇“下岗”，改任赵奢之子赵括为主帅。秦方深知赵括只会“纸上谈兵”，又好大喜功，对方用他替换廉颇，此役其实已经胜了一半。同时，秦昭王也相应调整了自己的军事部署，任命名将白起为上将军，秘密派往前线担任总指挥，并且严令军中保密，“有敢泄武安君将者，斩”（《史记》卷七三《白起王翦列传》），把骄傲自大的赵括蒙在鼓里。

针对赵括立功心切又鲁莽轻敌的弱点，白起制定了诱敌设伏、分割围歼的作战方针。赵括“新官上任三把火”，一改廉颇旧制，主动向秦军大举进攻。秦军将计就计，诈败后撤，赵括不知是计，挥师尾追，直抵秦垒，受阻于坚壁之下，被白起预先埋伏于两侧的两万五千奇兵截断退路，另外五千骑兵则切断了赵军大营留守部队与其主力之间的联系，将赵军分割包围。赵括势穷力蹙，只得构筑临时工事，苦守待援。秦昭王获知白起得手，便亲到河北地区，征发当地十五岁以上男子入伍，悉数送往长平前线，阻绝赵军的援兵及粮道。赵军前后饥饿四十余天，断水绝粮，杀人而食。赵括在绝望中分兵四队突围，均成泡影，自己也被乱箭射死。赵军丧失主帅，斗志全无，四十余万饥疲之师全部解甲投降，被白起坑杀殆尽。这场空前残酷的血战于是便以秦军的彻底胜利而宣告终结。

在这场关系到战国晚期战略格局演变趋势的决定性战役中，秦国最高统帅的正确战略和英明指挥，使得秦军具备了战胜赵军这个强劲对手的可能。而“战神”白起的杰出用兵艺术，则使得这种可能性顺利转化为现实。身为秦军主帅的白起指挥若定，用兵如神，“以正合，以奇胜”，使秦军“必受敌而无败”。在整个作战过程中，白起善于“造势”（“任势”），“其势险，其节短”，控御战场局面进入炉火纯青的境界。他注重“示形”动敌，通过后撤退却的假象，引诱赵军主力脱离大营，轻易出击，而自己则严密部署，“以卒待之”，实施正面相持，从侧翼及时投入精锐奇兵分割包围对手，并用轻骑阻隔赵军主力与其大营之间的一切联系，将赵军水泄不通地包围起来，最后一举聚歼赵军。而秦昭王在关键时刻任命白起为主帅，也做到了知人善任，“择人而任势”，为秦军的取胜提供了保障。经此一战，秦国制服了关东六国中最后一个有实力的对手，使自己日后实现天下统一的征途变得一马平川，畅通无阻。从这个意义上说，长平之战无愧为中国历史上最具经典意义的战例之一，曾在沙场上淋漓尽致地再现了孙子“造势”（“任势”）理论的风采神韵和无穷魅力。

显而易见，孙子的“势”论，包含有“势”的定义、主要外在表现形态、实施的条件（“奇正”）以及具体的手段（“示形动敌”）等等。它内容丰富，逻辑严谨，思想深邃，形象生动，充满着朴素唯物辩证法的精神，在军事学术史和哲学发展史上都具有重要的价值。

虚实篇

本篇开门见山提出了争取战争主动权的核心问题，这就是“致人而不致于人”，能够调动敌人而不被敌人所调动。主动权是军队行动的生命线。孙子抓住了这点，就等于抓住了用兵打仗、克敌制胜的关键。因此，《唐太宗李卫公问对》对此推崇备至，赞叹道：“《兵法》千章万句，不出乎‘致人而不致于人’！”

孙子曰：凡先处战地而待敌者佚[1]，后处战地而趋战者劳[2]。故善战者，致人而不致于人[3]。能使敌人自至者[4]，利之也；能使敌人不得至者[5]，害之也。故敌佚能劳之[6]，饱能饥之[7]，安能动之[8]。

[注释]

[1] 先处战地而待敌者佚：处，占据，占领。佚，即“逸”，指安逸、从容。贾林注：“先处形胜之地以待敌者，则有备豫，士马闲逸。”汉简本此句作“先处战地而待战者失”，“失”“佚”古通。 [2] 后处战地而趋战者劳：此句意谓作战中后据战地仓促应战，则疲劳被动。趋战，仓促应战。趋，奔赴，这里是仓促、猝然的意思。 [3] 致人而不致于人：致人，调动敌人。致于人，为敌人所调动。杜牧注云：“致，令敌来就我，我当蓄力待之，不就

敌人，恐我劳也。”致，招致、引来。《周礼·秋官·小司寇》：“掌外朝之政，以致万民而询焉。”按：这句话的核心含义是争取把握作战中的主动权，系孙子作战指导思想的精髓。 [4] 能使敌人自至者：以下两句意谓能使敌人自投罗网，乃是以利相引诱的缘故。汉简本作“能使适（敌）□至者”，“敌”“至”二字间只空一字。利之，以利引诱。 [5] 能使敌人不得至者：以下两句意思是说能使敌人不能到达战地，乃是牵制敌人的结果。害，妨碍、阻挠的意思。《尚书·旅獒》：“不作无益害有益。” [6] 敌佚能劳之：能，此处是乃、就的意思。劳，疲劳，使动用法。梅尧臣注为：“挠之使不得休息。”甚是。 [7] 饱能饥之：饥，饥饿、饥困，用作使动。此句王皙注：“谓敌人足食，我能使之饥乏耳。” [8] 安能动之：言敌人若安固守御，我就设法使它移动。曹操注：“攻其所必爱，出其所必趋，则使敌不得不相救也。”汉简本无此句。

［点评］

虚实，“虚”即空虚，指兵力分散而薄弱；“实”即充实，指兵力集中而强大。虚实，同时也与作战行动中虚虚实实、示形佯动等手段相互为用。曹操注：“能虚实彼己也。”李筌注：“善用兵者，以虚为实；善破敌者，以实为虚。”杜牧注：“夫兵者，避实击虚，先须识彼我之虚实也。”皆是旧时注家对孙子“虚实”涵义的正确理解。

此篇篇题各本皆作《虚实》，唯汉简本及篇题木牍作《实虚》。当以《虚实》名篇为确。查各家注皆言《虚实》，而无以《实虚》相称者，且上篇已明言“以碫投卵者，虚实是也”。篇次如张预注：“《形篇》言攻守，《势篇》说奇正。善用兵者，先知攻守两齐之法，然后知奇正；先知奇正相变之术，然后知虚实。盖奇正自攻守而用，虚实由奇正而见。故次《势》。”

本篇集中论述了战争活动中“虚”“实”关系相互对立、相互转化这一具有普遍规律性的问题，揭示了军事上“避实击虚”的一般原则，并提出了在作战中如何掌握虚实，如何转化虚实，如何运用虚实的基本要领。孙子强调要通过对“虚”“实”关系的全面认识和辨证把握，来夺取战争的主动权，即“致人而不致于人”。而做到这一点，其关键在于如何争取优势，主动灵活地打击敌人。为此，孙子提出了著名的作战指导原则——“避实而击虚”。而这一原则在作战行动中的具体化，就是要做到：一是示形于敌，迷惑和欺骗敌人，诱使其暴露弱点，然后予以打击。二是集中优势兵力猛烈果断地打击敌人，即所谓的“以十击一”。三是因敌变化而取胜，在作战过程中不机械、不呆板，根据敌情变化，随时调整部署，始终保持主动。四是察知战场地理，了解战场天候，“知战之地，知战之日”，并采取策、作、形、角等方法，全面掌握敌情。五是正确选择主攻方向，做到触一发而牵全身，“出其所不趋”“攻其所必救”。孙子认为，只要能充分发挥人的主观能动性，采取正确的作战指导原则和具体作战措施，那么，战争的胜利不但“可知”，而且也是完全“可为”了。

本篇条理分明，层层递进，名句迭出，妙语横生，变化无穷，出神入化，将避实击虚的规律阐述得淋漓尽致、完备无瑕，既符合人们思维逻辑的认知过程，又符合军事家谋敌杀敌的行动过程，同时又给人们以智慧的启迪与美的享受，真可谓是一篇千古奇文。《唐太宗李卫公问对》称：“观诸兵书，无出孙武，孙武十三篇，无出《虚实》。”这一评价，洵非虚言。

会下围棋的都知道追求先手之利，一招领先，处处领先。反之，如果不慎丧失这种先机之利，就很有可能彻底丧失掌控全局的主动权，这就是我们经常听说的“一着不慎，满盘皆输”。就军事斗争来说，也是这样。如果能够在战争中抢占先机，同样会处处主动，占据优势，进而获得战争胜利，类似于这种先手之利。正是这个缘故，孙子的《军争篇》等篇目中多次强调这种抢夺先机之利。很明显，孙子的“致人而不致于人”很多时候就是靠这种追求先手之利实现。孙子认为，这种“致人”的目的就是要抢在敌人前面，即“先处战地”，力争以逸待劳，从而能够较为顺利地打败敌人。

需要看到的是，“先发”不一定就是占据了先机之利，“先发”不一定就能抢占先手之利。因为“先发”也有“后至”的情况。事实上，究竟是“先发”好，还是“后发”好，先秦兵家也有着不同的看法。《左传》引《军志》：“先人有夺人之心，后人有待其衰。”从这句话中可以看出，“先发”不一定就可以制人。如果是后发，可以等待对方气衰，再寻找战机，同样可以打败敌人。战国时期的著作《吕氏春秋·不二》中说：“王廖贵先，兒良贵后。”这说明当时的军事家们对于到底是“先发”好还是“后发”好，仍然有着不同的看法。

整体考量《孙子兵法》十三篇我们可以发现，孙子一直强调的是占得先手之利，而不是先发。在《虚实篇》

中，作者谈到了这种“先处战地”之利，给人的感觉似乎是为了求得“先发”。但是，当我们看到《军争篇》孙子大谈“以迂为直”的时候便可以明白，孙子强调的是占得先机。为了抢占这种先机，有时候还需要故意选取看似迂远的进军路线来迷惑敌人，即使是在敌人之后出发，但也能比敌人先期到达战略要地，这就是掌握了变迂为直的原则，这就是“后人发，先人至”的道理。所以，要考察孙子相关“先发”的真正态度，不能只看到《虚实篇》，必须要联系《军争篇》才能看得更明白。

至于如何调动敌人，孙子也提出了自己的办法。他的办法很简单：以利诱之，以害驱之。这两手都可以用。在《虚实篇》，孙子说：“能使敌人自至者，利之也；能使敌人不得至者，害之也。”在《军争篇》，孙子认为要达成“以迂为直”，也是要“诱之以利”才行。在这一点上，前后两篇也是保持着逻辑上的一致性。从这些细微之处，也可以看出孙子布局谋篇的巧妙之处。

所谓“诱之以利”，就是以使用“小利”去引诱敌人，以此赚得“大利”。这种大、小之利其实是相对而言。所谓“小利”可以认为是局部利益，所谓“大利”，可以看作是整体利益。孙子认为，为了换取更大的利益和整体利益，是可以用牺牲局部的小利来作代价的，这便是孙子的大小之辨。当然，这种局部利益小到什么程度，也是很有讲究的。对于一个大象级别的敌人，喂给它一个小饭团，它未必会动，必须要喂给足以让它心动的食物才行。所以，掌握不好这种火候，牺牲小利也只能是白白牺牲，起不到调动敌人的作用。这其中就牵涉到一个度的把握问题。必须要恰到好处，才能使“敌人自至”，让对手乖乖就范，走进我们预设的圈套之中。

孙子认为，抢占先机的方法，除了“以利诱之”的手法之外，还可以用“害”的手法。比如说，战国时期的孙膑，就用了“围魏救赵”的手法成功地调动了庞涓的部队，这就是成功地运用了“害”的手法。庞涓攻打赵国眼看得手，忽然得知都城大梁受攻，被迫撤军，结果在撤退的路上遭到伏击，招致惨败。在这个著名的战例中，孙膑成功运用了乃祖孙武所教给的战法打败了庞涓。孙子考虑问题一直着眼大局，所以能够“杂于利害”，把利和害作全盘的考虑，看问题非常辩证，非常全面。

出其所不趋[1]，趋其所不意[2]。行千里而不劳者[3]，行于无人之地也。攻而必取者[4]，攻其所不守也；守而必固者[5]，守其所不攻也。故善攻者[6]，敌不知其所守；善守者，敌不知其所攻。微乎微乎[7]，至于无形！神乎神乎[8]，至于无声！故能为敌之司命[9]。

汉简本作“守其所必（下缺）”，《太平御览》卷三一七引此作“守其所必攻”。按：守敌所不攻之地，固然是可守而必固，上下文意亦似通畅，然敌既不攻，则何须加强守备，且如此守备，何益于战胜攻取？故传本有疑。如作“必攻”，连接上句，其意即为：防御之所以牢不可破者，乃因防御力量皆配置于敌人必攻之地也。

［注释］

[1] 出其所不趋：意谓出兵要指向敌人无法救援的地方，即击其空虚。不，在此处当做“无法”“无从”之意解，与《孙膑兵法·威王问》“必攻不守，兵之急者也”之“不”义同。汉简本与樱田本均作“出其所必趋”。 [2] 趋其所不意：指兵锋要指向敌所

不曾意料之处。 [3] 行千里而不劳者：以下两句张预注："掩其空虚，攻其无备，虽千里之征，人不疲劳。"无人之地，喻敌虚懈无备之处。汉简本"不劳"作"不畏"，且无"者"字。 [4] 攻而必取者：以下两句言我出击而必能取胜，乃由于出击的是敌人戒备虚懈、无从防守之处。李筌注："无虞易取。" [5] 守而必固者：以下两句言我防守而必能稳固，乃由于所守的是敌无法攻取的地方。 [6] 故善攻者：以下四句梅尧臣注："善攻者，机密不泄；善守者，周备不隙。"王皙注："善攻者，待敌有可胜之隙，速而攻之，则使其不能守也。善守者，常为不可胜，则使其不能攻也。"皆为精审。汉简本"所守""所攻"前皆无"其"字。 [7] 微乎微乎：以下两句谓虚实运用微妙到极致，则无形可睹。微，微妙、高明的意思。《荀子·议兵》："诸侯有能微妙之以节。"杨倞注："微妙，精尽也。" [8] 神乎神乎：以下两句言虚实运用神奇之至，则无声息可闻。神，神奇、神妙、不可思议。《易·系辞》："阴阳不测之谓神。" [9] 司命：命运的主宰者。《管子·国蓄》："五谷食米，民之司命也。"

[点评]

所谓"虚实"，是一个重要的兵学范畴。它的含义十分广泛，一般而言，无者为虚，有者为实；被动为虚，主动为实；空者为虚，坚者为实。"虚"指的是兵力分散而薄弱，"实"指的是兵力集中而强大。表现在具体军情上，大凡怯、饥、乱、劳、寡、不虞、羸弱为"虚"，勇、饱、治、逸、众、有备、强盛为"实"。总之凡是构成一支军队战斗力的各种因素，譬如兵力的大小、优劣、众寡、强弱、分合，部队的劳逸、饥饱、治乱、懈备，部署上的疏密、坚瑕，兵势上的锐钝，士气上的高低，心理上的勇怯，行迹上的真伪，处境上的安危，地形上的险易，等等，统统属于虚实的范畴。而且，虚实既是空间的概念，即打击敌人既关键又薄弱之处。因为非关键不能起到决定性的作用，无法牵一发而动全身，不能做到“四两拨千斤”。非薄弱则无法轻易击败对手，致敌于死命。所以，选择其为主攻对象，往往能一举而克，奠定胜局！

虚实，同时也是时间的概念。比如“避其锐气，击其惰归”就是充分把握时间上的虚实，给敌人以打击。著名的长勺之战中，曹刿（guì）就是这种战法，等到对方“气衰”再发起攻击，掌握了“一鼓作气，再而衰，三而竭”的真谛，打了齐军一个时间差，争取到战场主动权，从而取得了胜利。可见，虚实是否掌握得当，运用得是否高明，转化得是否成功，直接关系着战争的胜负。显而易见，避实击虚是作战指导取得成功的关键所在。无怪乎孙子对它如此重视，要用专篇来阐发这个问题了。

虚实的核心宗旨，就是积极夺取作战的主动权，创造条件，争取优势，主动灵活地打击敌人。众所周知，主动权乃是军队行动的自由权。在战场上，谁失去行动自由，让对手束缚住了手脚，进退不得，攻守无措，谁也就是“孔夫子搬家——尽是书（输）”。可见，主动权即军队命脉之所系。孙子对这层道理早有深刻的领会，并用简洁深刻的一句话，概括揭示了牢牢掌握主动权的不朽命题——“致人而不致于人”，即善于调动敌人而不被敌人所调动。孙子强调，这既是理解虚实关系的钥匙，也是正确运用虚实、转化虚实所要达到的目的。我们认为这一原则是孙子制胜之道的灵魂。

在上述一段话中，孙子基于占据主动权，即“致人”的原则，讨论了攻守之时如何把握“虚实”问题。其中，“无人之地”是一个比喻，是说敌人防守虚弱之处，不一定是完全没有人防守。这和前面的“不趋”的表达方式应该是一致的，也和后面的“不攻”一句表达方式完全一致。这些表达，重点突出的是一个“虚”字，是为了和篇题中的“虚”字求得呼应。如果把“不”和“无”理解成完全没有，那就可能会产生误会，就不能正确理解作者使用“不”字的真正意图。

“守其所不攻也”，汉简本作“守其所必攻也”。传本、汉简本用字不同，意思甚或完全相反，虽说于义皆通，但尚且存有高下之别。“守其所不攻”并不是说无人进攻，而是说进攻不得力，或者说由于组织了有效的防守，使得对手的进攻化于无形。如果理解为“攻击敌人不去的地方”，或者说“守备敌人不来进攻的地方”，则会略显机械。事实上，钮先钟（《孙子三论：从古兵法到新战略》）和李零（《唯一的规则——〈孙子〉的斗争哲学》）等人就是这么理解的，推崇的是汉简本。仔细推敲文义，当以传本稍为优长。帮助我们理解作者这样用字的，还有“攻其所不守”一句。该句中同样用了一个“不”字，传本、汉简本一致。所谓“不守”，并不是说毫无防守，而是说守备松懈，形同虚设。《孙膑兵法·威王问》中的“必攻不守”一句，说的是同样的道理。况且，若以情理度之，以后一处异文分析，既然是对手“必攻”之所，那么对方的作战决心、攻击规模、投入兵力等，统统难以断定，如何能肯定说是“守而必固”呢？可见，如果依照汉简本作“必”字，并不见得合理，反倒显得于理不通，只能勉强求得字句的通顺。

大概是出于对自己的这些招法的自得，孙子在上述论述之后，表达了他对诸如“善攻”和“善守”的境界的理解，同时也禁不住流露出自得的情形：“故善攻者，敌不知其所守；善守者，敌不知其所攻。”而且后面还有更进一步的自得之情：“微乎微乎，至于无形！神乎神乎，至于无声！故能为敌之司命。”

有意思的是，类似“微乎微乎”这样的自得之情，孙子在《用间篇》也曾流露过：“微哉微哉，无所不用间也。”这是出于对自己设计的巧妙的用间之法的自得。“司命”的意思是掌控了命运。这个词，孙子在《作战篇》中也用到过。当时是为了强调将帅的重要作用，所以说好的将帅是掌控着人民命运的“司命”。人命关天，提及命，人们不免立刻生起敬畏之情。所以用“司命”这样的字眼，很显然是为了强调致人之术的高超。孙子认为，这种高超的致人之术，就是掌控了敌人命运的“司命”。这些显然都是非常自得的言辞，而且也是非常自然的心理流露。

进而不可御者[1]，冲其虚也[2]；退而不可追者[3]，速而不可及也。故我欲战，敌虽高垒深

沟，不得不与我战者，攻其所必救也[4]；我不欲战，画地而守之[5]，敌不得与我战者，乖其所之也[6]。

李零认为画地本为一种画地为方，不假城池，禁鬼魅虎狼的防身巫术，后来兵家用来指营垒的规划。孙子在此处指划定范围，不用沟垒，喻其至易。李说颇有新意，可资参考。

[注释]

[1] 御：抵御，《易·蒙卦》：“上九，击蒙，不利为寇，利御寇。” [2] 冲：攻击，袭击。《战国策·齐策一》：“使轻车锐骑冲雁门。”虚，松懈薄弱之处。汉简本“进而不可御”作“进不可迎”。 [3] 退而不可追者：以下两句中速指迅速、神速。及，赶上、追上。何氏注：“兵退则利速，我能制敌而敌不能制我也。”汉简本此句作“……不可止者”，“不”前残缺处或为“退”字。又，汉简本“速”作“远”。 [4] 必救：必定救援之处，喻指利害攸关。张预注：“敌人虽有金城汤池之固，不得守其险而必来与我战者，在攻其所顾爱，使之相救援也。”亦即同书《九地篇》“先其所爱”之意。汉简本于“敌”字下即接“不得不与我战”，无“虽高垒深沟”五字。平津馆本“攻”上有“而”字。 [5] 画地而守之：通常对此句的解释为在地上随便画出一条界线即可防守而不必筑垒设防，比喻防守非常容易。画，界限，指画出界限。《论语·雍也》：“力不足者，中道而废，今女画。”平津馆本“画”前有“虽”字。 [6] 乖其所之也：意谓调动敌人，将其引往他处。曹操注：“乖，戾也。戾其道，示以利害，使敌疑也。”乖，违、背离、相反，《论衡·薄葬》：“各有所恃，故乖不合。”此处是改变、调动的意思。之，往、去。汉简本“乖”作“胶”。按：“胶”有戾义。《汉书·楚元王传附刘向传》“胶戾乖刺”，即言背戾违谬，故与“谬”通，义同“乖”。

［点评］

《孙子兵法》十三篇，篇篇围绕作战指导这个核心问题而立论，而《虚实篇》则是其中最为精彩的一篇。唐太宗李世民的意见可以作证。他说："观诸兵书，无出孙武；孙武十三篇，无出《虚实》。夫用兵识虚实之势，则无不胜焉。"（《唐太宗李卫公问对》卷上）《虚实篇》对军事活动中"虚""实"对立统一关系作了精辟分析，全面论述了作战指挥中争取主动权的基本原则和重要方法，在《孙子兵法》全书中占有极其重要的地位。

李世民是何等人物，作为雄才大略、用兵如神的旷世大帝，能有几个古人入他的法眼！可在孙子面前，他变得相当虚心，说了大实话，给《虚实篇》以一个崇高但又准确的定位。而细读本篇，我们可以发现它也的确当得起李世民的称颂；孙子对"虚""实"之间辩证关系的认识和把握，毫无疑义已进入了出神入化的境界。既讲清楚了虚实的核心，又说明白了运用虚实的手段，还解释透了转化虚实的条件，可谓是包举无遗，剔精抉微。

知道"虚实"，目的是为了转化和运用"虚实"，而转化和运用"虚实"，在于要找到走得通的途径，拥有管用的手段。孙子认为，这手段说复杂也复杂，说简单也简单，万变不离其宗，一句话"避实而击虚"。要打赢仗，窍门是让自己处于"实"而让对手踞于"虚"。正如《管子·兵法》所讲的，善于指挥打仗的统帅，总能让对手处于无可奈何的尴尬境地，就像双脚踩在虚空当中，全身上下使不出一点劲；就像同影子搏斗，忙活半天全是白费力气。然而构成虚实的因素不是一成不变的，它需要指挥员去发现，去创造，去把握。而实现这一步骤的有效途径，则是在军事行动中努力做到“避实击虚”，完成敌我虚实态势的转变。如此，“致人而不致于人”的意图便得到了具体的落实，克敌制胜就有了充分的保证。

“避实击虚”，主要指在用兵打仗时，要避开敌人的强点，攻击敌人虚弱却又是性命攸关的部位，牵一发而动全身。使得敌人欲守不得，欲战不能，进退失据，在劫难逃。这一点很重要，即“虚”不是单纯的虚弱，如果只是单纯的虚弱，而与战略全局不发生关系，那么即便攻击成功，也不能对敌人真正有所伤害，对战略全局产生不了实际的影响。只有打击敌人虚弱但又是要害的地方，方可打蛇打七寸，真正置敌人于死地。就像乌巢之粮草，袁绍军队的守御并不严密，使曹军有机可乘，这是袁绍方面军情上的虚弱之点。然而，军无粮，兵自乱，袁绍一旦丧失了这个后勤资源，那么全军便会陷于彻底的被动，只有失败的前景在等着他。所以乌巢之粮草的有无对袁绍来说又具有致命的意义，既是弱点所在又是要害所在。曹操出其不意一把大火烧了乌巢粮草，就完全掌控了整个战局，为赢得官渡之战奠定了基础。这才是“避实击虚”原则的高明理解和巧妙运用。《管子·制分》有言：“攻坚则轫，乘瑕则神。攻坚则瑕者坚，乘瑕则坚者瑕。”其义相同。

可见孙子所说的通过“避实击虚”来争取作战主动权，重点表现为对攻击目标、攻击方向的选择上，力求从根本上调动对手，制服敌人。所以他说：“出其所不趋，趋其所不意。行千里而不劳者，行于无人之地也。攻而必取者，攻其所不守也；守而必固者，守其所不攻也。”又说：“进而不可御者，冲其虚也。”在他看来，只要在作战目标以及方向选择上贯彻了“避实而击虚”的方针，那么就等于有了主动权，就可以达到“善攻者，敌不知其所守；善守者，敌不知其所攻”的目的了。

故形人而我无形[1]，则我专而敌分[2]；我专为一，敌分为十，是以十攻其一也[3]。则我众而敌寡，能以众击寡者，则吾之所与战者约矣[4]。吾所与战之地不可知[5]，不可知[6]，则敌所备者多，敌所备者多，则吾所与战者寡矣。故备前则后寡，备后则前寡，备左则右寡，备右则左寡；无所不备[7]，则无所不寡。寡者[8]，备人者也；众者[9]，使人备己者也。

［注释］

[1] 故形人而我无形：意谓使敌人显露实情而我方却能隐蔽真形。形人，使敌人现形。形，此处作动词，显露的意思。我无形，即我方无形迹，形，在此处为名词。此句汉简本作“故善将者，形人而无形”。 [2] 我专而敌分：杜佑注：“我专一而敌分散。”专，专一、集中，此处指集中兵力。分，分散兵力。 [3] 是以十攻其一也：言我在局部上对敌拥有以十击一的绝对优势。 [4] 吾之所与战者约矣：梅尧臣注：“以专击分，则我所敌少也。”约，少、寡的意思。杜牧注：“约，犹少也。” [5] 吾所与战之地不可知：

“举一反三”“触类旁通”是孙子思维方式的显著特征。他在肯定集中兵力重要性的同时，也深刻揭示了分散兵力的危害性，给所有的战争指导者敲响了警钟。他认为，在兵力部署上如果不分主次方向，平均使用力量，单纯企求“无所不备”，到头来势必形成“无所不寡”，不能实现“我专而敌分”的意图，也就失去了“避实击虚”主动地位的物质基础。据此，孙子一再语重心长地提醒战争指导者要避免犯“以一击十”“以少合众”这一类分散兵力的错误。因为那样做是彻头彻尾的“败之道”，到头来一定会覆军杀将、自取其辱！

言我准备与敌作战之战场地点敌无从知晓。所与战之地，指所准备与敌交战的地点。 [6] 不可知：以下四句意谓我欲战之地敌既无从知晓，则不得不多方防备，如此，则敌之兵力势必分散；敌兵力既已分散，则与我局部交战之敌就寡弱有限，较为容易被战胜了。 [7] 无所不备：以下两句言倘若不分主次平均使用力量，处处设防，必然是处处兵力寡弱，陷入被动。汉简本作“无不备者无不寡”。 [8] 寡者：以下两句是说敌方兵力之所以相对薄弱，在于分兵备敌。张预注：“所以寡者，为兵分而广备于人也。” [9] 众者：以下两句是说我方兵力之所以占有相对优势，是因为迫使敌人分兵备战。张预注：“所以众者，为势专而使人备己也。”

[点评]

要想实现“避实击虚”，集中优势兵力，在全局或局部上造成“以镒称铢”的有利态势，各个歼灭敌人，乃是不可忽略的环节。

俗话说“双拳不敌四手”。在体力、功夫等其他条件相差无几的情况下，一个壮汉同时与两三个甚至更多的壮汉开打，往往要吃亏，不免头破血流、鼻青脸肿，这是一般的常识。

用兵打仗的道理当然要比拳脚相加的打斗来得深奥复杂许多，不过在有些方面两者之间却有一定的相通之处。“人多练众”，作战双方谁拥有优势的战场地位，谁就能拥有军队行动的主动权，这乃是古今中外战争中的一条重要规律。大体而言，两军对阵交锋，凡兵力薄弱、指挥笨拙的一方，一般情况下，总是比较的被动，总是玩不过人家。所以，古往今来的军事家们很自然地提出了“众寡分合”的著名命题。所谓“众寡”，就是兵力的对比问题；所谓“分合”，就是指兵力的部署使用问题。两者的核心所在，就是要集中兵力，在全局或局部上造成优势，分一为二，避实击虚，各个击破敌人。

孙子是中国历史上第一个重视并系统阐述“众寡分合”作战原则的兵学大师。在《谋攻篇》中，他明确强调“识众寡之用者胜”，把这看成是“知胜有五”的一项重要因素。这里的“众寡”，当然是指兵力的多少，而“用”则是指兵力的运用，也即《军争篇》中所说的“分合为变”。孙子认为，要确保掌握主动权，使胜利的天平朝着自己一方倾斜，就必须按照“避实击虚”的原则，在战场交锋时集中优势兵力，给敌人以毁灭性的打击。为此，他在本篇中反复阐发了集中兵力对于达到“避实击虚”效果的重要性，并一再提出怎样集中优势兵力的种种主张：“并力”“我专为一”，从而达到“以众击寡”的目的。

兵力的大小与兵力的集中分散，并不是同一回事情。在总体上说，兵力对比虽然占优势，但是在具体作战过程中也极有可能因兵力部署的分散而丧失优势；反之，尽管兵力在总体上占劣势，但也有希望通过相对集中而形成局部上的优势。这说明，集中兵力是有一定条件的，从主观上说，敌我双方谁也不傻，都力求集中兵力，千方百计追求战场上的优势。然而能不能实现这个初衷，则取决于指挥员主观能动性能否得到充分的发挥，这叫做“贤者识其大，不贤者识其小”。换言之，必须通过高明的指挥，使我方兵力集中而敌人兵力分散，这才是集中兵力的症结关键。

孙子不愧为杰出的军事理论家，在“众寡之用”问题上，他既肯定集中兵力的意义，提倡“以十击一”；又积极探讨如何在战争活动中，通过对“分合为变”等手段的运用，来达到集中兵力、掌握主动的目的。

孙子认为集中兵力的关键，在于最大限度地发挥主观能动作用，善于创造条件，捕捉战机。从战术上讲，就是要做到“形人而我无形”，使敌人显露实情而我军不露任何痕迹，即敌人在明处作靶子，我方在暗处施算计。他进而论说道，这样一来，我军兵力就可以集中而敌人兵力却不得不分散。通过调动敌人，来使我方的兵力集中在一处，而让敌人的兵力分散在十处。于是，集中兵力的意图即得以实现，我方便能以十倍于敌的兵力去进攻敌人了，从而造成我众而敌寡的有利态势。而能做到集中优势兵力攻击劣势之敌，“则吾之所与战者约矣”，出现“吾所与战者寡”的局面，使得敌人原先的“四手”变成“双拳”，使得自己原先的“双拳”变成“四手”。基于这样的想法，孙子非常乐观地表示了必胜的信心，“胜可为也。敌虽众，可使无斗”“越人之兵虽多，亦奚益于胜败哉”！

“前孙子者，孙子不遗；后孙子者，不能遗孙子”。孙子集中兵力，“以镒称铢”的作战指导思想对后世兵家的影响是十分明显的。他们一方面充分肯定集中兵力的军事学术价值，如《淮南子》的作者就曾用形象的比喻来说明这层道理：五个手指头轮番敲打，不如握紧拳头狠命一击；一万个人逐个轮番冲锋，不如一百个人一拥而上（参见《淮南子·兵略训》）。而《百战奇法·形战》则更明确指出“以众击寡，无有不胜”。另一方面，他们也高度重视运用“分合为变”的手段，来达到避实击虚、集中兵力的目的，“设虚形以分其势”，造成“敌势既分，其兵必寡；我专为一，其卒自众”（《百战奇法·形战》）的有利态势，牢牢掌控住作战的主动权。

故知战之地[1]，知战之日，则可千里而会战。不知战地[2]，不知战日，则左不能救右，右不能救左，前不能救后，后不能救前，而况远者数十里，近者数里乎？以吾度之[3]，越人之兵虽多[4]，亦奚益于胜败哉[5]？故曰：胜可为也[6]。敌虽众[7]，可使无斗。

《形篇》言“胜可知而不可为”，是就客观规律性立论。指胜利可以预见，但却不可凭主观愿望强求，而必须具备一定的客观物质基础。此处言“胜可为”，乃是就主观能动性立论，即是说当具备一定客观条件时，只要将帅充分发挥主观能动性，就能创造胜利。两者之间并无矛盾。

[注释]

[1] 故知战之地：以下三句是说如能预先了解掌握战场的地形条件与交战时间，则可以奔赴千里与敌交战。汉简本作“知战之日，知战之地，千里而战”。 [2] 不知战地：以下八句张预注：“不知敌人何地会兵，何日接战，则所备者不专，所守者不固。忽遇劲敌，则仓遽而与之战，左右前后犹不能相援，又况首尾相去之辽乎？”所言甚是。 [3] 以吾度之：度，估计、推测的意思。《诗经·小雅·巧言》：“他人有心，予忖度之。”成语有“审时度势”。武经本“吾”作“吴”，赵注本同，且谓作“吾”为非是。张预

注亦云："'吾'字作'吴'，字之误也。" [4] 越人之兵虽多：越人之兵，越国的军队。春秋时期，晋、楚长期争霸，晋拉拢吴以牵制楚国，楚则如法炮制，利用越来抗衡吴国，吴、越之间多年征战不已，两国遂为世仇。孙子为吴王论兵法，自然要以越国为吴的主要假想作战对象。 [5] 亦奚益于胜败哉：奚，何、岂、哪能够。益，帮助、补益。于，对于。汉简本作"……□□胜（哉）"，无"败"字，武经本亦无，樱田本、平津馆本及赵注本等亦皆无。 [6] 胜可为：为，造成、创造、争取的意思。汉简本作"胜可擅也"。 [7] 敌虽众：以下两句言敌人虽多，但只要创造条件，就能够使它无法同我较量。

[点评]

孙子"避实击虚"以争取主动的原则，还表现为对攻击时机的把握上。其基本的指导思想是，避免同正处于士气高涨、斗志旺盛阶段的敌人作正面的交锋，而要通过各种手段瓦解敌人的士气，消磨敌人的斗志，使得它失去锐气，显现虚弱之象，尔后乘虚蹈隙，实施突然而凌厉的打击，夺取战争的胜利，即所谓"善用兵者，避其锐气，击其惰归"。首先要把握的就是，"知战之地"与"知战之日"。

"知战之地"与"知战之日"，即察知战场地理，了解战场天候。并采取"策""作""形""角"等手段，全面掌握敌情。孙子认为，要贯彻"避实而击虚"的作战方针，争取"致人而不致于人"，就需要掌握各种情况，从中分析利弊，制订正确的对策，这样就可以"千里而战"，保存自己，消灭敌人了。

在孙子看来，军事指挥员所应了解和掌握的情况概略言之有两大类，一是天时地理，即“知战之地”“知战之日”；二是敌情。一般情况下，第二类情况比较难以了解。为此，孙子着重论述了了解和掌握敌情的方法，“策之而知得失之计，作之而知动静之理，形之而知死生之地，角之而知有余不足之处”。应该说，这是非常具体而又行之有效的方法。它能够保证我方及时、全面掌握敌人的作战计划、活动规律、作战部署、强弱环节，为我方定下作战决心、制订作战计划、“避实击虚”提供客观根据，从而确保在作战中牢牢掌握战争主动权，实现“致人而不致于人”的目标。

孙子指出，如能预知交战的地点，预知交战的时间，那么即使跋涉千里也可以去同敌人会战。不能预知在什么地方打，不能预知在什么时间打，那么就会导致左翼救不了右翼，右翼救不了左翼，前面不能救后面，后面不能救前面的情况，何况想要在远达数十里，近在数里的范围内做到应付自如呢！

孙子按照上述原则作出进一步分析指出：越国的军队虽多，但对于取得战争的胜利又有什么补益呢？所以说，胜利是可以造就的，敌军虽多，可以使它无法同我较量。

这段话的意思，还是在说“先处战地”和争夺战场主动权。这种“先处战地”其实是在己方成功实施“致人之术”之后，已经能够充分掌握决战地点、掌握战场的时空条件，因而能够取得胜利。

“以吾度之……”这段话，应该还是孙子自得之处的感叹之辞，读到这里感觉《孙子兵法》这部兵书更像是吴、越兼并之时，作者在帮吴国出点子想办法写就。春秋前中期，争霸是主旋律，到了春秋后期，则是以兼并为主旋律。晋楚争霸是春秋前中期争霸史的主旋律，吴越兼并则是春秋晚期兼并的主旋律。他们之间既有国恨，更带家仇，兼并战争尤显惨烈。吴越之间兼并的惨烈状况从《史记》《国语》等多部史书中均可以窥见大致面貌。东汉赵晔所著《吴越春秋》虽有渲染之嫌疑，被讥为“小说家言”(《四库全书总目》)，但也部分反映了一个史实：吴越之间的兼并历史，情节曲折跌宕，耗时旷日持久，结果耐人寻味，诚可作为家国复仇的典型案例载入史册。

其中“吾”，赵注本作“吴”，钮先钟认为，以“吴”字更佳(《孙子三论：从古兵法到新战略》)，其实用“吾”也是表示了揣度、衡量越人的意思。赵注本改为“吴”字可能系妄改。钮先钟说武经本作“吴”，显然也是说错了。武经本其实也作“吾”。

这段话，有不少人将其作为插入语，认为是后人添加进去的。主张《孙子兵法》为战国成书的研究专家多半是如此判断，事实怕是未必如此。我曾在《光明日报》“史学”版撰文指出，《孙子兵法》中体现出较为浓厚的吴文化特征，从书中体现的军队编制特点、所论地形特点、诡诈的用兵原则等等都可以看出这些。十三篇中有两处出现这种“吴越争霸”的字眼，显然也是吴文化特征的明证。当然，《孙子兵法》同时也表现出与传统齐兵学的深厚渊源。这应该和孙武在齐地出生长大，又到吴国建功立业有着直接的关系。

故策之而知得失之计[1]，作之而知动静之理[2]，形之而知死生之地[3]，角之而知有余不足之处[4]。故形兵之极[5]，至于无形。无形，则深间不能窥[6]，智者不能谋。因形而错胜于众[7]，众不能知；人皆知我所以胜之形[8]，而莫知吾所以制胜之形[9]。故其战胜不复[10]，而应形于无穷[11]。

［注释］

[1] 策之而知得失之计：策，筹算，策度，用筹策计算。《老子》第二十七章："善数，不用筹策。"得失之计，敌计之优劣得失。此句张预注："筹策敌情，知其计之得失。"甚是。 [2] 作之而知动静之理：此言我挑动敌人藉以了解其活动的一般规律。作，兴起，这里是挑动的意思。动静之理，指敌人的活动规律。 [3] 形之而知死生之地：言以示形于敌的手段，来了解敌方的优劣环节。形之，以伪形示敌。死生之地，指敌人之优势所在或薄弱致命环节。地，同下句"处"，均非实指战地。 [4] 角之而知有余不足之处：角，较、量、校量。曹操注："角，量也。"又，王皙注："角，谓相角也。角彼我之力，则知有余不足之处。"有余，指实（强）之处。不足，指虚（弱）之处。张预注："有余，强也；不足，弱也。角量敌形，知彼强弱之所。" [5] 故形兵之极：以下两句意谓我示形佯动臻于完善，则形迹俱无。汉简本无"故"字。形兵，指部署过程中的伪装佯动。 [6] 深间不能窥：以下两句言示形佯动达到最高境界，则敌之深间也无从摸测底细，聪明的敌人也束手无

策。汉简本“不”作“弗”,“窥”借作“规”,且句末有“也”字。汉简本“智”作“知”,“不”作“弗”,句末有“也”字。间,间谍。深间，指隐藏极深的间谍。窥，刺探、窥视。 [7] 因形：根据敌情而灵活应变。因，由、通过、依靠。错，同“措”，放置、安置的意思。“错”，武经本、平津馆本等作“措”。 [8] 人皆知我所以胜之形：此言人们只见到我克敌制胜的情况。形，形状、形态，此处指作战的方式方法。 [9] 而莫知我所以制胜之形：言众人无从得悉如何克敌制胜的内在奥妙与规律。制胜之形，取胜的奥妙、规律。张预注：“立胜之迹人皆知之，但莫测吾因敌形而制此胜也。”甚是。 [10] 故其战胜不复：取胜的方法不重复，指作战方法随机制宜，灵活机动，不拘一格。复，重复。 [11] 应形于无穷：此句杜牧注：“敌每有形，我则始能随而应之以取胜。”应，适应。形，形状、形态，此处特指敌情。

[点评]

孙子指出，要通过认真的筹算，来分析敌人作战计划的优劣；要通过挑动敌人，来了解敌人的活动规律；要通过佯动示形，来试探敌人生死命脉的所在；要通过小规模交锋，来了解敌人兵力的虚实强弱。

孙子进而就形人之术提出了自己的看法：佯动示形步入最高的境界，就再也看不出什么形迹。看不出形迹，那么即使是深藏的间谍也窥察不了底细，老谋深算的敌人也想不出对策。根据敌情变化而灵活运用战术，即便把胜利摆放在众人面前，众人仍然不能看出其中的奥妙。人们只能知道我用来战胜敌人的办法，但却无从知道我是怎样动用这些办法出奇制胜的。所以每一次取胜，都不是简单的重复，而是适应各种不同的情况，变化无穷。

这一段话的开头，就是四个整齐的排比句，被很多人称为“动敌之法”，其实就是“形人之术”，是配合前面“形人而我无形”展开的。由“策”到“作”，再到“形”，最后再到“角”，钮先钟认为，这四个步骤实则是“在层次上是由浅入深，在时间上是由远而近”(《孙子三论：从古兵法到新战略》)。这是很有见地的分析。因为“策”尚且停留在理论分析阶段，是在庙堂分析和计算，“作”则是采取了一定的行动，“形”则是更为深入，用到了“示形”和“战术欺骗”。在这些招法都不能有效探知敌情之后，那就需要派出一定的部队，与敌军近距离接触，甚至展开角力，以此来探知敌军虚实。赤壁之战中，东吴这边派出甘宁率领小部分水军与曹操交战，得胜归来，由此激发了士气，也探知了曹操水军的战斗力。这其实就是“角”。

当然，在实际运用中，这些“动敌之法”不一定是要按照这个步骤渐次展开，否则就可能拘泥。正确的方法应该是根据实际形势灵活操作，可以选择性展开几项，条件允许时也可以同时展开。

这些“动敌之法”，用今天的眼光打量，其实就是战术侦察。所谓战术侦察，举个简单的例子，在无法搞清前方草丛有无敌军潜伏之时，可以打个冷枪，扔一颗手榴弹，如果有潜伏的敌人可能会被吓唬然后现形。这和孙子“动敌之法”的侦察敌情的方法是一致的。用孙子的这种“动敌之法”侦察敌情，大多数时候都是管用的，只有遇到了像邱少云这样能咬牙坚持的，才可能遭到失古人将金、木、水、火、土视为组成一切物质的最基本要素。始有“相生说”，而后有“相胜说”，不论“相生”抑或“相胜”，五行间的关系是固定的。另外，当时还有“五行不常胜”说，乃墨家后学的观点。《墨子·经说下》云：“五行毋常胜，说在宜。”其含义是五行相遇固不免相胜，但并非一定不移。《墨子·经说下》：“五合：水土火。火离然。火烁金，火多也。金靡炭，金多也。”就是无“常胜”之意。《孙子兵法》云“五行无常胜”，意近墨家兵学“无常胜”之说。这或许表明《孙子兵法》一书有后人增附的现象。

败。所以我们至今仍然需要认真学习这种侦察术，它是孙子丰富系统的情报思想的一个重要组成部分。虽然说具体的作战环境、作战方式都发生了根本性改变，但基本原理和基本方法仍然具有启示意义。

《虚实篇》的“形人之术”和“致人之术”是非常精彩的。孙子更多探讨的是一些原则性问题。至于如何在战场上的具体运用，孙子讨论较少。这是因为整体而言，孙子大多讨论的是战略和权谋这种较高层次问题。从这个角度而言，很多人把《孙子兵法》视为“兵权谋”的第一家也是未尝不可。

此外，孙子对“形人之术”的境界追求是：在做到“形人”的同时，保持自己的“无形”。需要看到的是，在这段话中，“形”字多次出现，显然是一个关键字眼。“形兵”的最高境界是“无形”，显然是针对保守军事机密而言。这些论述，按照今天的标准来看，其实就是孙子的反情报思想。但是，“因形而错胜”一句则已经不再停留在情报层面了，而是就战术机动而言。高明的指挥员就必须要善于根据战场形势灵活处置，善于变化。只有这样，才可以做到“应形于无穷”，让对方无机可乘，己方则可以保持不败之地。

夫兵形象水[1]，水之形[2]，避高而趋下；兵之形[3]，避实而击虚。水因地而制流[4]，兵因敌而制胜。故兵无常势[5]，水无常形，能因敌变化而取胜者[6]，谓之神。故五行无常胜[7]，四时无常位[8]，日有短长[9]，月有死生。

［注释］

[1] 兵形象水：言用兵的规律如同水的运动规律一样。兵形，用兵打仗的方式方法，也可以理解为用兵的一般规律。 [2] 水之形：以下两句是说水的活动趋向是避开高处流向低洼之地。俗语有“人往高处走，水往低处流”。水之形，水的活动形态。汉简本作“水行”，《群书治要》卷三三、《通典》卷一五八与《太平御览》卷二七〇引亦并作“水之行”。孙校本亦谓作“形”为误。按：《孙膑兵法・奇正》有云：“行水得其理，漂石折舟。”是兵家以水喻兵多言“行”。且“避高而趋下”乃言水之性也，而非言其形也，故以作“行”于义为长。 [3] 兵之形：以下两句言用兵的原则是避开敌人坚实之处，攻击其空虚薄弱且又关键重要的地方。汉简本作“兵胜辟（避）实击虚”。 [4] 水因地而制流：以下两句意谓水之流向受地形高低不同的制约，作战中的取胜方法则依据敌情不同来决定。制，制约、决定。制流，汉简本作“制行”。《文选・求自试表》《西征赋》《张景阳杂诗》《赵充国颂》《褚渊碑文》注文引亦皆作“行”。《群书治要》卷三三与《北堂书钞》卷一一三并同。而《通典》卷一五六与一六一两引则均作“形”，《太平御览》卷二七〇亦作“形”。是《孙子兵法》故书本作“行”，至唐宋而有“形”“流”之异。制胜，制服敌人以取胜。 [5] 兵无常势：以下两句言用兵打仗无固定刻板的态势或模式，犹如流水一样并无一成不变的形态。常势，固定永恒的态势。势，态势，《易・坤卦》：“地势坤，君子以厚德载物。”形，一成不变的形态。汉简本无“水”字，作“兵无成（势），无恒刑（形）”。 [6] 能因敌变化而取胜者：以下两句意谓若能依据敌情变化而灵活处置以取胜，则可视之为用兵如神。张预注曰：“兵势已定，能因敌变

动，应而胜之，其妙如神。”此句汉简本作“能与敌化之胃神”，《文选·求自试表》注引同。《通典》卷一六一“因”作“随”。《群书治要》卷三三与《太平御览》卷二七〇引并同汉简本作“与”。《通典》卷一五八引此“神”下又有“势”字。 [7] 五行无常胜：意谓金、木、水、火、土“五行”相生相克无定数。汉简本无“故”字，“常”作“恒”。 [8] 四时无常位：此言春、夏、秋、冬四季推移变换永无止息。四时，指春、夏、秋、冬四季。常位，固定不变的位置。汉简本“位”作“立”，古通。武经本中“常”作“恒”。 [9] 日有短长：以下两句意谓白昼因季节变化而有长有短，月亮因循环往复而有盈亏晦望。日，白昼。死生，月亮循环往复之“生霸”和“死霸”，通指月亮运转时盈亏晦明之变化。“霸”字亦作“魄”，是月之光明。生霸是指月生光明，死霸是指月亮由明转晦。古人将每个月之月相变化，顺次称作为：初吉，即生霸；既望，即死霸。详可见王国维《生霸死霸考》（载王国维《王静安先生遗书》；又，清俞樾亦作《生霸死霸考》）。此处《孙子兵法》言五行、四时及日月变化，含义均如曹操注所云：“兵无常势，盈缩随敌。”“死生”下，汉简本又有“神要”二字，其他各本皆无。

［点评］

孙子强调指出：“兵无常势，水无常形，能因敌变化而取胜者，谓之神。”意思是说，高明的作战指导者在对敌作战过程中，要切忌僵化保守，拘泥成法，而必须根据敌情的变化，随时调整兵力部署，改变作战方式，始终保持主动：“水因地而制流，兵因敌而制胜。”在孙子的观念中，唯有“因敌而制胜”，方可排除干扰，顺利实施“避实而击虚”的作战指导，真正做到“致人而不致于人”，驾驭“虚实”、运用“虚实”、转化“虚实”，由用兵的“必然王国”进入用兵的“自由王国”。

在中国古代战争史上，战争指导者遵循孙子“致人而不致于人”的原则，善于集中兵力、以镒称铢、避实击虚、化弱为强而打胜仗的情况不胜枚举。后金开创者努尔哈赤大汗勇破明军的萨尔浒之战，就是其中非常典型的一例。

明朝后期，女真人在白山黑水之间悄然兴起。他们在自己杰出的领袖努尔哈赤的统率下创建政权，发展实力，渐渐成了气候，开始对明王朝构成一定的威胁。明王朝意识到了这种危险，就想通过武力手段将后金这个地方政权扼杀于摇篮之中，于是纠集部队，把战争提上议事日程。

明神宗万历四十七年（1619）二月，明辽东经略杨镐指挥二十万大军（明军人数有多种说法，这仅是较为通行的一种），兵分四路，浩浩荡荡、气势汹汹地向后金政权的都城赫图阿拉（今辽宁新宾老城）合围而来，企图一举荡平后金势力。当时努尔哈赤麾下的后金八旗兵马才区区六万之众，与来犯的明军相比，众寡悬殊自不待言，处境危急一目了然。然而，努尔哈赤却临危不惧，从容镇定，掷地有声说出一句名言：“凭尔几路来，我只一路去。”决心用高度集中兵力的策略，避实击虚，快速机动，各个击破来犯明军。

三月初一，努尔哈赤设伏于萨尔浒山谷，首先一举歼灭了突出冒进的杜松所率明主力西路军。接着，连夜转移兵力，于第二天早晨将进抵萨尔浒山西北的明北路马林军分割包围，痛加聚歼。尔后，努尔哈赤迅速移兵南下，采取诱敌轻进、设伏伺击的打法，对推进至北距赫图阿拉五十里处的明南路刘军綎给予毁灭性的打击，并逼降了协同明南路军作战的朝鲜李氏王朝的部队。明军总指挥杨镐眼睁睁看着北、西、南三路丧师折将，顿足捶胸，欲哭无泪，哀叹大势尽去，赶紧下令行动迟缓的明西南路军李如柏部调转马头，火速撤退，这才幸免于全军覆没。这场关系到辽东地区归属和后金政权生死存亡的大战就这样画上了句号。努尔哈赤赢得可圈可点，明朝军队输得无话可说。

后金八旗劲旅之所以取得萨尔浒之战的辉煌胜利，关键就在于其统帅努尔哈赤领会了孙子“众寡”“分合”思想的精髓，坚定不移地贯彻了“我只一路去”的原则，高度集中兵力，神速机动，各个聚歼。这一史例，从一个侧面显示了孙子集中兵力、避实击虚作战指导原则的强大生命力。

“避实而击虚”、集中优势兵力破敌，等等，都是为实现“致人而不致于人”，争取作战主动权的具体手段。所以它们不仅适用于古代、近代战争，而且也同样适用于现代战争，甚至未来战争。因为非常简单的道理，主动权始终是决定两军相争中生死存亡、胜负成败的关键。正如毛泽东在《论持久战》中所指出的那样，主动权“是军队行动的自由权，是用以区别于被迫处于不自由状态的。行动自由是军队的命脉，失去了这种自由，军队就接近于被打败或被消灭”。这一针见血地道出了《虚实篇》的妙谛，不愧为孙子的异代知音！

军争篇

孙子曰：凡用兵之法，将受命于君，合军聚众[1]，交和而舍[2]，莫难于军争[3]。军争之难者，以迂为直[4]，以患为利。故迂其途而诱之以利[5]，后人发[6]，先人至，此知迂直之计者也[7]。

［注释］

[1] 合军聚众：意谓征集民众，组织军队。梅尧臣注："聚国之众，合以为军。"合，聚集、集结。《诗·大雅·民劳》郑玄笺："合，聚也。" [2] 交和而舍：意谓两军剑拔弩张对垒而处。交，接、接触。《易·泰卦》："天地交而万物通也。"和，和门，即军门。曹操注："军门为和门。"交和，曹操注："两军相对为交和。"《战国策·齐策一》："与秦交和而舍。"舍，止、止宿。 [3] 莫难于军争：于，比。军争，两军争夺制胜条件，即有利的态势和先机之利。 [4] 以迂为直：以下两句张预注："变迂曲为近直，转

患害为便利。”甚是。迂，曲折、迂远。《史记·河渠书》：“北渡迂兮浚流难。”直，近便的直路。《诗·小雅·大东》：“周道如砥，其直如矢。” [5] 故迂其途而诱之以利：前句就我而言，此句则就敌而言。军争时既要使己“以迂为直，以患为利”，也要善于使敌以直为迂，以利为患。而达到这一目的，在于以利引诱敌人，使其行迂趋患，陷入困境。“其”“之”均指敌人。迂，此处用作使动。 [6] 后人发：以下两句意谓比敌人后出动，却先抵达目的地。《荀子·议兵》：“上得天时，下得地利，观敌之变动，后之发，先之至，此用兵之要术也。”汉简本“至”下有“者”字。 [7] 此知迂直之计者也：知，这里是掌握的意思。计，这里是方法、手段的意思。

[点评]

军争，指两军争利争胜，即敌我双方争夺取胜的有利条件——有利的战地和战机。曹操注曰：“两军争胜。”李筌注曰：“争者，趋利也。虚实定乃可与人争利。”王晳注：“争者，争利。得利则胜。”张预注：“以军争为名者，谓两军相对而争利也。先知彼我之虚实，然后能与人争胜，故次《虚实》。”以上各家注均符合孙子的本旨。汉简篇题木牍上《军□》列在《实虚》之前，当非《孙子兵法》一书本来次序。又，樱田本篇题作《争》。按，篇内多处言及“军争”，且张预注亦云“军争”，故篇题当有“军”字，樱田本未可从。

本篇主要论述在一般情况下夺取制胜条件的基本规律，其中心思想是如何趋利避害，保证军队在开进和接敌运动过程中，争取先机之利，力争掌握战场的主动权，立于不败之地。孙子十分重视对有利作战地位的争取，并从辩证思维的高度，论证了“军争”的有利面和不利面，主张要善于做到“以迂为直，以患为利”。强调做好对军争充分的了解和准备，即察知“诸侯之谋”，得“山林、险阻、沮泽之利”与重“用乡导”。在争夺主动权的过程中，孙子要求指挥者坚持和运用“兵以诈立，以利动，以分合为变”的原则，做到“悬权而动”。孙子还充分重视统一号令的意义，提倡军队进退攻守必须具备明确的标识和要求。为了对确保战争主动权的掌握，孙子主张在军队行动过程中，贯彻“四治”的具体要求，其中“避其锐气，击其惰归”的主张，已成为著名的军事原则，为后人所重视和广泛运用。本篇结尾处，孙子归纳总结了八条“用兵之法”。这些原则，从总体来看，大都经受住了历史的检验，成为我国优秀军事文化传统中的重要精神内核。

众所周知，两点之间最短的距离是直线。但如果直线之间隔了一条河，你只能往上游走，看看能否发现一座桥，或往下游走，找一处水浅的地方涉水过河。否则你就永远无法过河，到不了彼岸。这表面上是多付出，多投入，实际上恰恰是走近路。这就是化迂为直，以迂为直。所以，孙子的“迂直之计”是一条非常辩证且富有启发性的原则。可见，在孙子那里，“迂直”是一对非常重要的范畴。“迂”的本义是迂回、曲折，和“直”构成一对反义词。在这里，我们不妨简单把迂、直都视为距离的远近。针对作战地点，如果采用的是“迂”，那就是把行军路线变远了。如果采用的是“直”，那就是把行

“军争为利，军争为危”。这其中，孙子重点讨论的是“危”。为什么会这样？因为在孙子看来，“利”的一面，众人皆知，不必赘述。相对而言，“危”的一面，更容易被人们所忽视，所以要花费笔墨继续深入。这其实也是“两点论”和“重点论”的统一。所谓“两点论”，是孙子充分认识到事物的两面性，这其实就是“杂于利害”的用兵原则。所谓“重点论”，就是孙子不会面面俱到，只是选取在他看来更为重要的内容进行阐述。孙子的深刻与高明，于此可见一斑！

军路线拉近了。通常情况下，在人们的眼里，“迂”总是绕道，多花了一些力气，而“直”则是抄近路，少花力气。但是在孙子眼里，并不是把事情看得这么简单。孙子认为，如果一味抄近路、省力气，反倒会给战局带来一些负面效应。如果真正懂得战争，有的时候部队跑得是慢，花了更大的力气和代价走了远路，却可以找到一个敌人意想不到的进攻点，给敌人以出其不意的打击，从而收到奇效。当然，这在战场上是较难实现的。所以说，军争之难，难在“以迂为直，以患为利”。

对普通人来说，了解“军争”的有利面并非太困难的事情，然而能懂得“军争”的不利处，却为数寥寥。所以孙子在篇中着重指出了争夺先机之机不当而可能引起的后果，分别列举了“百里而争利”“五十里而争利”以及“三十里而争利”、一味蛮干的危害。这表明孙子的论述，既照顾了全面，又突出了重点。孙子是真正把握用兵精髓的思想巨人。

战国时期赵国名将赵奢率军大破秦师的阏与之战，可谓历史上成功运用孙子“迂直之计”的光辉典范。在这次作战中，赵奢“以迂为直，以患为利”，避开强秦的兵锋，越过险阻，轻装急进，神速地抢先占据了有利阵地北山，取得了作战的主动权，夺得胜利，使秦国蒙受了一次战国以来少有的严重挫折。所以，此战后来也被作为“示缓而先据要地”取胜的成功战例，对孙子的“军争”理论作出了实战诠释。

故军争为利[1]，军争为危。举军而争利则不及[2]，委军而争利则辎重捐[3]。是故卷甲而趋[4]，日夜不处[5]，倍道兼行[6]，百里而争利，则擒三将军[7]，劲者先[8]，疲者后，其法十一而至；五十里而争利[9]，则蹶上将军，其法半至[10]；三十里而争利[11]，则三分之二至。是故军无辎重则亡[12]，无粮食则亡，无委积则亡。

[注释]

[1] 军争为利：以下两句言军争既有有利的一面，也有不利的一面。梅尧臣注："军争之事，有利也，有危也。"武经本、平津馆本作"众争为危"。郑友贤《遗说》与赵注本、樱田本亦作"众争"，《通典》卷一五四引文并同。梅尧臣注下有云："一本作'军争为利，众争为危'。"为，这里作"是""有"解。《孟子・滕文公上》："将为君子焉，将为野人焉。"赵岐注："为，有也。" [2] 举军而争利则不及：言若仅看到军争有利的一面而携带全部装备辎重去争夺，则必为装备辎重所累，行动迟缓，不能及时赶到预定地点。梅尧臣注："举军中所有而行则迟缓。"举军，带着所有装备辎重行动。 [3] 委军而争利则辎重捐：意谓如果丢下装备辎重轻兵捷进，则装备辎重将会受到损失。梅尧臣注："委军中所有而行则辎重弃。"委，舍弃、丢弃。辎重，包括军用器械、营具、粮秣、服装等。捐，弃、损失。 [4] 卷：收、藏的意思。《论语・卫灵公》："邦有道则仕，邦无道则可卷而怀之。"刘宝楠正义："卷，收也。" [5] 日夜不处：夜以继日，不得休息。处，可解作"止""息"，见《说文》。 [6] 倍道：行程加倍。兼行：日夜不停地进军。 [7] 则擒三将军：意谓若奔赴百里，一意争利，

则三军的将领会成为敌之俘虏。擒，俘虏、擒获。三将军，指上、中、下三军的主帅。各本皆作“三将军”，唯《诸子菁华录·孙子》谓此乃传写之误，应作“三军将”。 [8] 劲者先：以下三句意谓士卒强壮者先到，疲弱者掉队，这种做法的结果，只有十分之一的兵力能够到位。汉简本作“十一以至”。十一，即什一、十分之一。 [9] 五十里而争利：以下两句言奔赴五十里而争利，则前军将领会受挫折。蹶，失败、损折。上将军，指前军、先头部队的统帅，贾林注：“上犹先也。”“上将军”，《菁华录》谓应作“上军将”。汉简本无“军”字，作“厥（蹶）上将”，张预注：“蹶上将，谓前军先行也。”《史记·孙子吴起列传》“孙子谓田忌曰：‘……兵法，百里而趋利者蹶上将。’”所引亦皆称“上将”，而无“军”字。 [10] 其法半至：通常的结果是部队只能有半数到位。 [11] 三十里而争利：以下两句言奔赴三十里以争利，则士卒也仅能有三分之二到位。 [12] 军无辎重则亡：以下三句张预注曰：“无辎重则器用不供，无粮食则军饷不足，无委积则财货不充，皆亡覆之道。”甚是。委积，泛指物资储备。《周礼·地官·遗人》：“掌邦之委积，以待施惠。”郑玄注：“少曰委，多曰积。”

［点评］

孙子的高明之处，就在于他能对战争问题始终以辩证眼光看待。《军争篇》，很多人当作是“争夺先机”，这固然不假，但有不少人把行军速度和争夺先机简单等同起来，怕是对孙子的误解。关于《军争篇》，有不少人把它理解成“看谁跑得快”（李零《唯一的规则——〈孙子〉的斗争哲学》），这可能是把孙子的意思曲解了。孙子如果简单地讲“看谁跑得快”，那他就不会讲“以迂为直，以患为利”这种军争之难了。在我们看来，《军争篇》即便是讲行军问题，也一定不是讲“看谁跑得快”，而是讲“看谁更会跑”。

“会跑”和“跑快”完全是两个概念。长跑爱好者都知道，在长跑过程中，如果是一味追求速度，五公里或十公里的距离就很难坚持下来，很快就会把力气耗尽，无法继续坚持。但是会跑的人就不一样，他知道如何在这个过程中合理分配体力，起步阶段可能会放慢节奏，不和别人拼速度，等到身体适应之后，熬过极限之后，再慢慢把速度提上去，这样就可以在长跑运动中取得更好的成绩。这就是“会跑”和“跑快”的区别。二者之间存有境界高低的差别，而且差别很大。一味跑快，大抵只能算是一个莽汉，毫无计谋，毫无成算。

战争谋划也是这样。在魏蜀战争中，邓艾抄远路，找到了一条意想不到的小路，固然花了很多时间和力气，却给了蜀军以致命一击。钟会是堂堂正正过去，进军速度固然神速，却因为姜维他们早有准备，把战略要地早早占据，钟会大军纵然有猛将如云，可就是无法越过天险。正是这个缘故，邓艾比钟会更会跑。遗憾的是，钟会后来嫉妒邓艾之功，把会跑的邓艾整死了。我们看《智取华山》这部电影也知道，拿下华山靠的也是“以迂为直，以患为利”。战士们在行军和攀越天险的过程中耗费了巨大的代价，才能最终找到一条敌人意想不到的路线，出其不意，攻其无备，最终取得了战争胜利。

孙子其实是反对一味求速的。孙子讲到了三种行军方案，吴如嵩先生称之为“强行军、急行军、常行军”

(《孙子兵法新说》)。“强行军”的结果是“十一而至”，也就是说十个战士，只能保证其中一个非常擅长长跑的人到达指定位置，所以结果只能是“擒三将军”。从中也可以看出，孙子不是主张“看谁跑得快”，而是“看谁更会跑”。

孙子所述三种行军模式：“百里”“五十里”“三十里”。这三个数字其实是代表了三种不同的行军速度。吴如嵩先生用今天的军语分别称之为“强行军”“急行军”“常行军”三种行军模式，非常形象易懂。但事实上，这二者之间可能还是存有一些差别。在现代战争中，如果是作战需要，往往的确需要强行军。比如飞夺泸定桥之役，就是依靠强行军。可见强行军在今天不是什么贬义词。但是孙子这里的“百里争利”却是含有贬义的，因为其结果只能是“擒三将军”。这一点需要加以辨别。

另外，需要注意的是，孙子在这里只是用这三个不同的行军速度来表达和论证如何“以迂为直，以患为利”，论证军争之难和军争之法。也就是说所谓“迂直之计”，孙子是借用行军之法来进行论述的。但是，我们必须看到，这个“迂直之计”并不全是行军之法。战略谋划乃至战争进程中，都随时会出现“迂直”，需要我们学会“迂直之计”，也就是辩证对待“以迂为直，以患为利”。

故不知诸侯之谋者[1]，不能豫交；不知山林、险阻、沮泽之形者[2]，不能行军；不用乡导者[3]，不能得地利。故兵以诈立[4]，以利动[5]，以分合为变者也[6]。故其疾如风[7]，其徐如林[8]，侵掠如火[9]，不动如山[10]，难知如阴[11]，动如雷震[12]。掠乡分众[13]，廓地分利[14]，悬权而动[15]。先知迂直之计者胜[16]，此军争之法也。

［注释］

[1] 不知诸侯之谋者：以下两句言如不知诸侯列国的谋划、意图，则不宜与其结交。谋，图谋、谋划。豫，通“与”，参与。《左传》隐公元年：“豫凶事，非礼也。”豫交，即结交诸侯。一说“豫”作“预”，《广雅·释言》：“豫，早也。”亦通。 [2] 沮泽：指水草丛生的沼泽地带。《礼记·王制》：“居民山川沮泽。”孔颖达疏引何胤云：“沮泽，下湿地也。” [3] 乡导：即向导，熟悉当地情况的带路者。 [4] 兵以诈立：此句言用兵打仗当以诡诈多变取胜。《韩非子·难一》：“繁礼君子，不厌忠信；战陈之间，不厌诈伪。”立，成立，此处指成功、取胜，《论语·为政》：“三十而立。” [5] 以利动：言用兵打仗以利益大小为行动准则。《左传》僖公二十二年：“三军以利动也。” [6] 以分合为变：此句言用兵打仗应视不同情况而灵活处置兵力，或分散，或集中。张预注：“或分散其形，或合聚其势，皆因敌动静而为变化也。”分，分散兵力；合，集中兵力。 [7] 其疾如风：意谓行动迅捷，如飘风之疾。张预注：“其来疾暴，所向皆靡。” [8] 其徐如林：此言部队从容推进，行列整肃，犹似森然不乱之林木。徐，舒缓，《左传》昭公二十年：“清浊大小，短长疾徐。” [9] 侵掠如火：攻击敌军恰似烈火之燎原，不可向迩，不可抵御。侵，越境进犯。掠，掠夺物资。侵掠，这里意谓攻击敌军。 [10] 不动如山：言屯兵防守有似山岳之不可撼动。杜牧注：“闭壁屹然不可摇动也。”甚

是。 [11] 难知如阴：言隐蔽真形，使敌莫测，有如阴云蔽日不辨辰象。李筌注："其势不测如阴，不能睹万象。" [12] 动如雷震：张预注："如迅雷忽击，不知所避。" [13] 掠乡分众：言分兵数路以掳掠敌国乡邑。陈皞注："夫乡邑村落，固非一处，察其无备，分兵掠之。" 掠，一说当作"指"。 [14] 廓地分利：此言开土拓境，分兵占领扼守有利之地形。张预注："开廓平易之地，必分兵守利，不使敌人得之。" 廓，开拓、扩展。《尔雅・释诂》："廓，大也。"《方言》："张小使大谓之廓。"《荀子・修身》："狭隘褊小，则廓之以广大。" [15] 悬权而动：言权衡利弊得失而后采取行动。曹操注："量敌而动也。" 即所谓"合于利而动，不合于利而止"。权，原意谓秤锤，这里指衡量、权衡利害关系。《周礼・考工记・弓人》："角与干权。" 郑玄注："权，平也。" 汉简本"悬"作"县"，乃其本字。 [16] 先知迂直之计者胜：张预注："凡与人争利，必先量道路之迂直，审察而后动，则无劳顿寒馁之患，而且进退迟速不失其机，故胜也。" 汉简本"计"作"道"。

[点评]

为了夺取先机之利，孙子要求作战指导者在军队接敌运动过程中，自始至终坚持和贯彻"兵以诈立，以利动，以分合为变"的指导原则，达到这样的理想境界：有利可夺时，军队行动"其疾如风"；无利可夺时，军队行动"其徐如林"。一旦进攻，要像烈火燎原，无坚不摧；一旦防御，要像山岳耸峙，岿然不动。需要隐蔽时，要做到如同阴云蔽天，使敌人无从筹措；需要冲锋时，要做到如同雷霆突鸣，使敌人猝不及防。一切"悬权而动"，唯求所向无敌，战胜强敌。孙子这一作战指导原则，文字不多，但内容精辟。它不但回答了夺取先机之利的条件和主要手段，而且也概括包举了孙子制胜之道的主要内涵和基本特征。所谓“兵以诈立”，是说用兵的根本特征在于诡诈奇谲。不诡诈无以成功，宋襄公式的“仁义”只会导致“覆军杀将”，贻笑天下。短短四字，将军事斗争的属性揭示无遗，真是高屋建瓴，振聋发聩。

所谓“以利动”，说的是从事战争当以利害关系为最高标准。有利则打，无利则止，一切以利益的大小为转移。这实际上反映了孙子的战争宗旨，是其新兴势力功利主义立场在军事斗争原则上的具体体现。

所谓“以分合为变”，指的是孙子制胜之道的重要手段。中心涵义是灵活用兵，巧妙自如地变换战术，或分或合，“悬权而动”，掌握战场主动权。它是“兵以诈立”的必然要求，体现了孙子兵学注重灵活变化，讲求出奇制胜的精神风貌。

孙子这一思想，具有重要的时代意义。这就是它从根本上划清了同“古司马兵法”为代表的旧军礼的界限，正确揭示了军事斗争的基本规律。在中国古代兵学理论发展史上，《孙子兵法》是一次革命性的变革。这种变革的核心，其实便是观念更新。其基本特色就是对西周以来旧的军礼传统的彻底否定。全书上下贯穿着理论创新、与时俱进的基本精神，具体表现为它揭去了温情脉脉的“礼乐”面纱，毫不掩饰地把“兵以诈立，以利动，以分合为变”的原则公诸于世，不讳言“功利”是用兵打仗的出发点，从而放开手脚，理直气壮地在军事行动中进行算计，进行欺骗［黄朴民《孙子制胜之道综说》，《中国文化月刊》(中国台湾)1997年第2期]。对于这一点，不少后人是洞若观火的。南宋郑友贤《孙子遗说》中的一段话就是典型的例子。他说："《司马法》以仁为本，孙武以诈立;《司马法》以义治之，孙武以利动;《司马法》以正，不获意则权，孙武以分合为变。"最为贴切地区分了两者不同的特色。从这个意义上说，孙子兵学不愧为迎合"出奇设伏，变诈之兵并作"时代要求的杰出代表。

在春秋中期之前，西周社会的古典礼乐文明，表现在军事领域中，就是以一整套军礼来指导、制约具体的军事行动。尽管进入春秋之后，这种军礼的外在形式和内在宗旨已经多少受到冲击，但是对大多数人来说，还是愿意遵从军礼的一般原则的。这种军礼的总纲，便是《司马法》上所说的"以礼为固，以仁为胜"。它确定的战争宗旨是"征伐以讨其不义"，开展军事行动要堂堂正正，不许用奸使诈，"不加丧，不因凶"，人家新死了国君，或者粮食歉收、经济困难，你都不能去打；一旦战场交锋，必须双方摆好阵势后再开打，别老想着偷鸡摸狗占人家的便宜，"成列而鼓"(《司马法·仁本》)，"偏，一面也。结日定地，各居一面，鸣鼓而战，不相诈"(何休《春秋公羊传解诂》桓公十年)。战争善后要"服而舍之"，即打了胜仗，不能灭人家的国家，不能绝人家的社稷，而要"举贤立明，正复厥职"，立一个新的统治者来恢复秩序，安定国家。对此，汉朝人班固在《汉书·艺文志·兵书略》中有很准确的概括："下及汤武受命，以师克乱而济百姓，动之以仁义，行之以礼让，《司马法》是其遗事也。"殊不知这恰恰是当时战争遵循温和"军礼"

原则的具体表现，是“以礼为固，以仁为胜”战争观念反映到战争实践的必有之义。用《国语·周语》中所引郤至的话说，就是“见其君必下而趋，礼也；能获郑伯而赦之，仁也”。

然而，到了春秋中后期，整个时代环境发生了根本性的变化。这时，名义上“天下共主”的周天子的权威早已丧失殆尽，新兴阶级势力的勃兴，使得战争的面貌有了完全的改观，其中最大的特色是军事行动逐渐摆脱了军礼的束缚，诡诈战法开始普遍流行起来。

为什么会发生这样巨大的变化？这首先是军队的成分发生了改变，以前可以说是士兵的素质比较高，当时周朝定下的规矩是国人当兵，野人不当兵。这些国人都接受过系统的六艺教育，驾车、射箭都是他们的必修课，都懂得贵族的礼节。到了后来，战争的规模扩大，军队的数量也如同发了酵的面包似的一个劲儿地扩大，当时只要是个有胳膊有腿的健康人，几乎都被拉进去了，都可以当兵。这些人绝大部分是目不识丁的“野人”，没受过贵族化的教育，没学过什么六艺。对他们来说，贵族那一套文质彬彬的东西与自己毫不相干。总之，军队中的贵族少了，庶民却大大增多了，为贵族而设置的军礼自然要被冷落，甚至被抛弃。

二是战争的宗旨变了，战争的目的变了。过去从事战争的目的是为了争霸，并不是为了消灭对手。只要能建立起霸权，让别人表示顺从听话，其他的问题都可以商量，完全不必拼个你死我活。所以温文尔雅是可以的，鞠躬如仪是正常的。可是从春秋晚期起，争霸不再时髦了，兼并才是时代发展的新潮流。原先是图个虚名的争霸战争，现在变成了争夺土地、劫掠财富和人力资源的兼并战争，各种卑鄙下流、阴险毒辣的手段都要使用出来。“月黑杀人夜，风高放火天”，军礼是越少越好，坏人是越来越多，好人想要自己做好人也做不成了，一个是别人不允许，大家都是乌鸦，凭什么让你当白鹤？要黑大家一起黑，谁也别冒尖出风头；另一个是自己的心理也不会平衡，与其做好人受冻挨饿遭白眼，浑不如“杀人放火受招安”。

三是武器装备和作战方式变了。以前打仗的方式是车战，车战必须先摆阵势，不摆好阵就不能打，这是密集大方阵传统战法，机动性很差，适合于大家客客气气交手过招。现在步兵重新崛起，又成为军队的主力兵种。它比较灵活，机动性要强得多，可以不必像车兵那样先排阵后开打。后来出现的骑兵更是雷厉风行，更讲究出其不意，攻其无备。兵种变了，作战方式也要随之变化，作战方式变了，则作战观念也得跟着变，这是多米诺骨牌效应。另外，地形也发生了很大的变化，以前主要是在黄河中下游平原打，大平原地势平坦，打堂堂之阵、正正之旗的车战最合适不过，可现在到了南方丘陵地带、江河湖泽地带，就根本不能再用以前那种排兵布阵的方式了，“车不驰，徒不趋”全成了过气的招法，军礼当然要退出历史舞台。最最要命的是，车战在这时遇到了一个最大的克星，这就是强弩的出现，驾车的马匹、车上的甲士全成了飞蝗般的箭镞的活靶子，贵族再有涵养，也经不得这么大的杀伤，只好不情愿地与军礼说拜拜了

（黄朴民《早期兵学的发展脉络与文化特征》，载《大学演讲录》第2辑）。

四是战争地域的扩大。在春秋前期，打来打去，就是这么有限的一块战场，就是齐国、晋国、秦国、楚国，还有郑国、宋国、鲁国等等。可是到了后来，吴国、越国、中山国都先后冒出来了，战场开始由黄河流域向长江、淮河流域伸展。这些战场上的新角色像是没爹没娘教养的孩子，风里来雨里去，摸爬滚打终于长大成人，没有背上周礼的沉重的包袱。这样一来，战争中就不再有那么多的君子之风，诡诈之道越来越风行，而主张保持贵族的尊严，提倡打堂堂正正之仗的宋襄公成了不合时宜的丑角，只配被自诩高明的人嘲笑、讥讽了。这就是班固所概括的时代兵学风气："自春秋至于战国，出奇设伏，变诈之兵并作！"

新的时代，就有新的战法，在新的战法面前，旧军礼的老调子便弹不下去了，这正如《淮南子·氾论训》所说的那样："古之伐国，不杀黄口，不获二毛，于古为义，于今为笑。古之所以为荣者，今之所以为辱也。"这时便需要有新的兵学理论来作指导，即所谓"千门万户曈曈日，总把新桃换旧符"。这叫做"与时俱进"。而《孙子兵法》的诞生，正是这种时代氛围之下的必然产物。

孙子战争观的诡道原则，应该说是对战争本质属性的深刻反映。战争的艺术魅力在于，战争双方斗智斗勇，隐形藏真，欺敌误敌，变幻莫测，先立于不败之地，而不放过任何可以击败对手的机会。所有这些，都表明了战争是一种多变、灵活、无固定模式、不讲究繁礼缛节的特殊社会活动，诡诈奇谲是战争的本质特征。而孙子“兵以诈立”的思想，其核心乃是强调以灵活的战术、快速的机动、巧妙的伪装来造就优势主动的地位，在复杂、激烈的军事斗争中成为胜利的主宰，“故其疾如风，其徐如林，侵掠如火，不动如山，难知如阴，动如雷震”。它的提出，无疑是对业已过时的军礼传统的彻底否定，是战争观念上的一个重大突破，本身就是一次创新，一次革命。

当然，在充分肯定孙子兵学的功利观与诡道法之价值的同时，也大可不必将孙子理论神圣化。的确，春秋战国乃至整个古代历史演变进程，已经证明了孙子兵学实用理性的胜利和宋襄公标榜“仁义礼乐”的失败。然而，这并不等于孙子的观点完美无瑕，宋襄公的做法一无可取。正如俗语所说的那样，不可单凭成败论英雄。宋襄公虽然败得很惨，很没面子，但是这并不能说明道德对战争的制约作用可以弃若敝屣（xǐ），恰恰相反，在绝对的功利之上还有一个绝对的道德。事实也正是如此，儒家提倡“义战”，墨家主张“非攻”，都是古军礼原则在新历史条件下的曲折反映，而随着人类社会的日益进化，道德因素对战争行动的规范意义正越来越显得突出，绝对战争也逐渐在向可控性战争过渡。这其实是对宋襄公“君子不重伤，不擒二毛”“成列而鼓”做法的否定之否定。

孙子的兵学理论固然是时代精神的产物，也符合军事斗争的一般规律，但是他汲汲倡导“兵以诈立”，一切都以利益的大小或有无为定夺，将“兵不厌诈”奉行为指导作战的最高原则，其客观效果，往往是在取得战争胜利的同时，也促使战争手段变得越来越残酷，战争破坏程度越来越骇人。所谓“争地以战，杀人盈野；争城以战，杀人盈城”，白起杀性一起，长平坑赵军降卒四十万；项羽血气一来，新安杀秦军俘虏二十万，在某种意义上，正是孙子那种只求目的不择手段的战争效益观的逻辑结果。这个责任固然不应该由孙子本人来承担，可是君子之风日去，小人之气竞长，“播下的是龙种，而收获的却是跳蚤”，乃是不争的事实。孙子若地下有知，也会感到不安。

所以，后世的兵家为了发扬宋襄公和孙子思想的各自长处，同时克服两人思想的各自不足，遂积极提倡兵儒合流。这就是既强调仁义道德对军事活动的规范意义，又肯定“兵以诈立”、出奇制胜对战争成败的决定作用，从而使中国传统军事文化能够沿着比较正确的方向不断进步和成熟（黄朴民《宋襄公与孙武子》，《光明日报》2002 年 1 月 15 日）。

从这层意义上讲，将宋襄公不分青红皂白骂倒骂臭，将孙子不加保留地吹捧歌颂，都犯了简单武断的毛病，都不是客观的态度。

《军政》[1] 曰：“言不相闻，故为金鼓[2]；视不相见，故为旌旗[3]。”夫金鼓、旌旗者，所以一人之耳目也[4]。人既专一[5]，则勇者不得独进，怯者不得独退，此用众之法也[6]。故夜战多火鼓[7]，昼战多旌旗，所以变人之耳目也。

[**注释**]

[1]《军政》：上古兵书，已失传。王皙注："古军书。"梅尧臣注："军之旧典。"汉简本"军"前有"是故"二字，《太平御览》卷三三八引同。 [2] 为：设、置。金鼓：古代用来指挥军队进退的号令器具，擂鼓进兵，鸣金收兵。汉简本"金鼓"作"鼓金"。 [3] 旌旗：泛指旗帜。《周礼·春官·司常》："凡军事，建旌旗。" [4] 所以一人之耳目也：意谓金鼓旌旗之类，是用来齐一部卒的视听、统一军队的行动的。人，指士卒、军队。一，统一、齐一。《韩非子·五蠹》："法莫如一而固。"古籍中多有以金鼓统一军队行动的记载，如《左传》成公二年："师之耳目，在吾旗鼓。"汉简本"一"作"壹"，同。"人"作"民"。又，"人"，孙校本亦依《太平御览》改为"民"，是。 [5] 人既专一：谓士卒皆听遵号令，服从指挥。汉简本作"民暨已抟"，"暨"即"既"，"抟"即"专"。专一，一致、同一。 [6] 用众：动用、驱使众人，也即指挥人数众多的军队。法：法则、方法。 [7] 夜战多火鼓：以下三句意谓根据白天和黑夜的不同情况来变换指挥信号，以适应士卒的视听需要。变，适应。武经本"火鼓"作"金鼓"，汉简本作"鼓金"，且无"所以变人之耳目也"八字。

[**点评**]

与《九变篇》主要论述作战"变法"问题有所不同的是，《军争篇》集中讨论了军事行动中的"常法"问题。如军事后勤保障上的"常法"："军无辎重则亡，无粮食则亡，无委积则亡。"作战指导上的常法："兵以诈立，以利动，以分合为变。”发挥军队战斗力的常法：著名的“治气”“治心”“治力”“治变”等“四治”理论“常法”，以及用兵制胜的一般性“常法”，所谓的用兵八戒等等。由此可见，本篇所有文字都是围绕作战“常法”问题而层层递进、依次展开的，是探讨争夺先机之利的精彩篇章，在《孙子兵法》中占有突出的地位。

这一段话就是申述和规范战场指挥号令与作战纪律的“常法”。宗旨是讨论用金鼓、旌旗，来统一部队上下的视听问题。全军上下如果保持行动一致，那么勇敢的士兵不能单独冒进，怯懦的士兵也不敢单独后退。这其实就是指挥大部队作战的方法。在孙子看来，要想实现这个目标，就需要在夜间作战多用火光、锣鼓，白昼作战多用旌旗。而这些，都是出于适应士卒耳目视听上的需要，是统一作战指挥号令的需要。

一般而言，士兵在进入部队之前就需要有为国效命的思想准备，需要进行法规教育，并培养为国赴难的精神。进入部队之后首先要接受的就是纪律和号令的训练，明白“三官”“五教”和“九章”的含义。早在《尚书·牧誓》中，就申明了具体的作战要领：“不愆于六步、七步，乃止，齐焉”“不愆于四伐、五伐、六伐、七伐，乃止，齐焉”。而根据《管子》的描述，所谓“三官”“五教”和“九章”，大体是古时候军队用来统一兵士行动的鼓、旗等。通过这些变换方式，来统一部队的行动，使部队的行动能够始终处于军事首领的掌控之下。《管子》认为：“三官不缪，五教不乱，九章著明，则危危而无害，穷穷而无难，故能致远以数，纵强以制。”（《管子·兵法》）

这其中固然有不少溢美之词，显得有些夸大其辞，但也可以从一个侧面看出作者对于战争中整体如一、密切协同的理想境界的赞美和追求。

古代的战术运用，非常注意保持队形，讲究整体推进。如前引《尚书·牧誓》《史记·周本纪》所记载的“不愆于六步、七步，乃止，齐焉”，就真实记录了这段历史。《军政》是一部古兵书，从孙子的引用可以看出，其中也对“三官”“五教”等内容有所涉及。孙子引用这些话，正是用来讨论“一人之耳目”的问题，说明在中国古代，曾经有很长时间是把金鼓、旌旗作为指挥军队行军作战的手段。白天之所以多用旌旗，是因为白天眼睛可以看，晚上之所以多用火鼓，是因为晚上要用眼看耳听互相配合着。毕竟那个时代没有高科技，没有诸如夜视仪和红外瞄准装置这些先进装备。所以，白天和晚上的战争是不一样的。夜晚袭击也很不容易，一不小心就会伤及己身。所以，在那种情况下，保证统一指挥，号令一致，始终是一个大问题。

考察古代战争实际，擂鼓就需要前进，鸣金就需要收兵，这个道理其实并不复杂。有人会问，本来人手就不够了，干吗要那么多人打着旗帜？这其实也是统一号令的需要，是保证部队在战场上能够始终做到整齐划一，作战之时始终成为一个密切配合的整体。当然，在中国古代，人们有时候就是要把这些东西故意神秘化，以加强对士卒的控制。比如说，《管子》和其他很多古代兵书中就把诸如号令这些东西神秘化了，甚至将其作为“治国之器”看待。当然，在战场上，这些号令确实是指挥作战必备的工具，统一号令，就是统一指挥，所以显得非常重要，不可忽视。

故三军可夺气[1]，将军可夺心[2]。是故朝气锐[3]，昼气惰，暮气归。故善用兵者，避其锐气[4]，击其惰归，此治气者也[5]。以治待乱[6]，以静待哗[7]，此治心者也[8]。以近待远，以佚待劳，以饱待饥，此治力者也[9]。无邀正正之旗[10]，勿击堂堂之陈[11]，此治变者也[12]。

[注释]

[1] 故三军可夺气：此句意谓三军旺盛勇锐之气可以挫伤使之衰竭。夺，此处作“失”解，《荀子·富国》：“罕兴力役，无夺农时，如是则国富矣。”气，指旺盛勇锐之士气。武经本、平津馆本本句前无“故”字，樱田本同。 [2] 将军可夺心：指将帅的意志和决心可以设法使之动摇。张预注：“心者，将之所主也。夫治乱勇怯，皆主于心。故善制敌者，挠之而使乱，激之而使惑，迫之而使惧，故彼之心谋可以夺也。”《左传》昭公二十一年引《军志》：“先人有夺人之心，后人有待其衰。” [3] 朝气锐：以下三句言士气变化的一般规律是始时锐不可当，继而渐趋懈怠，最终完全衰竭。梅尧臣注：“朝，言其始也；昼，言其中也；暮，言其终也。”归，止息。《尔雅·释训》：“鬼之为言归也。”《广雅》：“归，止息也。”这里指士气衰竭。 [4] 避其锐气：以下两句张预注曰：“善用兵者，当其锐盛则坚守以避之，待其惰归则出兵以击之。”汉简本“避”作“辟”，“锐”作“兑”。平津馆本、《通典》卷

特别值得注意的是，这一段文字谈的是治气、治心、治力和治变这“治兵四要”。其切入点是“治气”，但落脚点是“治变”。

“变”也是孙子军争之法的关键内容。“变”是实现孙子诡诈之术，以诡诈之术获取战争胜利的一个直接手段。孙子固然不废用兵常法，但更重视用兵变法，重视“以正合”，更重视“以奇胜”。正是这个缘故，孙子在《军争篇》讨论了一些军争的常法之后，便接着在《九变篇》中又专门讨论起用兵变法。

一五五引此“善用兵”上无“故”字。[5] 此治气者也：意谓此乃掌握运用士气变化的通常规律。张预注：“善治己之气以夺人之气。”[6] 以治待乱：以严整有序之己对付混乱不整之敌。贾林注：“以我之整治待敌之挠乱。”治，整治。待，对待、对付。《左传》宣公十二年：“内官序当其夜，以待不虞。”[7] 以静待哗：言以沉着镇静之己对付轻躁喧动之敌。贾林注：“以我之清净待敌之喧哗。”哗，鼓噪喧哗，指骚动不安。《尚书·费誓》：“公曰：‘嗟，人无哗，听命。’”[8] 此治心者也：此乃掌握利用将帅心理的通常法则。张预注：“善治己之心以夺人之心。”[9] 此治力者也：此乃掌握运用军队战斗力的基本方法。张预注：“近以待远，佚以待劳，饱以待饥，诱以待来，重以待轻，此所谓善治己之力以困人之力者也。”[10] 无邀正正之旗：此言勿发兵截击旗帜齐正、队伍整治之敌。汉简本“无”作“毋”，“邀”作“要”。孙校本谓当作“要”。《北堂书钞》卷一一二、《太平御览》卷二四〇引此“邀”作“要”。“邀”“要”二字古通。邀，遮留、阻截、截击。《三国志·魏书·刘放传》：“帝欲邀讨之，朝议多以为不可。”正正，严整的样子。曹操注：“正正，齐也。”张预注：“谓形名齐整也。”[11] 勿击堂堂之陈：言不要去攻击阵容壮大、实力雄厚的敌人。陈，同“阵”。堂堂，壮大。曹操注：“堂堂，大也。”张预注：“堂堂，行陈广大也。”[12] 此治变者也：言此乃掌握机动应变的一般方法。

“分合为变”是孙子兵学思想的一个重要内容。表面上看，它只是兵力的分合，实际上却是指挥员运用变化之妙、实现用兵思想的一个直接手段。孙子认为，“兵无常势，水无常形”，指挥员要想赢得战争胜利就必须要学会随机应变。

[点评]

为了夺取有利的作战地位，掌握战争的主动权，孙子进而主张在军队行动过程中，贯彻“四治”的具体要求，即搞好全军上下“治气”“治心”“治力”“治变”的各个环节，树立必胜的信念，激励士气，统一号令，灵活应变，捕捉战机，去夺取胜利。

所谓“治气”，就是“避其锐气，击其惰归”，其核心就是后发制人，实施积极防御，即以防御为手段，以反攻为目的的攻势防御。所谓“治心”，就是“以治待乱，以静待哗”，即以己之严整对付敌之混乱，以己之镇静对付敌之轻躁。其实质是要求沉着冷静，从容对敌。所谓“治力”，就是“以近待远，以佚待劳，以饱待饥”，其核心即是要求“先为不可胜”，以强大的军事实力为后盾，为争取先机之利创造条件。所谓“治变”，就是指“无邀正正之旗，勿击堂堂之陈”。其中心意思即不打无把握之仗，不同敌人拼消耗，而要同敌人斗智斗谋，以灵活机动取胜。孙子的“四治”理论，是对战争实践的理性总结，符合作战行动的内在规律，因此为后人所重视和广泛运用。其中“避其锐气，击其惰归”等主张，业已成为经典性的军事原则，在硝烟弥漫的战场上大显身手，屡试不爽。

故用兵之法：高陵勿向[1]，背丘勿逆[2]，佯北勿从[3]，锐卒勿攻[4]，饵兵勿食[5]，归师勿遏[6]，围师必阙[7]，穷寇勿迫[8]。此用兵之法也。

[注释]

[1] 高陵勿向：意谓敌人如果占据了高地，我军就不要进攻。梅尧臣注：“敌处其高，不可仰击。”向，指仰攻，杜牧注：“向者，

八个句子中，有七个句子用的是“勿”，只有一个用的是“必”——“围师必阙”，这多少有点奇怪。很多人对此做过分析，替孙子打圆场。但是，我们怀疑，这个“必”字很可能是误刻或误抄。因为这个“必”字的出现，使得整个句群中出现了“不和谐的声调”。这段话中，孙子是谈战术变化的道理，为何偏偏在这里用了一个“必”字？围剿敌人，却要留一个口子让敌人逃跑，这除非是另有深刻的用心——比如说在这个出口布下伏兵，或者是留着活口抓捕等，否则很难理解。

仰也。……言敌在高处，不可仰攻。” [2] 背丘勿逆：言敌人如果背倚丘陵险阻，我们就不要去正面进攻。背，倚托的意思。杜牧注：“背者，倚也。”逆，迎击。汉简本作“倍丘勿迎”。 [3] 佯北勿从：言敌人若是伪装败退，我军就不要去追击。张预注：“敌人奔北，必审真伪。”佯，伪装、假装。《荀子·非十二子》：“利心无足，而佯无欲者也。”北，败逃、败走。《说文·匕部》：“北，乖也。从二人相背。”后由乖违义引申为部队战败溃逃，彼此不相照应。从，追随、跟随。汉简本“佯”作“详”，通。 [4] 锐卒勿攻：意谓敌人的精锐部队，我军不要去攻击。杜牧注：“避实也。” [5] 饵兵勿食：此谓敌人若以小利作饵引诱我们，则不要去理睬它。饵，诱饵，以利相诱。《汉书·贾谊传赞》：“施五饵三表以系单于。”此句汉简本无。《通典》卷一五六“食”作“贪”。 [6] 归师勿遏：言对于正在退还本国的敌军，不要去正面阻截它。孟氏注：“人怀归心，必能死战，则不可止而击也。”遏，拦阻、阻截、截击。 [7] 围师必阙：对敌进行包围作战，当留有缺口，避免使敌作困兽之斗。张预注：“围其三面，开其一角，示以生路，使不坚战。”阙，同“缺”，缺口。汉简本“归师”与“围师”两句互倒，且“遏”借作“谒”，“必阙”作“遗阙”。樱田本“必阙”作“勿周”，意同。 [8] 穷寇勿迫：谓对陷入绝境之敌，不要加以逼迫，以免其作垂死挣扎。穷，困厄。汉简本无此句。四库本与《武备志》“勿迫”作“勿追”，《孙子遗说》同。《百家类纂》《诸子品节》皆作“追”。樱田本又作“勿逼”。

[点评]

孙子归纳总结了八条“用兵之法”，即有名的“用兵八戒”。这些原则，是以丰富的战争实践活动为基础的，它们中间某些提法在今天已显得陈腐过时，但在当时却不乏重要的价值，反映了当年孙子在探索真理时所能达到的高度，值得肯定。

《军争篇》最后论述的是“用兵八戒”，或许可称之为“用兵常法”。孙子的意思是反对鲁莽将军，反对冒进，反对只凭借主观意志妄加行事，而是要学会权变，学会根据战场的实际情况灵活用兵，也就是学会诸如“迂直之计”这些。

在这里，我们想借助讨论用兵变法，谈一下对于“诡道”的认识。

必须强调指出的是，在非军事领域，孙子“兵以诈立”的思想是不能随便借鉴和应用的。我们知道近几十年来，《孙子兵法》由于种种机遇而声名大噪，走红变俏。好像《孙子兵法》是包医百病的灵药，什么都跟它拉扯在一起，用一个通俗的比喻，就是“《孙子兵法》像个筐，只要是个东西便往里面装”。而在借鉴与运用孙子思想过程中，很多人又对它的“诡道”论情有独钟，推崇备至。

的确，孙子所揭示的不少军事原则和规律，具有超越时空的普遍真理性，“诡道”思想同样如此，它们是能够对军事领域以外的工作提供宝贵的借鉴和启迪的。在这方面已经取得了相当可观的成果，也积累了非常有益的经验。如日本的大桥武夫，他认真学习和研究《孙子兵法》，深刻领会其精神实质，从中寻找到企业经营发展的秘诀，用以指导经济活动，结果取得了惊人的效益。更令人佩服的是，他将自己借鉴运用

《孙子兵法》谋略的种种心得，付诸文字，写就了一部《兵法经营要点》，让人们共享他的经验（典型的“你有我有大家有”的梁山泊好汉精神）。其书一出版面世，马上风靡了日本列岛，并迅速反馈到孙子的故乡——中国，让我们大家开了一回眼界，原来兵书还可以这么读、这么用！

但是，我们也应该看到，《孙子兵法》的本质属性是兵法，是敌我双方进行生死较量的军事艺术。从这一意义出发，它又同人类社会的其他活动有着本质的区别，不能搞拉郎配，不能简单地对号入座。因此，《孙子兵法》中许多“诡道”原则是不可以生搬硬套，随意移用于企业经营或体育竞赛等公共领域的。道理很简单，“诡诈”是用来对付敌人的，不是用来对付朋友或合作伙伴的，即使是对付商业竞争对手，也完全不道德。追求利益是应该的，也是允许的，但是不择手段、搞“下三滥”，则违背公道人心，迟早会自食其果，所谓“君子爱财，取之有道”便是这层道理。众所周知，商业经济活动追求的是“双赢”“多赢”，玩的是“非零和”游戏，这叫做“多一个朋友多一条路，多一份市场多一种选择”。可用兵打仗的情况却是完全不同，它追求的“单胜”“独赢”，就像《唐太宗李卫公问对》说的：“攻守一法，敌与我分为二事。若我事得，则敌事败；敌事得，则我事败。”总归要分出一个高下，决出一个雌雄。为了达到“独赢”的目的，做做小人也是不得已的选择。这种本质属性上的区别，决定了《孙子兵法》基本原理借鉴上的有限性，否则必然会走火入魔，既当不成“君子”，也做不好“小人”。

游戏应该有规则，道德必须有底线。读《孙子兵法》，用《孙子兵法》，首先要明白的，就是这个道理。

孙子与老子一样，其思维的卓绝之处，是拥有超越常人的反向思维、另类思维。他善于从正常中发现不正常，合理中找到不合理。如君将关系，正态的思维与选择应该是“一切行动听指挥”“军人以服从命令为天职”。孙子没有否定这一点，但他认为，仅此是不够的，在一定条件下，作为将帅应该要做到“君命有所不受”。表面上看这似乎是矛盾的，对立的。但实际上，“一阴一阳之谓道”“一正一反之谓道”。只有两者有机结合，动态平衡，才是最佳的管理之道。

九变篇

孙子曰：凡用兵之法，将受命于君[1]，合军聚众，圮地无舍[2]，衢地交合[3]，绝地无留[4]，围地则谋[5]，死地则战[6]。途有所不由[7]，军有所不击[8]，城有所不攻[9]，地有所不争[10]，君命有所不受[11]。故将通于九变之地利者[12]；知用兵矣。将不通于九变之利者[13]，虽知地形，不能得地之利矣。治兵不知九变之术[14]，虽知五利[15]，不能得人之用矣[16]。

[注释]

[1] 将受命于君：谓将帅从君主那里接受出征作战的命令。受命，接受命令，《左传》闵公二年：“帅师者，受命于庙，受脤于社，有常服矣。”《左传》襄公二十七年：“石恶将会宋之盟，受命

而出。” [2] 圮地无舍：圮，毁坏、倒塌之意，《尔雅・释诂》：“圮，败也。”圮地，指难于通行的地区。《九地篇》曰：“行山林、险阻、沮泽，凡难行之道者，为圮地。”舍，止，此处指宿营。梅尧臣注：“山林、险阻、沮泽之地，不可舍止，无所依也。” [3] 衢地交合：衢地，指四通八达之地。《九地篇》：“四达者，衢地也。”交合，指结交邻国以为后援。张预注：“四通之地，旁有邻国，先往结之，以为交援。”武经本作“合交”，孙校本依《北堂书钞》改为“合交”。 [4] 绝地无留：意谓遇上绝地，不要停留。绝地，指交通困难，又无水草粮食，部队难以生存之地。李筌注：“地无泉井、畜牧、采樵之处。” [5] 围地则谋：围地，指四面险阻、进退困难、易被包围之地。《九地篇》云：“所由入者隘，所从归者迂，彼寡可以击吾之众者，为围地。”谋，曹操注曰：“发奇谋也。”即设奇计以摆脱困境。 [6] 死地则战：死地，指走投无路的绝地，非力战难以求生。《九地篇》曰：“疾战则存，不疾战则亡，为死地。”又曰：“无所往者，死地也。” [7] 途有所不由：言有的道路不要通过。汉简《四变》此句下有释文为：“涂（途）之所不由者，曰浅入则前事不信，深入则后利不接。动则不利，立则囚，如此者，弗由也。”贾林注：“途且不利，虽近不从。”甚是。由，从、通过。《论语・雍也》：“谁能出不由户者，何莫由斯道也。” [8] 军有所不击：指有的敌军不宜攻击。汉简《四变》此句下释文曰：“军之所不击者，曰两军交和而舍，计吾力足以破其军，獾（获）其将。远计之，有奇势巧权于它……如此者，军唯（虽）可击，弗击也。” [9] 城有所不攻：意谓有的城邑不应攻取。汉简《四变》此句释文曰：“城之所不攻者，曰计吾力足以拔之，拔之而不及利于前，得之而后弗能守，若力□之，城必不取。及于前，利得而城自降，利不得而不为害于后。若此者，城唯（虽）可攻，弗攻也。”张预注：“拔之而不能守，委之而不为患，则不须攻也。又若深沟高垒，卒不能下，亦不可攻。” [10] 地有所不争：意谓有些地方可以不去争夺。汉简《四变》释文曰：“地之所不争者，曰山谷水□无能生者……如此者，弗争也。”张预注：“得之不便于战，失之无害于己，则不须争也。又若辽远之地，虽得之，终非己有，亦不可争。” [11] 君命有所不受：意谓君主之命令有的可以不接受。君命不受之前提，即汉简《四变》所谓“君令有反此四变（指上述“途有所不由”等四种情况）者，则弗行也”。曹操注曰：“苟便于事，不拘于君命也。” [12] 故将通于九变之地利者：以下两句意谓将帅如果能通晓九种地形的利弊及其处置，就懂得如何用兵作战了。通，通晓、精通。《易・系辞》：“曲成万物而不遗，通乎昼夜之道而知。”孙校本云：“原本‘利’上有‘地’字。”郑氏《遗说》同。按：《艺文类聚》《北堂书钞》《太平御览》皆无“地”字。武经本亦无，樱田本同。 [13] 将不通于九变之利者：以下三句意谓将帅如果不通晓九变的利弊，即使了解地形，也不能从中获得帮助。梅尧臣注：“知地不知变，安得地之利！”武经本无“于”“者”二字，赵注本同。 [14] 九变之术：指九变的利弊得失及其处置方法。术，手段、方法。《孟子・告子下》曰：“教亦多术矣。” [15] 五利：指“途有所不由”至“君命有所不受”等五事之利。赵注本云：“‘五’字当作‘地’字。上文言不知变者，虽知之地形，无以得地之利，亦无以得人之用也。”于鬯《香草续校书》则谓“五利”应作“九利”，言“九变”之利固需知之，然只知“九变”之利而不知“九变”之术，则亦不能得人之用。 [16] 不能得人之用矣：指不能够充分发挥军队的战斗力。王皙注：“虽知五地之利，不通其变，如胶柱鼓瑟耳。”

[点评]

“九变”既是篇名，又是全篇中心思想的集中反映。

九，多的意思。清代学者汪中《述学·释三九》云：“古人措辞，凡一二所不能尽者，均约之以三以见其多；三之不能尽者，均约之以九以见其极多。”又云：“三者，数之成也；积而至十，则复归于一；十不可以为数，故九者，数之终也。”可见古人以九为数之极。变，改易、机变。《易·系辞上》：“一阖一辟谓之变。”孔颖达正义云：“一阖一辟谓之变者，开闭相循，阴阳递至。”篇题“九”“变”连用，指的就是军事行动中灵活机动、应变自如。王晳注：“九者数之极：用兵之法，当极其变耳。”张预注：“变者，不拘常法，临事适变，从宜而行之之谓也。”以上各家注均符合孙子原旨。

本篇是《孙子兵法》的第八篇，文字篇幅在全书中虽然属最短小的一篇，但思想十分深邃，文辞隽永优美，富有深刻的哲理，对于人们从事任何社会活动都富有重要的启示价值。其中心命题，是阐述了在作战过程中如何根据特殊的情况，灵活变换战术以赢得战争的胜利，集中体现了孙子随机应变、灵活机动的作战指挥思想。孙子主张将帅应该根据五种不同的地理条件实施灵活的指挥，并明确提出以“五不”为中心内容的随机应变处置军事问题的基本原则。要求将帅必须做到全面、辩证地看问题，见利思害，见害思利，从而趋利避害，防患于未然。

以“途有所不由”等“五不”措施为基本内容的作战原则，是“九变”问题的主旨之所在。灵活机动，应变自如，这是军事活动所应遵循的根本原则，是战场上夺取主动权，杀敌制胜的重要保障。整部《孙子兵法》

都贯穿着这一精神，而《九变篇》则集中阐述了这方面的具体要求以及方法。

孙子认为将帅应该根据五种不同的地理条件实施灵活的指挥，并明确提出以“五不”为内容的随机应变处置军事行动的具体要求，即“途有所不由，军有所不击，城有所不攻，地有所不争，君命有所不受”。强调精通各种机变的方法，方能充分发挥军队的战斗力，才算是真正懂得和掌握了用兵之道。

应该指出的是，贯穿于整个“五不”原则的红线，乃是朴素辩证法的精神。它的实质含义，是要求战争指导者透过现象看本质，综合比较，深入分析，权衡利弊，唯利是动。假如权衡后得出的结论有碍于实现战略目标，损害到根本利益，那就必须舍弃眼前的小利，不汲汲于一城一地的得失，暂时放过某些敌人，留待日后时机成熟后再去解决。如果国君的命令不符合实际情况，不利于军事行动的展开，那么就应该本着“进不求名，退不避罪，唯人是保，而利合于主”的态度，拒绝执行。这样做表面上似乎是违背了常理，否定了成规，实际上相反，乃是更好地遵循了军事斗争的基本规律，有利于最大限度地争取主动，夺取战争的胜利，因此应充分加以肯定。历史上夫差强争中原酿覆亡，马援误择险道致兵败，岑彭长驱入蜀击公孙，李渊不攻河东入关中，岳飞君命不受进中原，就从正反两个方面对孙子“五不”为中心的机变思想作出了具有说服力的实战诠释，对今天的军事家来说，仍不无一定的启示意义。

是故智者之虑[1]，必杂于利害[2]。杂于利而务可信也[3]，杂于害而患可解也[4]。

孙子“杂于利害”的主张，乃是一个带普遍性的指导原则，也是其以“五不”为内涵的机变制胜理论的哲学基础。它的精义在于辩证对待利害关系，知于未萌，预作准备，顺利时能做到冷静沉着，找到差距，从而保持优势，防止意外；遭到挫折时能做到不丧失信心，正视现实，坚持不懈，从而摆脱被动，走向胜利。从这层意义上看，孙子“杂于利害”的思想，又是超越单纯军事领域的，而具有方法论的普遍意义。对于我们从事任何工作，都有着深刻的启示作用。

［注释］

[1] 智者之虑：聪明的将帅思考问题。虑，思虑、思考。《古文尚书·太甲》：“弗虑胡获，弗为胡成。” [2] 必杂于利害：必须充分考虑和兼顾到有利与弊害两个方面。曹操注：“在利思害，在害思利。”杂，《说文·衣部》：“杂，五彩相会。从衣集声。”引申为掺杂、混合。《国语·郑语》：“先王以土与金、木、水、火杂，以成百物。”韦昭注：“杂，合也。”后又引申为兼顾。 [3] 杂于利而务可信也：意谓如果考虑到事情有利的一面，则可实现战略目标。王皙注：“曲尽其利，则可胜矣。”务，任务、事务。《广韵·遇韵》：“务，事务也。”又，《易·系辞》：“夫《易》开物成务。”此处指“争胜于天下”的大事。信，通“伸”，舒展、伸张。《易·系辞》：“尺蠖之屈，以求信也。”汉简本作“故务可信”。 [4] 杂于害而患可解也：意谓在有利情况下考虑到不利的因素，祸患便可顺利消除。解，化解、消除。《荀子·臣道》：“遂以解国之大患，除国之大害。”汉简本作“故忧患可解”。

［点评］

稍早于孙子的大哲学家老子曾讲过这么一句充满辩证哲理的话：“福兮祸所伏，祸兮福所倚。”意思是事物之间具有普遍联系的特征，即使是在同一事物的内部，也存在着不同倾向相互对立、互为渗透的属性，利与害互为依存，互为转化，任何事物都是矛盾的对立统一。

军事斗争的性质也没有例外。孙子作为清醒的朴素唯物论者，对此有着深刻的认识。在他眼里，胜利和失败仅仅是一线之隔，胜利中往往隐藏着危机，而失败里也常常包含着制胜的因素。因此他要求战争指导者要善于保持清醒的头脑，尽可能做到全面辩证地观察问题，正确地处理战争中的利害得失，趋利避害，防患于未然，制胜于久远。

孙子讲“杂于利害”，除了辩证看待利害之外，还有一层重要的意思，这就是怎样正确处理眼前利益与长远利益的关系。利有大利，有小利，有眼前之利，有长远之利，这是根本与枝节，实质与表面的关系问题。作为一个有哲学头脑的成熟的战争指导者，不能见了利便热血贲张，直奔主题，而应该先分清它的主次本末，再作主张。总之，“捡了芝麻，丢了西瓜”是非常愚蠢的做法，只有设法加以避免，才算是取得了谈战略、论战法的进门资格。

孙子说：“百战百胜，非善之善者也；不战而屈人之兵，善之善者也。”这里讲的正是争取掌握长远之利、根本之利的问题。有的战争，从表面战果统计来衡量，算是打胜了，可是在胜利表象的背后，蕴藏着新的危机，留下了无穷的后患：“杀敌一千，自损八百。”师老民疲，祸不旋踵。所以孙子“杂于利害”的观点启迪所有战争指导者：眼前利益和长远利益要统一起来。两者发生冲突时，必须以长远利益为归宿，枝节服从根本，短期服从长期，眼前服从长远，局部服从全局，战术服从战略。

春秋历史上晋楚争霸的鄢陵之战，就是这方面具有极强说服力的例子，而晋国大臣范文子洞察入微，参悟长远战略利益与眼前战术得失之间的关系，更在中国军事学术发展史上写下了浓墨重彩的伟大一笔。

众所周知，晋楚争霸是整个春秋历史的关键节目。而在晋楚争霸战争史上，城濮之战、邲之战、鄢陵之战又各具其里程碑式的意义：城濮之战使得晋文公“取威定霸”，一跃而成为中原地区的霸主，“口含天宪”，号令诸侯，楚国在很长时间里北进中原的势头受到遏制。而邲地之战的结果是楚庄王“一鸣惊人”，兵进中原，陈师周疆，问鼎之轻重，俨然取代晋国而为诸侯之伯。鄢陵之战则是晋、楚这两个“超级大国”争霸战的第三次，也是两国军队最后一次主力大会战。是役晋胜楚败的结局标志着楚国对中原的争夺从此走向颓势，晋国卷土重来，再一次对老对手楚国形成明显的优势，其霸业发展到了鼎盛的阶段。

按常理说，范文子作为晋国统治集团核心成员之一，应该对自己国家的大获全胜感到由衷的欢欣鼓舞才对。的确，把多年的劲敌楚国杀得大败亏输、溃不成军，使郑、宋等中小诸侯国纷纷叛楚附晋，改换门庭，实实在在是一件扬眉吐气、极有面子的事情！然而，实际上的情况完全不是这样，范文子从一开始就反对晋国从事这场战争，而战争的高奏凯歌，同样也不能激起他的兴奋和快感。

早在进行鄢陵之战战略决策之时，范文子就明确表示不赞成己方向楚国开战。他的主要理由是，晋国的忧患在内部而不在外部：“我伪逃楚，可以纾忧……我若群臣辑睦以事君，多矣。”（《左传》成公十六年）指出晋国现在之所以还能保持内部团结，上下齐心，就是因为有强敌楚国的存在。既然如此，那么还不如保留楚国这个外患来为晋国造福，“唯圣人能外内无患。自非圣人，外宁必有内忧。盍释楚以为外惧乎！”（《左传》成公十六年）反之，一旦打败了楚国，大家觉得去了外患就会高枕无忧，内部迟早会争权夺利闹分裂。所以，他一再主张避免和楚军进行正面交锋。应该说，他的这个认识与后来孟子“无敌国外患者，国恒亡”的见解相一致，也与晋国当时的社会政治生态局面相符合。遗憾的是，晋国当时的执政者（领导核心）、中军主帅栾书却是战略目光短视而又自我感觉良好、自以为是的庸人，他只看到表面上对晋军有利的作战形势，认为同楚军打仗有胜出的把握，坚决主张早打、大打，一仗决出雌雄。战略意识同样平庸的晋厉公采纳了栾书的意见，于是大举兴师，与楚军在鄢陵地区摆开阵势，杀个昏天黑地，日月无光。

从表面上看，鄢陵一战如栾书等人所料是晋军打赢了。这当然使得晋国上下雀跃欢腾，载歌载舞，把酒庆祝，论功行赏。然而头脑异常冷静的范文子并不为这种胜利的表象所迷惑，仍然坚持自己的初衷，面对着晋军自鄢陵凯旋的热闹场面，他不但没有感到丝毫高兴，反而更加忧心忡忡、寝食不安，认为内乱就要爆发，大祸就要临头，甚至希望自己快点离开这个人世，以躲避这场劫难。他说：“君骄侈而克敌，是天益其疾也。难将作矣！爱我者唯祝我，使我速死，无及于难，范氏之福也。”（《左传》成公十七年）

形势的发展果真证实了范文子的战略远见。晋国的霸业达到辉煌顶点之时，也正是晋国衰落的命运萌芽之始。晋厉公取得鄢陵之战大捷后，认为已没有外患对自己构成威胁，于是就掉转矛头，集中精力对付国内的强卿大宗，“晋厉公侈，多外嬖，反自鄢陵，欲尽去群大夫，而立其左右”。诛杀“三郤”，剥夺栾氏、中行氏的权力。由于这些举措严重触犯了强卿大宗的既得利益，于是晋国内部各种矛盾迅速激化，政治动乱随之爆发，晋厉公的亲信胥童等人丧命刀下，厉公本人也最终走上人生不归路，呜呼哀哉。这场残酷血腥的内部动乱，使得晋国在鄢陵之战后所取得的相对战略优势很快化为乌有，也导致晋国的政局长期处于动荡不安之中。日后虽然也曾短暂出现过“晋悼公复霸”的历史场面，但毕竟是回光返照了。从某种意义上说，后来齐、晋盟国关系破裂，晋公室一蹶不振，乃至最终导致“三家分晋”格局的形成，都可以从鄢陵之战看出端倪。由此可见，范文子有关鄢陵之战的认识，的确是极其宝贵的战略远见，所谓“知彼知己，胜乃不殆；知天知地，胜乃不穷”，可惜的是，他的战略远见未能为战略决策者所重视，“有意栽花花不开”，枉费了他的一番良苦用心。否则，整个春秋战国的历史也许可以重写。

这里，范文子看到的是长远利益，其观察问题的角度是“杂于利害”；而晋厉公和中军帅栾书看到的是眼前利益，思维方式是单向、直观的，结果让暂时的表面的利益遮蒙了自己的理智，做出极其错误的战略抉择，损害了根本的战略利益。由此可见，脱离长远的利益去追求一时的成功，是多么的危险，是何等的愚蠢！

“杂于利害”，还要求战略决策者妥善处理道德与功利的关系，即做到义与利的高度统一。我们知道，中国古代文化的核心是儒家文化，而儒家是非常讨厌谈论功利的，“耻于言利”。孟子见梁惠王，第一句话便是：“王何必曰利，亦有仁义而已矣。”（《孟子·梁惠王上》）他的前辈孔子也说：“君子喻于义，小人喻于利。”（《论语·里仁》）宋朝那些理学家，像程颢、程颐、朱熹等辈，更进一步，开口闭口“存天理，灭人欲”“饿死事小，失节事大”。而兵家是不信这一套言论的，不但不信，还要奚落、挖苦。他们把追求功利放在第一位，“兵以利动”，这当然是对的，不像儒家那样“迂远而阔于事情”。但是，这并不意味着义与利应该完全对立，水火不容，而是应该有机统一起来，见利思义，见义思利，这也是“杂于利害”的应有之义。否则打破了道德的最后底线，必然是为非作歹，百无禁忌，“水至清则无鱼，人至察则无徒”，所有的掩饰都不要，所有的招牌都打碎，人欲横流，利令智昏，其实只会对赢得真正的利益造成障碍，到头来因小而失大，得不偿失。法家的沉沦就是典型。法家是最讲功利的，按他们的观点，人与人之间都是钩心斗角、彼此利用的势利关系，“君垂爵禄与臣市，臣鬻智力与君市”，可是以势利相交，必定是利尽而义随之中绝。然而恰恰是这种“算计之心”“自为之心”的张扬，使得人与人之间的关系极端紧张、冲突迭起，连法家内部也不得安生，师生反目，同门相残，韩非子让同窗好友李斯活活整死，便是证明。过于言“利”，结果不是别的，就是法家在后世学统不彰，声势消沉。可见“杂于利害”

考虑问题，“利”与“义”就应该协调、统一，可以分出轩轾，区别主次，但不可以一笔抹煞其中的任何一个。像儒家那样做谦谦君子固然大可不必，但是“义”作为一种补充，一种价值观，也不可以彻底拒绝。

其实，即便是儒家，也不是不讲利，而是强调必须以仁义为统帅，利应服从于义。他们所反对的只是唯利是图，孔子说：“放于利而行，多怨。”问题不是“利”，而出于“放”，过了度、超了限就不行。董仲舒讲：“修其理不急其功。”“功”是可以求的，关键是不要太热衷、太急切，即“不急”而已。由此可见，孙子的“杂于利害”观念与儒家思想是可以沟通的，优势互补是它们共同作用于中华文化发展的最佳选择。

真正有成就的军事思想家，都是具有深刻的辩证法思想的，也就是说，在认识事物、驾驭战争时都能“杂于利害”。中国如此，外国也一样。譬如近代普鲁士军事理论家克劳塞维茨，他在军事学术上的最大贡献，就在于他深深受到古典哲学大师黑格尔辩证法的影响，自觉地将辩证的思想方法运用于对战争现象的研究，从而科学地揭示了战争的运动规律及其发展变化的内在动因。克劳塞维茨关于进攻与防御相互关系的阐发，最集中地体现了这一特征。他这样讲：“如果两个概念真正构成了逻辑上的对立，也就是说其中的一个含义是另一个的补充，那么，实际上从一个概念就可以得出另一个概念来。”（《战争论》第三卷）

这就是克劳塞维茨研究进攻与防御关系时所遵循的哲学思维。他不是把进攻与防御对立起来，割裂开来，而是在进攻中看到了防御，在防御中看到了进攻。进攻与防御既相互渗透，又相互转化，两者不是什么绝对的东西：“每一种防御手段都会引起一种进攻手段”，“一种进攻手段是随着一种防御手段的出现而自然出现的”。换句话说，防御“决不是绝对的等待和抵御，因而多少带有一些进攻的因素”，同样，“进攻也不是单一的整体，而是不断同防御交错着的”。克劳塞维茨进而分析比较了进攻与防御这两种作战形式的优缺点，认为它们都是利弊共存：进攻是较弱的形式，但具有积极的目的；而防御则是较强的形式，但具有消极的目的。因而在战争中，“谁认为自己的力量相当强大，足以采取进攻这种较弱的作战形式，谁就可以追求较大的目的；谁要给自己提出较小的目的，谁就可以利用防御这种较强的作战形式的利益”（《战争论》第二卷）。

显而易见，克劳塞维茨关于进攻与防御关系的辩证思维，其进攻与防御互为包容、互有利弊的观念，在精神实质上，与孙子“杂于利害”的理性认识有着相通一致的地方。这充分说明，古今中外的军事学说，只有形式或表述上的不同，而没有精神本质属性上的对立。

是故屈诸侯者以害[1]；役诸侯者以业[2]；趋诸侯者以利[3]。

［注释］

[1] 屈诸侯者以害：指用敌国所厌恶的事情去伤害他从而使他

屈服。屈，屈服、屈从，此处作动词用，制服之意。《诗·鲁颂·泮水》："顺彼长道，屈此群丑。"诸侯，此处指敌方、敌国。 [2] 役诸侯者以业：指用危险的事情去烦劳敌国使它疲于奔命。梅尧臣注："挠之以事则劳。"役，使、驱使的意思。《荀子·正名》："夫是之谓以己为物役矣。"业，曹操注："业，事也。"此处特指危险的事情，与《诗·商颂·长发》中"有震且业"之"业"义近。 [3] 趋诸侯者以利：指用小利引诱调动敌人，使之奔走无暇。张预注："动之以小利，使之必趋。"又一说，以利打动敌人使之归附追随自己。趋，奔赴、奔走，此处用作使动。

[点评]

孙子基于"杂于利害"思想，指出了处理国际关系问题的原则：要用各国诸侯最厌恶的事情去伤害他，迫使他屈服；要用各国诸侯感到危险的事情去困扰他，迫使他听从我们的驱使；要用小利去引诱各国诸侯，迫使他被动奔走。

孙子认为，聪明的将帅在考虑战争问题时，一定会兼顾利害。这一点其实也适合于处理国际关系问题，比如说处理春秋战国时期的诸侯国关系，就非常适用。

只有充分考虑到有利的一面，事情才能尽量完成下去；如果能同时充分考虑到有害的一面，祸患就能预先得到排除。这便是"杂于利害"的思想。事实上，"途有所不由，军有所不击，城有所不攻，君命有所不受"这些作战原则，也完全是基于"杂于利害"思想提出的。孙子认为，作为将领，必须要通盘考虑问题，灵活处置各种情况。在经过认真权衡之后，即便是有非常平坦的大路也不走，非常容易击退的军队也不去攻打，非常容易攻占的城池也不必去抢，甚至是国君的命令也可以抗旨不遵。一切的军事行动必须遵循军事斗争的基本规律，不必计较一城一地的得失，必须舍得放弃局部的小利来换取更大的胜利。

孙子不仅看到了战争的利害交加，同时也指出了在战争中正确运用这一思想取得胜利。这种思想如果用在与诸侯争战过程中，那就是“屈诸侯者以害；役诸侯者以业；趋诸侯者以利”，或用巨大的危害作为恐吓手段迫使对方屈服，或将对手陷入劳民伤财、消耗巨大的事业之中，使其无法腾出力气对付自己，或是诱之以利，用一定的利益作诱饵，驱使对方改变战略方向。

春秋时期，秦国本想劳师远征攻打郑国。郑国的商人弦高正载着皮货，赶着牛群，准备到洛阳贩卖。他得到秦军袭击的消息之后，一面派人飞马赶回郑国通风报信，一面当机立断，扮作郑国的使臣，打着国君的旗号犒劳秦师，告诉秦军：郑国其实早有准备，这样的袭击只有遭到惨败。秦军远道而来，听到这个消息非常泄气，只好撤军。弦高此招实际上就是“屈诸侯者以害”。战国时期，韩国眼看秦国大兵压境，便派出郑国作为间谍，说服秦国修建郑国渠。这其实就是“役诸侯者以业”。当然，郑国渠修好之后，对秦国的水利和农业产生了积极影响，使得秦国变得更加强大，这完全出乎韩国的意料。至于“趋诸侯者以利”，我们可以举出苏秦在齐的间谍行动。为了消耗齐国的实力，苏秦鼓动齐王攻打宋国。这一军事行动固然取得了成功，但同时也招来了诸侯的共同抵制。齐国在兼并宋国之后，很快便被乐毅率领的五国联军打得落花流水，几乎举国覆灭。

故用兵之法，无恃其不来[1]，恃吾有以待也；无恃其不攻[2]，恃吾有所不可攻也。

［注释］

[1] 无恃其不来：以下两句意谓不要寄希望于敌人不来，而要依靠自己做好充分的准备。梅尧臣注："所恃者，不懈也。"恃，依赖、倚仗的意思。《庄子·列御寇》："河上有家贫，恃纬萧而食者。"有以待，指已做好充分的准备。 [2] 无恃其不攻：以下两句意谓不可寄希望于敌人不来进攻，而要依靠自己具备强大实力，使得敌人不敢贸然发起进攻。

［点评］

这里，孙子深刻地阐述了有备无患的备战思想，强调指出不能寄希望于敌人"不来""不攻"，而要立足于自己做好充分的准备，拥有强大的实力，震慑住敌人，使其不敢轻举妄动。孙子认为夺取战争的胜利，必须具备主客观条件，两者缺一不可。活用"九变"，机动灵活，属于发挥主观能动性的范畴，是制胜的重要途径。但是要使它真正发挥作用，还应该有强大的军事实力作后盾，而强大的实力则来自于认真的备战。从这个意义上说，"恃吾有以待也""恃吾有所不可攻也"，可谓是"九变"方法实施的必要条件。

需要指出的是，孙子有备无患的思想还具有更深刻的内涵。它揭示了国防建设的一般规律。“备者，国之重”，在阶级社会里，战争是不可避免的社会现象。历史上，总有少数战争狂人，出于满足称霸等私欲，乞灵于战争，穷兵黩武，将战争强加在人们的头上。乞求这些人发慈悲偃旗息鼓是幼稚而不现实的。正确的对策是，既反对战争，又不惧怕战争，以战止战，争取和平。

要做到“有以待”“有所不可攻”，就必须修明政治，动员民众，发展经济，加强军队建设。这样广大民众才会积极投身于国防建设事业，国家才有足够的经济力量支持反侵略战争，军队才能具有强大的战斗力粉碎敌对势力的进攻。这些都是确保国家安全的基本条件，也是孙子有备无患思想应有的逻辑意义。

孙子的这番论述，是他关于“九变”原则实施的保障，也是他朴素军事辩证法思想的集中体现。众所周知，春秋时期朴素辩证法思想的重要属性之一，是事物转化观点上“节”与“度”概念的提出。当时一些著名思想家，如孔子、老子等人已对事物转化的临界点——“度”有了较为深刻的认识，认为要保持事物的稳定性，既不可不及，又不能太过，“过犹不及”。孙子“将有五危”的论述就是这种社会思潮理性精神在军事领域的反映。

故将有五危：必死[1]，可杀也；必生[2]，可虏也；忿速[3]，可侮也；廉洁[4]，可辱也；爱民[5]，可烦也。凡此五者，将之过也，用兵之灾也。覆军杀将[6]，必以五危[7]，不可不察也。

[注释]

[1] 必死：以下两句指将帅如果轻生决死，固执硬拼，就会有被杀的危险。曹操注：“勇而无虑，必欲死斗，不可曲挠，可以奇伏中之。”必，固执、坚持的意思，与《论语·子罕》“毋意、毋必、毋固、毋我”中的“必”字义同。平津馆本、《太平御览》卷二七二引此“可杀”下无“也”字。 [2] 必生：以下两

句谓将帅如果一味贪生怕死，临阵畏怯，就有被俘虏的危险。张预注："临陈畏怯，必欲生返，当鼓噪乘之，可以虏也。" [3] 忿速：以下两句谓将帅如果急躁易怒，遇敌轻进，就有中敌人轻侮之计的危险。忿，忿怒、忿懑。《古文尚书・君陈》："尔无忿疾于顽。" 速，快捷、迅速，这里指急躁、偏激。 [4] 廉洁：以下两句意谓将帅如果过于洁身清廉，自矜名节，就有受辱的危险。曹操注："廉洁之人，可污辱致之也。" 汉简本作 "洁廉"。 [5] 爱民：以下两句意谓将帅如果溺于 "爱民"（即古人常说的 "妇人之仁"），而不知从全局把握问题，就容易为敌所乘，有被烦劳的危险。张预注："民虽可爱，当审利害。若无微不救，无远不援，则出其所必趋，使烦而困也。" 烦，相烦、烦劳。《左传》僖公三十年："若亡郑而有益于君，敢以烦执事。" 武经本以上五句句末均无 "也" 字，樱田本同，赵注本亦谓有 "也"，非是。 [6] 覆军杀将：言使军队覆灭、将帅被杀。覆，覆灭、倾覆。《左传》隐公十一年："吾子孙其覆亡之不暇，而况能禋祀许乎？" 覆、杀，此处均为使动用法。 [7] 必：一定、肯定。《诗・邶风・旄丘》："何其久也，必有以也。" 以：由、因的意思。五危：即上述 "必死" "必生" 等五事。

[点评]

在孙子的心目中，将帅是国家的辅木、军队的主宰，他的才能、品德在很大程度上关系着战争的胜负。同样的道理，能否实施随机应变、灵活机动的作战指挥，也依赖于将帅个人的主观条件。基于这样的认识，孙子强调，为了真正贯彻 "九变" 的灵活作战指导原则，必须高度重视将帅队伍的建设。为此，他在本篇结尾处语重心长地叮嘱那些身为将帅的人，要注意努力克服自己性格上“必死”“必生”“忿速”“廉洁”“爱民”等五种缺陷，以避免“覆军杀将”这一类悲剧的发生。

孙子的这番论述，是他关于“九变”原则实施的条件保障，也是他朴素军事辩证法思想的集中体现。其实勇于牺牲、善于保全、同仇敌忾、廉洁自律、爱民善卒等等，本来都是将帅应具有的优良品德，然而一旦过了度，也就是说一旦发展到“必”这一程度的话，那么性质也就起了转化，走向反面，而成为“覆军杀将”的诱因了。因为，按“杂于利害”的原则来看，最坏的东西，也有其合理的成分。一样的道理，最好的品德也有其软肋，有其弱点。如“廉洁奉公”，无疑是一种美德，但廉洁之人往往有一大弱点，即太关心外界的评价，太在乎自己的形象，容易“图虚名而处实祸”。他的对手，往往利用这一点对他进行攻击，造谣抹黑，无所不用其极！不廉洁的人对此会无所谓，而廉洁之人则常常而陷入困扰之中，整天处于负面情绪的包围之中，心烦意乱，坐卧不安，寝食不宁。而他又处于决策的位置，往往会在心烦意乱的状态下，在错误的时间、错误的地点做出错误的决策。而对手就等着他犯错，一旦他犯错，即抓住机会，给他以致命的打击。这时候，廉洁就不是正面的帮助了，而成为了负面的障碍了。由此可见，孙子思想的深刻性是无与伦比的。他的睿智，值得我们推崇！

归根结底，像以“节”控“势”的情况一样，孙子在这里所强调的，也是一个把握“度”的问题，它是用兵打仗上的“中庸之道”，提倡的是掌控事物变化的临界点，既不要做过头，也不要做不到，顺境之中不忘乎所以，逆境之中不灰心丧气。用兵讲求变化，变化越多越好，越神鬼莫测越高明巧妙。所以要“九变”，即“不拘常法，临事适变，从宜而行之之谓也”。然而，这种灵活机动、随机应变、屈伸自如并不是毫无规律、杂乱无章、随心所欲的“变化多端”，而是有分寸感，有大局观，恰到好处的“权宜机变”。看上去眼花缭乱，应接不暇，实质上则是丝丝入扣、斐然成章。所以它才是中国古典哲学中最佳的境界——“极高明而道中庸”。事实正是如此，不高明就没有辉煌灿烂的兵学文化，不中庸则不可能使这种兵学文化长期稳定而守恒。《孙子兵法》仅仅凭有“杂以利害”这一条原则，就足以垂万古而不朽了！

行军篇

孙子曰：凡处军[1]、相敌[2]：绝山依谷[3]，视生处高[4]，战隆无登[5]，此处山之军也。绝水必远水[6]；客绝水而来[7]，勿迎之于水内，令半济而击之[8]，利；欲战者，无附于水而迎客[9]；视生处高，无迎水流[10]，此处水上之军也。绝斥泽[11]，惟亟去无留[12]；若交军于斥泽之中[13]，必依水草而背众树[14]，此处斥泽之军也。平陆处易而右背高[15]，前死后生[16]，此处平陆之军也。凡此四军之利[17]，黄帝之所以胜四帝也[18]。

主客，古代兵法重要范畴之一。就作战双方而言，主指己方，客指敌方；就作战形式而言，主指防御一方，客指进攻一方；就作战态势而言，主指主动一方，客指被动一方。

［注释］

[1] 处军：指行军舍营、处置军队，即在不同地形条件下，军

队行军、作战、驻扎诸方面的处置方法。处，处置、部署的意思。 [2] 相敌：观察、判断敌情。相，视、看、观察的意思。《左传》隐公十一年：“量力而行之，相时而动。” [3] 绝山依谷：指通过山地要傍依溪谷行进。张预注：“凡行军越过山险，必依附溪谷而居。一则利水草，一则负险固。”绝，越度、穿越。《汉书·成帝纪》：“不敢绝驰道。”颜师古注：“绝，横度也。”依，傍依、靠近；王皙注：“依，谓附近耳。” [4] 视生处高：指军队驻扎要面南朝阳，居隆高之地。杜牧注：“言须处高而面南也。”视，看、审察，这里是面向的意思。生，生处、生地，此处指向阳地带。曹操注：“生者，阳也。”李筌注：“向阳曰生。”处高，即居高的意思，即依托高地。高，高地。 [5] 战隆无登：指在隆高之地同敌人作战，不宜自下而上进行仰攻。战，战斗。隆，高地。登，登攀、仰攻。张预注：“敌处隆高之地，不可登迎与战。”汉简本则作“战降毋登”。 [6] 绝水必远水：意谓横渡江河，一定要在离江河稍远处驻扎。张预注：“凡行军过水，欲舍止者，必去水稍远。一则引敌使渡，一则进退无碍。”绝，横渡也。《荀子·劝学》：“绝江河者，非舟楫也。”远，此处形容词作动词用，远离之意。 [7] 客：指敌军，进攻之敌。下同。《礼记·月令》注：“为客不利。”疏引正义曰：“起兵伐人者谓之客。” [8] 令半济而击之：让敌军渡河渡到一半时发动攻击。此时敌军首尾不接，行列混乱，攻之容易取胜。济，渡河。半济，指渡过一半。平津馆本“半济”作“半渡”。 [9] 无附于水而迎客：不要在挨近江河之处同敌人作战。无，勿、毋。附，毗近的意思。迎，迎击。 [10] 无迎水流：意谓勿居下游，此指不要把军队驻扎在江河下流处，以防敌人决水、投毒。贾林注：“水流之地，可以溉吾军，可以流毒药。迎，逆也。” [11] 绝斥泽：通过盐碱沼泽地带。斥，盐碱地。《尚书·禹贡》：“厥土白坟，海滨广斥。”郑玄注云：“斥谓地盐卤。”通常“斥卤”合称，如《吕氏春秋·乐成》：“终古斥卤，生之稻粱。” [12] 惟亟去无留：意谓遇盐碱沼泽地带，应当迅速离开，切莫停留驻军。惟，宜、应该。亟，急、迅速。去，离开。樱田本“无”作“莫”，《武经七书直解·孙子直解》与赵注本作“勿”。 [13] 若交军于斥泽之中：言在盐碱沼泽地带与敌作战。交军，两军相交，指同敌军对峙与交战。 [14] 必依水草而背众树：指一定要依近水草并背靠树林。依，依近、靠近。背，背靠、倚托之意。张预注：“不得已而会兵于此地，必依近水草以便樵汲，背倚林木以为险阻。”汉简本“依”上无“必”字。 [15] 平陆处易而右背高：指遇到开阔地带，应选择平坦之处安营，并把军队的翼侧部署在高地之前，以高地为倚托。平陆，开阔的平原地带。易，平坦之地。右背高，指军队翼侧要后背高地以为依托。右，指军队的主要翼侧。一说：右，上的意思；右背高，即以背靠高地为上。武经本与樱田本皆无“而”字。 [16] 前死后生：本句意谓在平原地带作战，也要做到背靠山险而面向平易。生、死，此处指地势的高、低。《淮南子·地形训》：“高者为生，下者为死。”又该书《兵略训》：“所谓地利，后生而前死。” [17] 凡此四军之利：四军，指上述山地丘陵、江河、盐碱沼泽地、平原四种地形条件下的处军原则。汉简本无“此”字，樱田本同。 [18] 黄帝之所以胜四帝也：这就是黄帝所以能战胜四方部族首领的缘由。曹操注：“黄帝始立，四方诸侯无不称帝，以此四地胜之也。”又汉简本《黄帝伐赤帝》云：“（南伐赤帝）……东伐（青）帝……北逐黑帝……西伐白帝……已胜四帝，大有天下。”黄帝是传说中的中华民族祖先，部族联盟首领，号轩辕氏，居有熊。传说他曾败炎帝于阪泉，诛蚩尤于涿鹿，北逐獯鬻（荤粥），合符釜山，统一了黄河流域。事见《竹书纪年》与《史记·五帝本纪》。四帝，四方之帝，即周边部族联盟的首领，一般泛指炎帝、蚩尤等人。

［点评］

行军，这里不同于现代军语中的“行军”概念，而指如何部署、动用军队。“行”指军队的行军布阵；“军”指军队的屯驻、驻扎或展开。“行”，音“杭”，行列、阵势。《周礼·夏官》：“行司马。”郑玄注：“行，谓军行列。”《老子》第六十九章：“是谓行无行。”王弼注：“行，谓行陈也。”“军”，屯、驻扎。《国语·晋语》：“军于庐柳。”韦昭注：“犹屯也。”《史记·项羽本纪》：“沛公军霸上。”“军”即军队的驻扎、屯驻。本篇题意，曹操注：“择便利而行也。”王皙注：“行军当据地，便察敌情也。”张预注：“知九地之变，然后可以择利而行军，故次《九变》。”诸家之注，均言有所得。

本篇主要论述军队在不同的地理条件下如何行军作战、如何驻扎安营以及怎样根据不同情况，透过具体表象看本质，观察、分析、判断敌情，从而作出正确应对之策等一系列问题。孙子认为，“处军相敌”是作战指挥中的重要问题，事关战争大局，强调指出在行军作战中，首先要将军队处置好，而“处军”的重要内容，便是要善于利用有利的地形，避开不利的地形。为此他列举了山地、江河、沼泽、平原等四种地形的不同处军原则，并进而将利用地形的基本特点归纳为“凡军好高而恶下，贵阳而贱阴，养生而处实”。这是孙子对前人和当时利用地形经验的科学总结。

自古至今，凡是兴师作战，止则为营，行则为阵，行军、立营同布阵打仗就像一根藤上的两只瓜，关系实在太密切了，所以历来受到军事家们的重视，《司马法·严位》就说“舍谨兵甲，行慎行列，战谨禁止”。行军混乱一片，驻扎随便凑合，布阵毫无章法，那么这仗没打，便先输了一大半。孙子懂得其中的奥妙，所以他重视“处军”（即在不同地形条件下行军、驻扎、布阵的具体对策），成为中国历史上系统论述“处军”原则的第一人。

孙子以为，“处军”从表面上看起来是婆婆妈妈的琐碎事情，其实平凡之中蕴含高明，是一点也不能马虎的。它事关主动权的把握，事关战争胜负的大局，所以是作战指挥中所需要重点解决的问题，只有优先把部队安排妥当，才有可能进一步讨论什么战术、研究什么打法，否则，便一切无从谈起，就傻乎乎在那里等敌人来收拾自己吧。

当然，单纯有“处军”得宜的善良愿望是不够的，必须有正确的方法、途径才能达到妥善“处军”的目的。孙子为人实在的地方，就是他从不玩“空手道”，而是把注意力完全置放在“处军”正确措施的归纳和总结上。他认为，“处军”的重点内容和基本要求，便是要善于做到根据不同的情况，灵活机动地贯彻有针对性的方法和措施，利用有利的地形，避开不利的地形。为此，他一一列举了军队在山地丘陵、江河湖泊、沼泽泥潭以及开阔平原等四种不同地形条件下行军、驻扎、布阵的原则和要领，并且进而将利用地形而“处军”的基本特点给归纳了出来，这就是：安营扎寨也好，行军布阵亦罢，都要抢占干燥的高地，躲开潮湿的洼地，据有向阳的地方，放弃不见光的环境；驻扎在靠近水草的地区，军需供应充足，将士百病不生，从而保证军队能够克敌制胜。强调指出，这才是掌握主动、立于不败之地的前提条件，“此兵之利，地之助也”，所以不可不加以充分的重视、巧妙的掌握。

孙子的这些看法，由于讲的正确，讲的到位，合乎军队行动的一般规律，因此受到后人的普遍重视，许多兵学家在他们的著作里也和孙子唱一个调。如《武经总要·前集·制度》的作者就说：“顿舍必就薪水，畜牧必依刍草。一事不备，则自投于死，安能获寇哉？”

值得我们注意的是，外国不少有名的军事学家同样重视安营扎寨、行军布阵的重要性。比如若米尼在他的名著《战争艺术概论》一书的“军队行军宿营和冬季宿营”章节中，就论述了类似孙子“处军”的命题：在战争期间，不论是行军时，或是在执行监视任务时，或是在待机恢复进攻时，军队都完全需要在所占领的战略位置上保持集中舍营。这种位置的选择，要求军队主帅要善于计算，能够判断出敌人可能造成的威胁。军队必须占领足够广大的空间，以便获得充足的给养，但同时又必须保持战斗力，以便能迎击敌人可能发动的攻势。这位若米尼先生的言论，听起来很拗口，很别扭，但意思还是清楚的：军队该怎样部署和展开。它同孙子的话不同而理相似，可见古今中外重视地形以部署展开军队的看法是一致的。

孙子的“处军”原则，也被历史上众多的战争实践证明是行之有效的作战要领，绝非浪得虚名。譬如江河湖泊地带的处军作战之法，“客绝水而来，勿迎之于水内，令半济而击之"云云，就很有实际的价值。所谓"半济而击"，即是趁着敌人正在渡河的时候，冷不防地发起攻击，来争取主动，赢得胜利。春秋时期宋、楚泓水之战中，贵族风度十足的宋襄公拒绝大臣子鱼的意见，不肯乘楚军横渡泓水之时击鼓进攻，结果吃了大亏，败得一塌糊涂，这种迂腐而又自负的表现，从反面证明了"半济而击"原则的正确性。而在吴、楚柏举之战中，吴军在取得第一场会战的胜利后，对楚军实施战略追击，终于在清发水一带赶上了撤退逃跑中的楚军。这时，吴王阖闾接受了他的兄弟夫概的"半渡而后击之"建议，再次大破楚军，扩大了战果，为进入楚国都城郢都扫清了障碍。这个例子，又从正面证明了"半济而击"原则的重要价值。

当然，对孙子我们也大可不必迷信，他提出的一系列"处军之法"，只是一般的作战原则，要真正充分发挥它的作用，完全有待于军事指挥员根据战场的情势，来灵活加以掌握运用。譬如楚汉战争时期，汉军统帅韩信在破赵之役中背靠绵蔓水布列阵势的做法，单单从表面上看起来，你会觉得这根本不合通常的"处军之法"。因为一般的部署军队的原则是要求做到"前左水泽，右背山陵"，而韩信却是反其道而行之，变成"右背"水泽了。可是实际的战争进程出乎所有人的意料：韩信通过自己天才的指挥，杀得二十万赵军片甲不留，只用了一个早上的时间，就灭掉了赵国。这个事实表明，"处军"上的种种原则，如同孙子的其他作战方法一样，是真理而不是教条，绝对不应该死守拘泥。否则就会像那位空头理论家马谡一样，落得个“画虎不成反类犬”“赔了夫人又折兵”的下场。当年，马谡任蜀军北伐先锋，奉诸葛亮之令，统率蜀军精锐进驻街亭，与魏军周旋。在驻扎部队时，马谡弃战略要道于不顾，将部队驻扎在街亭周围的一座土山上。这样做，似乎是同孙子的“处军之法”原则相吻合的，“视生处高”嘛，所谓“好高而恶下，贵阳而贱阴”。马谡自己也踌躇满志、豪情万丈：“以高击下，百战百胜！”可结果呢，张郃统帅的魏军大兵一到，切断蜀军水源，将整座小山团团包围起来后，马谡便完全没招了，一仗下来，不但没有能“以高击下”，创造奇迹，反而输得惨不忍睹，使诸葛亮第一次出祁山、北伐中原的军事行动不得不窝窝囊囊收场。马谡这个祸闯得真不小，在战后受到军法的严厉制裁，丢掉了自己的脑袋。这件事也让我们悟出这么一个道理：仅仅知道兵法的条文，即便是到了滚瓜烂熟、倒背如流的程度，也不算是什么了不得的事情，如果不懂得如何深刻理解它，灵活运用它，那么，有时候真的还不如什么都不知道来得好。

孙子论述“处军四法”，其基本原则是尽量“趋利避害”，所追求的无外乎是一个“利”字。孙子认为，只要按照他所说的，完全做到这些，就可以达成“四军之利”。孙子的讨论并不停留于此。在论述“处军四法”之后，孙子又从正反两面论述了军队驻扎的主要注意事项。这些注意事项，其实仍然是力求最大限度地“趋利避害”，也就是追求“兵之利，地之助”。这些注意事项，我们不妨称之为“处军”总原则，也就是：“凡军好高而恶下，贵阳而贱阴，养生而处实，军无百疾，是谓必胜。”

凡军好高而恶下[1]，贵阳而贱阴[2]，养生而处实[3]，军无百疾[4]，是谓必胜。丘陵堤防，必处其阳而右背之[5]。此兵之利，地之助也[6]。上雨，水沫至[7]，欲涉者[8]，待其定也[9]。凡地有绝涧[10]、天井[11]、天牢[12]、天罗[13]、天陷[14]、

天隙[15]，必亟去之，勿近也。吾远之[16]，敌近之；吾迎之，敌背之。军行有险阻[17]、潢井[18]、葭苇[19]、山林、蘙荟者[20]，必谨覆索之[21]，此伏奸之所处也[22]。

[注释]

[1] 好高而恶下：好，喜爱、乐意。恶，厌恶、讨厌。张预注："居高则便于觇望，利于驰逐；处下则难以为固，易以生疾。" [2] 贵阳而贱阴：指看重向阳之处而不喜欢阴湿地带。梅尧臣注："处阳则明顺，处阴则晦逆。" [3] 养生而处实：指军队要选择水草和粮食充足、物资供给方便的地域驻扎。养生，指水草丰盛，粮食充足，便于军队生活。曹操注："养生，向水草，可放牧养蓄乘。"处实，指军需物资供应便利。梅尧臣注："处实，利粮道。"武经本与樱田本均无"而"字，赵注本同。 [4] 军无百疾：以下两句张预注："居高面阳，养生处厚，可以必胜；地气干熯，故疾疠不作。"汉简本无"是谓必胜"，疑脱。 [5] 必处其阳而右背之：指置军于向阳之地并使其主要侧翼背靠高地。 [6] 地之助：谓得自地形条件的辅助。梅尧臣注："兵所利者，得形势以为助。" [7] 沫：张预注："沫，谓水上泡沤。" [8] 涉：原意谓步行渡水，这里泛指渡水。 [9] 定：指水势平稳。 [10] 绝涧：指溪谷深峻、水流其间的险恶地形。曹操注："山深水大者为绝涧。" [11] 天井：指四周高峻、中间低洼的地形。曹操注："四方高、中央下者为天井。" [12] 天牢：是对高山环绕、易进难出的地形之形象描述。王皙注："牢，谓如狱牢。"张预注："山险环绕，所入者隘，为天牢。" [13] 天罗：指草深林密，荆棘丛生，军队

进入后有如深陷罗网无法摆脱的地形。罗，罗网。曹操注："可以罗绝人者为天罗。" [14] 天陷：指地势低洼、道路泥泞、车马易陷的地带。陷，陷阱。曹操注："地形陷者为天陷。"又张预注："陂池泥泞，渐车凝骑。" [15] 天隙：指两山相向、涧道狭窄险恶的地形。隙，狭隙。曹操注："山涧道迫狭，地形深数尺、长数丈者为天隙。" [16] 吾远之：以下四句意谓对于上述"绝涧"等"六害"地形，我们要远离它、正对它，而让敌军去接近它、背靠它。梅尧臣注："言六害当使我远而敌附，我向而敌倚，则我利敌凶。"之，指"绝涧"等六种不利地形。 [17] 军行有险阻：险阻，《尔雅·释名》："山巇曰险，水隔曰阻。"曹操注："险者，一高一下之地；阻者，多水也。"孙校本依《通典》卷一五〇、《太平御览》卷二九一与三〇六改作"军旁"。武经本也作"军旁"，樱田本同。 [18] 潢井：指积水低洼之地。《汉书·龚遂传》颜师古注："积水曰潢。"又曹操注："潢者，池也；井者，下也。" [19] 葭苇：芦苇，这里泛指水草丛聚之地。曹操注："葭苇者，众草所聚。"武经本作"蒹葭"，樱田本同。汉简本作"□苇"，是□处亦当作"葭"。 [20] 山林、蘙荟：指山林森然，草木繁茂。曹操注："山林者，众木所居也；翳荟者，可屏蔽之处也。"武经本"山林"作"林木"，樱田本同。汉简本作"小林"，《太平御览》卷二九一与三〇六两引并同。而《通典》卷一五〇引却作"山林"。汉简本"蘙荟"作"翳浍"，下又有"可伏匿者"四字。 [21] 必谨覆索之：一定要仔细、反复地进行搜索。谨，谨慎。覆，反复。索，搜索、寻找。汉简本无"必"字。 [22] 此伏奸之所处也：指"险阻""潢井"等处往往是敌人伏兵或奸细的藏身之处。张预注："恐兵伏其中，又虑奸细潜隐，觇我虚实，听我号令。伏、奸，当为两事。"汉简本作"奸之所处也"。武经本作"此伏奸之所"，樱田本同。孙校本据《通典》《太平御览》改作："此伏奸之所藏处。"

[点评]

孙子的“处军四法”，总体上看，是强调“处军”的关键原则就是要占据有利地形。这种有利地形概括起来就是“好高”“贵阳”和“养生”。也就是说，这些地方应该有居高临下的优势，有充足的阳光，有丰茂的水草。如果据为己有，不仅部队便于机动，后勤补给也会容易一些，士卒也会百病不生。这就可以为战争胜利创造有利条件。

接下来的几句话还是对这个总原则的进一步阐释。其一是陆地。“丘陵堤防，必处其阳而右背之”，所强调的是仍然是占据高位，力求居高临下，占据向阳的一面，保证阳光充足。其二是江河。孙子对于如何渡河，也即“处水上之军”，也进行了进一步论述：“上雨，水沫至，欲涉者，待其定也。”如果遇到下雨，那就必须等雨水停下，等水势情况较为稳定之后，再组织部队渡江。

孙子将不能满足上述处军原则的地方也进行了总结，这就是“六害之地”：绝涧、天井、天牢、天罗、天陷、天隙。

绝涧，是指两面都是陡险之地，中间只有一条狭窄通道。天井，指的是四面都是高地，只中间陷进去一块地。天牢，指的是群山环绕之地，部队易进难出。天罗，曹注曰：“可以罗绝人者为天罗。”意思是草深林茂，如同罗网一张。天陷，指的是地势低洼、道路狭窄、崎岖难行之地。天隙，指的是山林之间的狭窄之地，也可能是一种大地缝。这“六害之地”，意思上不免会有重复之处。因为从总体上看，它们都是地势较低、缺少阳光、易进难出之地。诸如这些地方显然都是非常不利于驻扎军队，而且即便是行军路过，一旦被敌人包围，那就很可能面临绝境。故此，一旦遇到这种地形，那就必须要组织部队迅速离开，不能停留。对我不利，对敌也不利。所以，在战斗中，高明的指挥员必须要想方设法把敌人逼向这种地形，从而取得主动局面。这就是“吾远之，敌近之”的道理。不仅如此，对于这“六害之地”，我方要保持面向它们，但是要努力诱使敌军背靠它们，也即所谓“吾迎之，敌背之”。这里的“之”，都是指前面的“六害之地”。

孙子所言，具体而微。由此可见，他不仅是伟大的战略学家，同时也是当之无愧的战术大师。

战争活动在很大程度上是对以往战争经验与教训的借鉴和汲取。观察和判断敌情，离不开以往的战争经验作为参验、推论的坐标和参数。孙子的过人之处，是他把原先零散的经验、例证按照一定的体系归纳、总结在一起，形成了相对系统完整的“相敌”方法。这类方法他一共概括出三十多种，大多是经受过实战检验而证明行之有效的。

敌近而静者，恃其险也；远而挑战者，欲人之进也；其所居易者[1]，利也。众树动者[2]，来也；众草多障者[3]，疑也。鸟起者[4]，伏也；兽骇者[5]，覆也。尘高而锐者[6]，车来也；卑而广者[7]，徒来也；散而条达者[8]，樵采也；少而往来者[9]，营军也。辞卑而益备者[10]，进也；辞强而进驱者[11]，退也；轻车先出居其侧者[12]，陈也；无约而请和者[13]，谋也；奔走而陈兵车者[14]，期也；半进半退者[15]，诱也。杖而立者[16]，饥也；汲而先饮者[17]，渴也；见利而不进者[18]，劳也；鸟集者[19]，虚也；夜呼者[20]，恐也；军扰者[21]，将不重也；旌旗动者[22]，乱也；吏怒者[23]，倦也；粟马肉食[24]，军无悬缻[25]，不返其舍者[26]，穷寇也。谆谆翕翕[27]，徐与人言者[28]，失众也；数赏者[29]，窘也；数罚者[30]，困也；先暴而后畏其众者[31]，不精之至也[32]。来委谢者[33]，欲休息也[34]。兵怒而相迎，久而不合[35]，又不相去，必谨察之。

［注释］

[1] 其所居易者：以下两句指敌军在平地上驻扎，一定是有利可图才这么做的。杜牧注："敌不居险阻而居平易，必有以便利于事也。"易，平易，指平地。利，有利、有好处。又张预注："或曰敌欲人之进，故处于平易以示利，而诱我也。"此句《通典》卷一五〇与《太平御览》卷二九一并作"其所处者，居易利也"。孙校本据以改为"其所居者，易利也"。 [2] 众树动者：众树，许多树木。动，摇曳摆动。曹操注："斩伐树木，除道进来，故动。" [3] 众草多障者：以下两句是指在杂草丛生之处设下许多障碍，是企图使我方迷惑。曹操注："结草为障，欲使我疑也。"疑，使动用法，使迷惑、使困惑之意。 [4] 鸟起者：以下两句是指鸟雀惊飞，是因为其下埋伏着敌军。曹操注："鸟起其上，下有伏兵。"伏，埋伏、伏兵。 [5] 兽骇者：以下两句是指野兽受惊奔跑，这是敌军大举来袭。曹操注："敌广陈张翼，来覆我也。"骇，惊骇、受惊。覆，倾覆、覆没的意思，引申为铺天盖地，蜂拥而至。一说，

“覆”亦为伏兵。《左传》隐公九年：“君为三覆以待之。”杜预注：“覆，伏兵也。” [6] 尘高而锐者：以下两句是指尘土高扬笔直上升，这是敌人兵车驰来。杜牧注：“车马行疾，仍须鱼贯，故尘高而尖。”锐，笔直。车，兵车。 [7] 卑而广者：以下两句意谓尘土低而宽广，这是敌人的步兵开来。张预注：“徒步行缓而迹轻，又行列疏远，故尘低而来。”卑，低下。广，宽广。徒，步卒、步兵。 [8] 散而条达者：以下两句是指尘土散漫而细长，时断时续，这是敌人在砍薪伐柴。杜牧注：“樵采者，各随所向，故尘埃散衍。”条达，王皙注：“纵横断绝之貌也。” [9] 少而往来者：以下两句是指尘土稀少，此起彼落，这是敌人在安营驻军。梅尧臣注：“轻兵定营，往来尘少。” [10] 辞卑而益备者：以下两句是指敌人措辞谦卑恭顺，同时又加强战备，这表明敌人准备进犯。梅尧臣注：“欲进者，外则卑辞，内则益备。”卑，卑谦、恭敬。益，增加、更加的意思。 [11] 辞强而进驱者：以下两句是指敌人方面措辞强硬，在行动上又示以驰驱进逼之姿态，这是其准备后撤。 [12] 轻车先出居其侧者：以下两句张预注：“轻车，战车也。出军其旁，陈兵欲战也。”陈，同“阵”，布列阵势。 [13] 无约而请和者：指敌人还没有陷入困境却主动前来请和，这中间一定怀有不可告人的目的。约，困屈、受制的意思。《集韵》：“约，屈也。” [14] 奔走而陈兵车者：以下两句意思是敌人急速行动、摆开兵车布好阵势，是期求与我进行作战。期，期求。《韩非子·五蠹》：“圣人不期修古，不法常可。”此处是“期会”（按期会合进行决战）的意思。武经本“兵”下无“车”字。赵注本谓有“车”非是。汉简本作“奔走陈兵者”，无“车”字，樱田本与汉简本同，《通典》《太平御览》亦无，各家注亦不注“车”字。是《孙子兵法》故书本无“车”字。又，汉简本并无“而”字。 [15] 半进半退者：以下两句是指敌人似进不进，似退不退，这是为了诱我入其圈套。汉简本作“半进者”。 [16] 杖而立者：以下两句言倚着兵器而站立，这是饥饿的表现。王皙注：“倚仗者，困馁之相。”杖，同“仗”，扶、倚仗的意思。樱田本作“杖而后立”。孙校本又据《通典》《太平御览》与梅尧臣、张预注改为“倚仗而立”。 [17] 汲而先饮者：以下两句是指取水的人自己先饮用，这是干渴的标志。张预注：“汲者未及归营而先饮水，是三军渴也。”汲，汲水、打水。汉简本作“汲役先饮”。 [18] 见利而不进者：以下两句是指明明有利可图而军队却不前进，说明敌军已疲劳不堪。杜佑注：“敌人来，见我利而不能击进者，疲劳也。” [19] 鸟集者：以下两句是指鸟雀群集敌营，表明敌营空虚无人。梅尧臣注：“敌人既去，营垒空虚，鸟乌无猜，来集其上。”《左传》襄公十八年：“师向告晋侯曰：‘城上有鸟，齐师其遁。’”虚，空虚无人的意思。 [20] 夜呼者：以下两句是指军卒夜间惊呼，这是敌人惊恐不安的象征。杜牧注：“恐惧不安，故夜呼以自壮也。” [21] 军扰者：以下两句张预注：“军中多惊扰者，将不持重也。” [22] 旌旗动者：以下两句是指敌军旗帜不停地摇动，表明敌人已经处于混乱之中。杜佑注：“旌旗谬动，抵东触西倾倚者，乱也。” [23] 吏怒者：以下两句梅尧臣注：“吏士倦烦，怒不畏避也。” [24] 粟马食肉：拿粮食喂马，杀牲口吃肉。粟，粮谷，此处名词用作动词，指用粮食喂马。 [25] 军无悬缻：敌军收拾起了炊具。“缻”同“缶”，汲水用的罐子，泛指炊具。武经本作“缶”。 [26] 不返其舍者：军不归幕，暴露野宿。舍，营幕。 [27] 谆谆翕翕：低声下气、恳切温和的样子。谆，恳切。这里有絮絮不休的意思。翕，通“习”，《诗·邶风·谷风》：“习习谷风。”毛苌传：“习习，和舒貌。” [28] 徐与人言者：意谓语调和缓地同士卒商谈。徐，缓缓温和的样子。人，此处指士卒。 [29] 数赏者：以下两句是指敌军一再犒赏士卒，说明其处境困难。梅尧臣注：“势穷忧叛离，屡赏以悦众。”数，多次、反复。窘，窘迫、困窘。 [30] 数罚者：以下两句是指敌军一再处罚士卒，表明其已经陷入困境。梅尧臣注：“人弊不堪命，屡罚以立威。” [31] 先暴而后畏其众者：指将帅开始对士卒粗暴，继而又惧怕士卒者。李筌注：“先轻后畏，是勇而无刚者。” [32] 不精之至也：意谓将帅不精明、没水准到了极点。 [33] 委谢：指委质赔礼。委，委质、遗礼。古人相见，多执贽以为礼，故称“委质”或“委贽”。谢，道歉、谢罪。 [34] 欲休息也：敌人希望休兵息战。 [35] 久而不合：久久没有展开交锋的意思。合，指交战。古代敌对双方交战曰“合”。

［点评］

“相敌”，顾名思义，指的是观察、了解各种征候、情况，并在此基础之上，正确地分析和判断敌情。它的本质属性，是要透过眼花缭乱的表面现象，找出真正的原因、动态，以求对敌人一方的基本情况做出缜密的分析、正确的判断，从而掌握主动，为夺取战斗的胜利创造必要的条件。

孙子所述的三十多种侦察和判断敌情的方法，包括了几大类型，一是通过对敌人言论行为的观察来判断敌人的作战企图，比如“敌近而静者，恃其险也；远而挑战者，欲人之进也”“辞卑而益备者，进也；辞强而进驱者，退也；轻车先出居其侧者，陈也；无约而请和者，谋也”，等等。用聪明的大脑，过滤种种蛛丝马迹，拨开层层迷雾，看清事情的本相，料定敌人想干什么，要干什么，然后预作防范，给敌人以迎头痛击。二是通过对鸟兽草木和尘埃土灰的观察，来判断敌人方面的行动意向，比如“众树动者，来也；众草多障者，疑也。鸟起者，伏也；兽骇者，覆也。尘高而锐者，车来也；卑而广者，徒来也；散而条达者，樵采也；少而往来者，营军也”，等等。“风乍起，吹皱一池春水”“树欲静而风不止”，敌人想有所动作，不可能把一切捂得严严实实，总会在不经意中透露一二，这时便可以从种种自然物候现象中分析其动态，未雨绸缪，稳操胜券。三是通过对敌人举止动态、活动状况的观察，来判断敌人的虚实，看他休整是否充分，士气是否高涨，补给是否跟上，如“杖而立者，饥也；汲而先饮者，渴也；见利而不进者，劳也”“夜呼者，恐也；军扰者，将不重也；旌旗动者，乱也；吏怒者，倦也”，等等。就这样，寻找出敌人的弱点，把握住有利的战机，打蛇打七寸，一举置敌人于死地。

这些“相敌”的招数，基本上是实战经验的结果，战争史上不乏这方面的具体印证。如公元前615年，秦国起兵攻打晋国。晋国自然不敢怠慢，委派中军主帅赵盾统率晋军主力抗击来犯的秦军。双方军队遂于河曲（今山西永济）相遭遇。针对秦军远离后方、越境征战、难以持久的军情特点，晋军统帅采取了“深垒固军”、待敌撤退而击之的方针，气定神闲，“老虎不出洞”，磨得秦军一点也没脾气。无奈之下，秦军主帅做出了全师撤退的决定。为了掩饰这一意图，免得晋军趁火打劫、乱中取胜，秦军主帅派遣使者前往晋军大营，预约双方在第二天进行决战，这位使者果然好身手，在晋军诸多将领跟前，气焰嚣张，肆无忌惮，话讲得特冲也特强硬，一副鱼死网破的劲头。可他夸张的表现并不能瞒蒙睿智的人，晋军的一位副将就从秦军使者的眼神里、口气中察觉到其色厉内荏、外强中干的蹊跷，判断秦军已黔驴技穷，行将撤退。于是向赵盾提出建议：乘秦军开始后撤之时发起攻击，截断敌人的退路，一举加以歼灭。但遗憾的是，晋军统帅赵盾魄力太小，打仗瞻前顾后，患得患失，没有能采纳这个正确建议，致使秦国军队得以趁着夜色的掩护安全撤退，摆脱了被动受歼的危险局面（参见《左传》文公十二年）。这就是所谓“辞强而进驱者，退也”的典型例证。

又如公元621年爆发的虎牢之战中，李世民（当时还是秦王）统率唐军，在战略要地汜水（今河南荥阳汜水）一带与劲敌窦建德相对峙。当时，窦建德的部队有十余万人，声势浩大，沿着汜水东岸布阵列势，北依大河，南连鹊山，正面宽达二十余里地。可“人是铁，饭是钢”，窦军整整一个上午（从辰时一直到午时）折腾下来，战斗力也就在无形之中悄然流逝了。那些兵士饿着肚子，渴着嗓子，都横七竖八坐在地上，秩序混乱，根本不像打仗的样子。细心的李世民从远处观察到这些迹象后，便判断窦建德部队的士气开始懈怠，唐军取胜的机会来了。

送上门来的东西，不要白不要，于是李世民便派遣宇文士及率领三百名骑兵前去掠阵，算是投石问路。他告诫宇文士及说，倘若窦军进退有节，严整不动，那么就不要强行突破，而马上领兵返回本阵；如果对方阵势经不得这么一冲，混乱松动，那么就引兵继续攻击，以扩大战果。宇文士及应命而去，猛攻至窦军阵前。接下来的事情恰如李世民所料，窦军果真是只纸老虎，败象立露，整个阵势迅速开始动摇与瓦解。李世民见状，喜上眉梢，当即下达命令：全军出动，发起总攻，并身先士卒，亲自带领骑兵冲锋陷阵。唐军渡过汜水后，饿虎扑食一般杀向窦建德军的大营，窦军的指挥中枢迅速瘫痪，杀得窦军上下人仰马翻，溃不成军，窦建德本人也身负重伤，倒栽葱似地从高高的马背上摔跌下来，被唐军士兵逮个正着，他手下的十万兵马就这样烟消云散了，虎牢之战便以唐军大获全胜而告结束，唐王朝取得了统一天下之战中的关键性胜利。而唐军之所以取胜，重要的前提是李世民善于"相敌"，从实战的角度验证了孙子下列"相敌"原则的正确性："杖而立者，饥也；汲而先饮者，渴也""军扰者，将不重也"。

当然，在今天看来，孙子在本篇中所总结的三十二条"相敌"之法，同今天先进的军事侦察技术与手段相比，不啻有天壤之别。其中绝大部分内容早已过时，根本不适用于现代高科技战争。有了侦察卫星，有了全球定位仪，有了名目繁多的通讯监视，自然大可不必去看烟尘是什么样子，鸟儿与野兽在哪里出没，否则便是刻舟求剑，缘木求鱼，十足的胡闹！但是，在当时的历史条件下，孙子主张"相敌"，把它作为战争指导者达到"知彼知己""知天知地"目的的主要手段之一，是具有其特殊意义的，反映了孙子本人对作战规律孜孜探求的可贵努力，我们不能因为它今天的过时而否定它当时的实用。同时，我们也应该看到，孙子有关"相敌"方法的概括，虽然直观粗浅，但却包含着深厚的哲理价值。这就是，任何事物都是现象与本质的统一，作为高明的人，最大的课题是如何在实际生活中透过各种表象，去解释事物的本质属性，从而在社会实践活动中洞察先机，建功立业。这种朴素辩证的思想方法，永远不会过时，永远能给后人以启迪，孙子的价值其实正体现在这个方面。

兵非益多也[1]，惟无武进[2]，足以并力、料敌、取人而已[3]；夫惟无虑而易敌者[4]，必擒于人。

［注释］

[1] 兵非益多也：意谓兵员并不是越多越好，这反映了孙子的精兵建军思想。益多，即以多为益。王皙注：“不以多为益。”此句汉简本作“兵非多益”。武经本作“兵非贵益多也”，樱田本同。曹操注下有校语云：“一云‘兵非贵益多’。” [2] 惟无武进：意谓只是不要恃武冒进。王皙注：“不可但恃武也。”惟，独、但、只是。武进，刚武轻进，犹言迷信武力、肆意冒进。平津馆本“惟”作“虽”，樱田本同。赵注本亦谓应作“虽”，而刘寅《孙子直解》则谓应作“惟”。按：“惟”“虽”古通。 [3] 足以并力、料敌、取人而已：指能做到集中兵力、正确判断敌情、争取人心则足矣。张预注：“并兵合力，察敌而取胜。”并力，集中兵力。料敌，观察判断敌情。取人，争取人心，善于用人。 [4] 无虑而易敌：没有深谋远虑而妄自尊大蔑视敌人。易，轻视、蔑视。《左传》僖公二十二年：“国无小，不可易也。”即言国无大小，均不可轻视。

孙子这一看法属于颠扑不破的真理。战国时期齐、魏马陵之战中，魏军霉运当头，遭遇齐军伏击，十万精锐之师顷刻全军覆没，统帅太子申当了俘虏，主将庞涓一命呜呼。元末明初鄱阳湖大鏖战中，陈友谅主力悉数被歼，陈友谅本人日暮途穷，郁郁而终。这中间的主要原因，便是庞涓、陈友谅等人的狂妄自大、率意冒进（“武进”），既没有动脑子、出高招（“无虑”），又轻敌自大、小觑对手（“易敌”），结果全面崩盘、徒呼奈何。相反，他们的对手孙膑、朱元璋等人，则老谋深算，棋高一着，非常巧妙地做到了“并力、料敌、取人”，从而一举取得成功。真可谓胜败得失，系于毫发！

［点评］

春秋战国之际，战争是越来越频繁，战争规模是越来越扩大，战争的杀伤程度是越来越严重，“力功争强，胜者为右”，在这种形势之下，各诸侯国无论是为了争霸兼并，还是为了自保生存，都需要拥有一支规模庞大的军队，于是扩军备战如同钱塘江大海潮，一波高过一波。像晋国，城濮之战时动用的兵车数为七百乘左右，而到了春秋末年平丘之会时，它已能出动兵车四千乘治兵邾南了，扩军速度令人惊讶。又如楚国，城淮之战时其兵力当在千乘左右，可到春秋末年，它已是具有近万乘兵力的超级大国了（黄朴民《春秋军事史》）。这种高速增长的扩军趋势，是当时整个军事形势演变的特点之一。

孙子当然是主张顺应历史潮流的，提倡发展军队为从事争霸战争作筹码。所以“十万之师”是他用兵打仗所考虑的一个基数。然而，他比当时一般人高明的地方，是他提出了军队发展的正确方向：走精兵建设之路，“兵非益多也，惟无武进，足以并力、料敌、取人而已”。这既是对争取战争胜利基本条件的论述，也是对军队建设根本原则的揭示。

“兵非益多”称得上是军队建设思想发展史上的一个重要里程碑。众所周知，军队的数量固然是构成军队战斗力的重要因素，可是没有质量的军队人数再多，也是无法很好发挥战斗力，履行军队的职责的。海湾战争前夕，伊拉克号称拥有百万之众，可是由于其整体素质低下，加上武器装备比较落后（同美军相比而言），战法单调陈旧，所以禁不起以美军为首的多国部队的穷追猛打，在短短的时间里便一溃千里，惨不忍睹。可见军队的数量与质量之间存在着对立统一的关系。建设军队的正确方向，应该是既注重保持一定的数量规模，又注意提高军队的质量性能，并且把重点放在后者。

道理非常浅显，如果军队数量过于庞大，那么就会给国家经济带来沉重的负担，不利于有效地进行教育训练，不利于改良武器装备，也有碍于提高指挥的效能。春秋战国时期楚国军队人数最多，可它与晋国、秦国交锋，老是处于下风。北宋时期大量冗兵冗将的存在，结果导致整支军队战斗力的严重削弱，在和西夏、辽、金军队作战时吃尽败仗，都是明显的例证。由此可知，孙子的精兵理论的确抓住了军队建设的关键，具有重大的军事学术价值，所以为后世兵家所普遍重视。例如，战国时期吴起主张“简募良材”，孙膑提倡“兵之胜，在于篡卒”,《尉缭子》作者鼓吹裁军强兵，就是对孙子“精兵”观点的继承与发展。

孙子的“兵非益多”思想，同时也是精兵决胜、多谋制敌作战指导原则的具体体现。孙子认为用兵打仗，绝非是简单的兵力投入和使用，不像一加一等于二那么单纯，所以不能以兵力的多少来衡量和展望战争胜负的前景，关键要看作战指挥是不是高明卓越。具体地讲，就是要看能否做到集中优势兵力，准确判断敌情，内部团结一致，上下齐心协力这一点。与此相应，孙子坚决反对狂妄自大、寡谋无虑、刚愎自用、轻敌冒进，指出一旦出现这类情况，军队就会彻底陷入被动，难以逃脱失败的可悲命运，丧钟就要敲响，局面不可收拾，“夫惟无虑而易敌者，必擒于人”。

这是孙子治军思想的核心原则。《吴子·论将》：“夫总文武者，军之将也；兼刚柔者，兵之事也。”汉简本作“合之以交，济之以……”。《北堂书钞》卷一一三与《太平御览》卷二九六引并作“合之以文，齐之以武”。

卒未亲附而罚之则不服[1]，不服则难用也；卒已亲附而罚不行，则不可用也。故令之以文[2]，齐之以武，是谓必取[3]。令素行以教其民[4]，则民服；令不素行以教其民，则民不服。令素行者[5]，与众相得也。

[注释]

[1] 卒未亲附而罚之则不服：在士卒还未亲近依附之前就施用刑罚，士卒就会怨愤不服。杜牧注：“恩信未洽，不可以刑罚齐之。”亲附，亲近归附。《淮南子·主术》：“群臣亲，百姓附。”汉简本“亲附”作“抟亲”。 [2] 故令之以文：以下两句是指用政治、道义来教育士卒，用军纪、军法来约束、整饬部队。令，教育。文，指政治、道义。齐，整饬、规范。武，指军纪军法。 [3] 是谓必取：指用兵打仗一定能取胜。 [4] 令素行以教其民：令，法令规章。素，平常、平时。行，实行、执行。民，这里主要是指士卒、军队。此句梅尧臣注曰：“素，旧也。威令旧立，教乃听服。” [5] 令素行者：以下两句意谓军纪、军令平素能够顺利执行的，是因为军队统帅同兵卒之间相处融洽。张预注：“上以信使民，民以信服上，是上下相得也。”得，亲和。相得，指军队内部上下和睦，关系融洽。

[点评]

军队是国家政权机器的柱石，作为执行武装斗争任务的特殊团体，要确保其发挥强大的战斗力，关键之一是要搞好内部的治理，即所谓“以治为胜”。而要治理好军队，使它在关键时刻顶得上去，用得顺手，就必须遵循一定的原则，因为只有在正确原则的指导之下，再配合以具体的方法和手段（比如严格军纪、信赏必罚、强化训练等等），才能使全军上下进退有节，团结一致，令行而禁止，无往而不胜。

同先秦时期其他著名兵书，如《司马法》《吴子》《尉缭子》《六韬》等相比，对治军问题的论述，在《孙子兵法》一书中并不占据突出的位置。但是，这并不等于孙子不重视治军，相反，他对这个问题还是有自己独到的看法的，曾就如何治军经武提出过许多精辟的原则。

这些原则的根本精神，就是刚柔相济，恩威并施，宽严结合：“故令之以文，齐之以武，是谓必取。”文武两手都要硬，双管齐下，互补协调，共同作用于治理军队的实践。这里所谓的“文”，指的是精神教育、物质奖励，是“胡萝卜”；这里所谓的“武”，是军纪军法，重刑严罚，是“大棒”。孙子指出，在军队管理上，如果没有教化，一味讲求军纪军法，动不动打人屁股，砍人脑袋，使大家整天生活于恐怖之中，那么必然导致将士思想不统一，精神不振奋，离心离德，矛盾激化，“上有政策，下有对策”，极大地影响部队战斗力的正常发挥，“卒未亲附而罚之则不服，不服则难用也”。但是如果不严肃军纪军法，单纯宽厚溺爱，行“姑息之政”，也势必会导致将士斗志涣散，各行其是，整支军队如同一盘散沙，“卒已亲附而罚不行，则不可用也”，这同样不利于军队的行动，同样是军队建设上的灾难。所以，在孙子看来，只有真正做到教罚并用，宽严结合，“胡萝卜”与“大棒”一样不缺，方可“与众相得”，才能有效地控御全军上下，驱使广大官兵在沙场上视死如归，英勇杀敌，从而赢得战争胜利。

孙子不但是这么说的，而且也是这么做的。他初见吴王阖闾，便大刀阔斧地把自己“令文齐武”的治军原则实地表演了一番：吴宫教战，他在三令五申训诫参与演习的宫女无效情况下，不顾吴王阖闾本人的求情，毅然决然动用军法，将担任左右队长的吴王宠姬砍了脑袋。当斧钺高高举起又沉沉落下，吴王那两位千娇百媚的宠姬连哼都来不及哼一声，便身首异处、香消玉殒之时，所有人都明白了，孙子“令之以文，齐之以武”的治军戒律的确不是虚文，而是实实在在的纲纪。这正是孙子能在短短几年之内，将吴国军队训练成为一支严守纪律、骁勇善战的雄师劲旅的缘由所在。司马迁盛赞孙子的功绩，说是“西破强楚，入郢，北威齐晋，显名诸侯，孙子与有力焉”（《史记·孙子吴起列传》）。看来绝不是信口雌黄，而是确凿无疑的事实。

附带说明一个问题，“令之以文”，应该为“合之以文”。在传世本中，“合之以文，齐之以武”乃作“令之以文，齐之以武”。应该说，从文义上讲，这也是讲得通的。其意谓：要用怀柔宽仁的手段去教育士卒，用军纪军法去约束管制士卒。这也是将帅管束部队、治理属下的通常做法。即《吴子·论将》所言为将者的基本要求：“夫总文武者，军之将也；兼刚柔者，兵之事也。”

然而，细加体会，我们不得不指出："合之以文"较之"令之以文"更为妥帖，且在语法结构上与下句"齐之以武"更为对应和一致，也更接近《孙子兵法》原来文字的本相。考汉简本，此句作"合之以交，济之以……"。此处，"交"当为"文"之误。"济"则当为"齐"之借字。可见，其文为"合之以文，齐之以武"。若是，则"合"字之义在这里显然要胜过"令"之义。因为，"文""武"对文，"合""齐"亦对文。"合"本身亦含有"齐"义（吴九龙《孙子校释》）。《易·乾文言》云："与日月合其明。"即言"齐"。从语词与语法角度考察，"令""合""齐"虽皆为动词，但是，"令"为表述单纯性的动作行为，而"齐""合"皆含有动作之后所呈示的状态之意蕴。据此，则我们可知孙子所追求的治军理想境界：通过怀柔宽仁的手段教育士卒，使全军上下凝聚成一体，通过军纪军法的途径约束管制士卒，使全军上下步调一致。

很显然，按汉简本的文字，孙子在这里强调的是用文、武两手管治部队，并具体说明了治军管理上的终极目标。而传世本的文字，仅仅表述了孙子的前一层意思，而没有反映出孙子的后一层意思，这无疑是要稍逊色于汉简本的类似表述的。

我们讲汉简本"合之以文，齐之以武"的表述要胜于传世本"令之以文，齐之以武"的表述，也是有文献学上的依据的。《淮南子·兵略训》亦云："是故合之以文。"可见《淮南子》所据之本，当与汉简本相同。《北堂书钞》卷一一三与《太平御览》卷二九六引《孙子兵法》时亦并作“合之以文，齐之以武”。表明在唐宋时期，同样有《孙子兵法》文本与汉简本之文字相同。这些情况均表明，《孙子兵法》此语的正确文字当为“合之以文，齐之以武”，今传世本“合”作“令”，或因与“合”字形近似而讹误，或涉下文“令素行”“令不素行”而臆改，实是值得商榷的。

地形篇

孙子曰：地形有通者[1]，有挂者[2]，有支者[3]，有隘者[4]，有险者[5]，有远者[6]。我可以往，彼可以来，曰通。通形者，先居高阳[7]，利粮道[8]，以战则利[9]。可以往，难以返，曰挂。挂形者[10]，敌无备，出而胜之；敌若有备，出而不胜，难以返，不利。我出而不利，彼出而不利[11]，曰支。支形者，敌虽利我[12]，我无出也；引而去之[13]，令敌半出而击之[14]，利。隘形者，我先居之，必盈之以待敌[15]；若敌先居之，盈而勿从[16]，不盈而从之。险形者[17]，我先居之，必居高阳以待敌；若敌先居之[18]，引而去之，勿从也。远形者[19]，

“险形”，指的是险要的地形。其实，前面的“隘形”也是险要之地，所以孙子也强调了抢先占领的重要性。这两种地形有相似之处，但又不完全相同。在我们看来，“隘形”大概可算作是“险形”的一种，但又不能代替别的险形，故此孙子才会特地又单列出险形。不管如何，这二者在孙子眼中还是有所区别的。

势均[20]。难以挑战[21]，战而不利。凡此六者，地之道也[22]，将之至任[23]，不可不察也。

［注释］

[1] 地形：地理形状、山川形势。《商君书·农战》：“人君不能服强敌破大国也，则修守备，便地形，抟民力，以待外事。”通：通达，指广阔平坦、四通八达的地区，梅尧臣注曰：“道路交达。” [2] 挂者：挂，悬挂、牵碍。《仪礼·少牢·馈食礼》郑玄注：“挂，悬也。”此处指前平后险、易入难出的地区。赵本学曰：“往则顺而下，返则逆而上，前低后高，如物挂者然也。” [3] 支者：支，支持、支撑。《左传》定公元年：“天之所坏，不可支也。”杜预注：“支，持也。”这里指敌我均可据险对峙、不易于发动进攻的地区。梅尧臣注曰：“相持之地。” [4] 隘者：狭隘险要之地。这里特指两山之间的峡谷地带。梅尧臣注：“两山通谷之间。” [5] 险者：指行动不便的险峻地带。险，险恶、险要。 [6] 远者：指路途迂回曲折、敌我双方相距甚远的地区。 [7] 先居高阳：意谓抢先占据地势高隆且向阳之处，以争取主动。杜牧注：“通者，四战之地，须先据高阳之处，勿使敌人先得而我后至也。” [8] 利粮道：指保持粮道的畅通无阻。利，此处用作动词。杜牧注：“利粮道者，每于津厄或敌人要冲，则筑垒或作甬道以护之。”杜佑注：“无使敌绝己粮道也。” [9] 以：为的意思。《玉篇》：“以，为也。” [10] 挂形者：以下七句意谓在“挂”形地带，敌方如无防备，可以主动出击夺取胜利；如果敌人已有戒备，出击不能取胜，军队想要归返就困难了。故梅尧臣注云：“出其不意，往则获利；若其有备，往必受制。” [11] 彼出而不利：敌人出击也同样不利。而，此处作“亦”“也”解。 [12] 敌虽利我：指敌人以利相诱。利，

利诱。杜牧注、张预注均曰:“佯背我去。” [13]引而去之:率领部队伪装退去。引,引导、带领的意思。《史记·魏公子列传》:“公子引侯生坐上座。”去,离去、离开。 [14]令敌半出而击之:此句张预注曰:“敌若来追,伺其半出,行列未定,锐卒攻之,必获利焉。”令,使。 [15]必盈之以待敌:一定要动用充足的兵力堵塞隘口,来对付来犯的敌军。杜佑注云:“以兵陈满隘形,欲使敌不得进退也。”盈,满、充实的意思。 [16]盈而勿从:以下两句言在“隘”形地域,敌人如果已先我占领,并用重兵把守住了隘口,我方就不可顺随敌意去攻打;如果敌人还未用重兵扼守隘口,我军就应该全力进攻,去争夺险阻之利。从,顺从、从随,这里指发起进攻。 [17]险形者:以下三句意谓在险阻之地,我军应当抢先占据地高向阳的要害之处以待敌军,争取主动。张预注:“平陆之地,尚宜先据,况险厄之所,岂可以致于人?故先处高阳,以佚待劳,则胜矣。” [18]若敌先居之:以下三句张预注:“若敌已据此地,宜速引退,不可与战。”甚是。 [19]远形者:这里特指敌我营垒距离甚远。陈皞注曰:“与敌营垒相远。” [20]势均:孟氏注、张预注皆谓“兵势”相均,杜佑注则谓“地势”相均。于文义都讲得通,但由于此篇是就“地形”立论,所以杜说似乎更为在理。即敌我双方所处地理条件均等。 [21]难以挑战:此言由于地远势均,近敌挑战则劳师辱军,所以称之为“难”。挑战,挑动敌人出战。 [22]地之道也:意谓上述六者是将帅指挥作战时利用地形的基本原则。道,原则、规律。 [23]将之至任:指将帅所应担负的重大责任。至,最、极的意思。《论语·雍也》:“中庸之为德,其至矣乎!”

[点评]

本篇的主旨是阐述利用地形条件克敌制胜的基本原

则以及军队在各种地形条件下实施作战的一般方法。它是中国历史上最早系统论述有关军事地形学的精辟专文，与本书中专门阐述兵要地理（战略地理）的《九地篇》一起，构成了“兵圣”孙武军事地理学思想的主要内容，弥足珍贵，价值永恒。曹操注曰：“欲战，审地形以立胜也。”张预注称：“行师越境，审地形而立胜。故次《行军》。”都扼要概括了全篇的主旨。

本篇伊始，孙子从“地形者，兵之助也”这一基本见解出发，根据当时实战的具体要求，进而系统地探讨了战术地形的基本类型和主要特征。他具体列举了军队在作战行动中极有可能遇到的六种基本地形：四通八达的“通形”，能进难退的“挂形”，双方行动都不便的“支形”，狭隘重阻、易守难攻的“隘形”，险峻陡峭、不便展开的“险形”，以及距离遥远、双方机遇相等的“远形”。指出了这六种基本地形的各自特点所在，并且就这六种不同的地形条件，提出了详尽而又有针对性的作战指挥要领。

下面我们对孙子的“六地”逐一进行解释，并借此讨论相应地形条件下的战法。

第一种地形是“通形”：“我可以往，彼可以来，曰通。通形者，先居高阳，利粮道，以战则利。”所谓“通”，是就道路而言的，是说道路四通八达。既然四通八达，那么这种地方，我方可以去，敌人可以来，所以一定要占据地势较高的地带，这样自然会居高临下，视野开阔，如果发起进攻则容易处于主动。曹操注释“通形”翻用孙子的句子：“宁致人，无致于人。”杜佑等注家则基本沿袭曹注，强调的都是战场主动权。同时，因为道路四通八达，交通便利，如果运送粮草，这种地形会相对主动。战争拼后勤，古代也是这样。所以，这种“通形”一定要抢先占据有利地形，抢先占领开阔向阳的高地，确保粮草后勤补给线的畅通无阻，从而牢牢把握主动权。

第二种地形是“挂形”：“可以往，难以返，曰挂。挂形者，敌无备，出而胜之；敌若有备，出而不胜，难以返，不利。”对于“挂”，梅尧臣解释为“挂缀”。因为这种地方可以去，但难以返回，所以一旦前往就容易遭到牵制，无法再展开下一步行动。如果敌人没有防备，就可以依靠出其不意的打击，一举击败对方，然后顺利返回；如果敌人已经做好了准备，出击也无法取胜，那就很难顺利返回了。俗语说：“肉包子打狗，有去难回。”说的就是这个意思。这种地形，必须要认真观察，如果贸然出击，就必然会对己方不利。

第三种地形是“支形”：“我出而不利，彼出而不利，曰支。支形者，敌虽利我，我无出也；引而去之，令敌半出而击之，利。”对于“支形”，梅尧臣解释为“相持之形”。杜牧也训“支”为“久”。这种地形下，我方出动不利，对方出动也是不利，双方都不便长久相持，因此称之为“支形”。所以，遇到这种“支形”，作为指挥员，尤其注意不要受到敌人的引诱。无论对方采取什么手段，都必须沉住气，不能轻举妄动。遇到“支形”，先要做到戒除贪多务得的人性弱点，不受敌方诱兵的迷惑，持重待机，然后“以其人之道，还治其人之身”，统率部队假装退却，诱使敌人前出一半时再突然回师反击，大杀回马枪，玩对手于股掌之中。

第四种是“隘形”：“隘形者，我先居之，必盈之以待敌；若敌先居之，盈而勿从，不盈而从之。”所谓“隘形”，是指两山之间的隘口，这其实是咽喉之地。就用兵来说，这往往也是出入的要道，是关键所在。如果我方先占据了隘口，一定要派出重兵把守，防备敌人偷袭。如果敌人已经占据，并且派有重兵把守，那就一定不要贸然前去攻打。如果敌人在隘口尚且没有重兵把守，那就一定要想方设法攻占。

第五种是“险形”：“险形者，我先居之，必居高阳以待敌；若敌先居之，引而去之，勿从也。”所谓“险形”，无外乎是险要地形。所谓“一夫当关，万夫莫开”，谁占据了险要地形，谁就可以赢得战争主动权。所以，遇到这种地方，一定要抢先占据视野开阔的高地。如果这种高地被敌人占领，那就应当立即带兵撤离，不要贸然前去攻打。对于“险形”，孙子强调抢夺先机，力求抢先占领。

第六种是“远形”：“远形者，势均。难以挑战，战而不利。”所谓“远形”，是指与敌人距离较远。因为距离远，所以不利于兵力投送。如果劳师远征，只会造成兵马疲惫，很难取得胜利。这就是人们常说的“强弩之末”，力量非常弱，连一块布帛都没有办法穿透。所以，孙子认为，如果与敌人距离较远，那就不能勉强与敌人交战。需要看到，孙子的“六地”，前面五种都反映出具体的地形地貌，唯独“远形”是以距离远近来定义，与其他“五地”有着明显的不同。

故兵有走者[1]，有弛者，有陷者，有崩者，有乱者，有北者。凡此六者，非天之灾[2]，将之过也。夫势均，以一击十，曰走[3]；卒强吏弱，曰弛[4]；吏强卒弱，曰陷[5]；大吏怒而不服[6]，遇敌怼而自战[7]，将不知其能，曰崩[8]；将弱不严[9]，教道不明[10]，吏卒无常[11]，陈兵纵横[12]，曰乱[13]；将不能料敌[14]，以少合众[15]，以弱击强，兵无选锋[16]，曰北[17]。凡此六者[18]，败之道也；将之至任，不可不察也。

这里，“地有六形”讲的是自然的客观因素；“兵有六败”讲的是人为的主观因素。孙子军事地形学思想的高明，在于恰如其分评价地形在军事上重要作用的同时，正确地强调了发挥人的主观能动性的意义。认为只有将战场地形等有利的客观因素与战争指导者的主观能动性相结合，才能达到趋利而避害、稳操胜券、心想事成的目的。

［注释］

[1] 兵：这里指败军。走：与以下“弛”“陷”“崩”“乱”“北”，共为“六败”之名，贾林注：“皆败坏大小变易之名也。” [2] 非天之灾：意谓导致用兵“六败”的原因，不在于天然的灾难。平津馆本、武经本、樱田本、《兵诀评》作“非天地之灾”。赵注本疑“天”字乃衍文。 [3] 走：跑、奔，这里指军队败逃。 [4] 弛：涣散、松懈的意思。这里指将吏软弱无能，队伍涣散难制。张预注：“士卒豪悍，将吏懦弱，不能统辖约束，故军政弛坏也。” [5] 陷：陷没。此言将吏虽勇强，但士卒没有战斗力，遇敌，将吏不得不孤身奋战，力不能支，最终陷于败没。王皙注：“为下所陷。” [6] 大吏怒而不服：意谓偏裨将佐恚怒，不肯服从主将的命令。曹操注：“大吏，小将也。” [7] 遇敌怼而自战：意谓恚怒愤懑的“大吏”，遇敌心怀怨愤，擅自出阵作战。怼，《尔雅》：“怨也。” [8] 崩：土崩瓦解，形容全军溃败。明刘寅《武经七书

直解》:“如山之崩坠。” [9] 将弱不严：指将帅懦弱无能，毫无威严可以制下。 [10] 教道不明：指治军缺乏法度，军队管理不善。张预注：“教道不明，谓教阅无古法也。”教道，指训练、教育之法度。 [11] 吏卒无常：军中上下关系处于失常无序状态。无常，指没有常规。 [12] 陈兵纵横：指布兵列阵杂乱无章。杜牧注：“引兵出陈，或纵或横，皆自乱之也。”陈，古“阵”字。 [13] 乱：队伍混乱。 [14] 料敌：指分析（研究）敌情。 [15] 合：指两军交战。 [16] 选锋：由勇敢善战的士卒精选组织而成的先锋部队。《尉缭子·战威》:“武士不选，则众不强。”战国期间，齐国的技击、魏国的武卒、秦国的锐士，都是当时各国的选锋部队。 [17] 北：败北。《荀子·议兵》云：“遇敌处战则必北。”杨倞注：“以败走为北也。” [18] 凡此六者：以下两句陈皞注：“一曰不量众寡，二曰本乏刑德，三曰失于训练，四曰非理兴怒，五曰法令不行，六曰不择骁果，此名六败也。”

［点评］

按孙子的理解，地形条件是客观的存在。它固然重要，但毕竟仅仅是用兵打仗的重要辅助条件，如何巧妙利用地形，确立战场优势，关键还在于发挥将帅的主观能动性，实施卓越的作战指导。因此，孙子进而论述了军队由于将帅战术呆板、指挥失当而导致失败的六种情况——“六败”:“走”“弛”“陷”“崩”“乱”“北”，细致剖析了产生“六败”的具体原因和主要表现，并且强调指出造成作战失败的责任应该由将帅来承担，不能归咎于自然条件，像项羽那样说什么“此天亡我也，非战之罪也”，一副怨天尤人的可怜模样。恰恰相反，这乃“非天地之灾，将之过也”。由此可见，孙子的军事地形学思想是相当系统和辩证的，真正做到了主客观条件的有机结合，既通过对“地有六形”的具体阐发，揭示了地形条件与战争活动之间的内在关系；又通过对“兵有六败”的深刻论述，说明了主观指导失误必然会造成作战行动的失败。

需要指出的是，孙子的军事地形学思想在后世为众多兵家所一致推崇。《百战奇法·地战》强调：“凡与敌战，三军必要得其地利。”《草庐经略·地形》指出：“两军交战，地不两利；我先得之，敌为我制。虽可利人，实由人择；固分险易，还务通权。”等等，都可以看作是孙子的异代知音，都属于对孙子战术地理思想的继承和发挥。

西方近代军事学家重视战场上重要地形的战略价值，也是十分普遍的现象，甚至把它视为国力要素的重要组成部分。如美国学者科宁·格雷提出，国力要素包括人和文化因素、领土面积、地形、经济资源、政治实体间的距离等，并认为自然地理很大程度上决定经济地理，经济地理决定人文地理，人文地理对政治的发展又产生重大影响［《超级大国的地缘政治》（*The Geopolitics of Superpower*）］。又如约翰·柯林斯把国力要素归纳为十个基本方面，其中属于自然地理的有空间关系，主要的陆地形态，气候，天然植被，而属于经济和人文地理的有资源，工业、人口的数量和分布，重要部门的分布，交通网和通信网。并指出这些因素“构成了加强国家力量的地理成分。它影响到政治力量、军事力量和其他各种形式的力量如何使用的问题”(《大战略》)。

若米尼在《战争艺术概论》一书中更是多次就地形在军事活动中的地位与作用进行了阐述。指出那些位居要冲、具有重要战略价值的要地，例如交通中心、重要军事基地、要塞所在地、在山地唯一可通过的隘道、在河川地域能控制几个流域的汇合点等，都是永久地理性的战略点。一个国家的边境上，具有良好的障碍物体系，如高山、大河或人为的要塞，这个国界本身就可当作永久性防线；任何相当宽度的河川、任何山脊和隘道，只要有了临时工事的保护，就可以当作暂时性防线，它可在一个相当长的时期内阻止敌人前进，或强迫敌人改变进攻方向，这些利益是纯战略性的。

同时，若米尼也辩证地看到单纯注重地形条件的局限性，认为利用地形说到底是军事指挥员如何发挥主观能动性的结果。一个天然形势十分险要的地方，敌人固然难以进攻，可自己的军队也一样不容易攻击。敌人可以用少数兵力封锁各口，而我军则会困坐在里面，无法自由行动。由此可见，若米尼重视地形条件以及辩证对待其利弊得失的做法，实与孙子既重视战场地形等客观因素，又强调发挥人的主观能动性的思维逻辑如出一辙，异曲同工。

夫地形者[1]，兵之助也。料敌制胜[2]，计险厄远近[3]，上将之道也[4]。知此而用战者必胜[5]，不知此而用战者必败。故战道必胜[6]，主曰无战[7]，必战可也[8]；战道不胜，主曰必战，无战可也[9]。故进不求名，退不避罪，唯人是保[10]，而利合于主[11]，国之宝也[12]。

［注释］

[1] 地形者：以下两句是指地形的审用，是用兵作战的重要辅助条件。按：这是孙子军事地理思想的根本原则。助，辅助、辅佐。 [2] 料敌制胜：指正确地分析判断敌人虚实强弱情况以夺取胜利。 [3] 计险厄远近：指考察地形的险厄，计算道路的远近。 [4] 上将：贤能、高明之将。《吕氏春秋·简选》："令能将将之。"高诱注："能将，上将。"陈奇猷校释云："上将，犹言上乘之将，亦即贤能之将。" [5] 知此而用战者必胜：知此，指懂得上述道理。用战，指挥作战。用，为、由、以的意思。张预注："既知敌情，又知地利，以战则胜。" [6] 战道必胜：意谓根据战争规律分析，具备了必胜的把握。战道，作战具备的各种条件，引申为战争的一般指导规律。 [7] 主：指君主、国君。杜牧注："主者，君也。" [8] 必战可也：言可自行决断与敌开战，无须听从君命。 [9] 无战可也：犹言拒绝君命，不同敌人交战。 [10] 唯人是保：武经本、孙校本、樱田本、《兵诀评》均作"唯民是保"。人，百姓、民众。保，保全。此句意谓对个人的进退处置在所不计，只求保全民众。 [11] 利合于主：指符合、满足国君的利益。合，此为适合、符合的意思。平津馆本、武经本无"合"字。《群书治要》"合"作"全"。 [12] 国之宝也：犹言国家的宝贵财富。杜牧注："进不求战胜之名，退不避违命之罪也，如此之将，国家之珍宝，言其少得也。"

[点评]

用兵打仗，需要有一个平台。这个平台，就是“时间”和“空间”。换句话说，战争总是在一定的时间和空间范围中进行的。这里，时间表现为战争过程的速决或是持久，空间表现为战争规模（主要指战场覆盖面）的广阔或是狭小。在古代冷兵器作战时代，没有飞机，没有导弹，也没有潜艇，所以，战争当然只是在陆地或水面的范围内展开，这决定了战争不能不受一定的地形条件的影响和制约。

战争与地理的密切关系，众所周知。于是乎，对于影响军队行动的战场地形地貌，就不能不详细研究，全盘掌握。而为了在整个战略布局上取得有利主动的地位，就不能不对兵要地理形势作用做缜密的考察。前者属于“军事地形学”的范畴，而后者则属于“军事地理学”的概念（姜春良《军事地理学》）。当然，在中国古代，对两者的区分并不严格，人们通常是对它们作通盘的研究和阐述的，就像人们不曾严格规范战略、战役、战术、战法、战斗基本含义的情况一样。尽管孙子很伟大，但在这些方面也不可能超越时代，有所例外。

在冷兵器作战时代，掌握和利用地形地理，对于决定战争的胜负关系似乎尤为重大。如在戈壁荒漠地区，如果后勤补给跟不上，那么不用打仗，光饥饿与干渴便能置人于死地。又如在荆棘丛生、羊肠小道、崎岖不平的崇山峻岭地带，你就是骑了“的卢”“赤兔”一类的宝驹名马，也无法信缰驰骋，更不必说去和敌人挥戟搏杀了。因此，早在孙子之前，就有人去探讨军事与地理条件之间的关系了，并且留下了一些足资启迪的军事地理理论的雏形。例如，《易·师卦》有云：“师，左次，无咎。”它的意思是说，军队在作战行动中只要占领了有利的地形，就等于掌握了主动，不再会有任何危险。又如《易·同人卦》也说：“伏戎于莽，升其高陵，三岁不兴。”意谓如果能充分利用草木茂盛、地势起伏的特殊地形条件，巧妙隐蔽军队，并抢先占领有利的制高点，就能够顺顺利利打败敌人，并使得敌人元气大伤，在好多年之内都无法得到恢复。这些只言片语的论述，在很大程度上成了孙子构筑其军事地理思想的历史文化渊源。

然而，在孙子之前，关于军事活动中运用地理条件相应原则的阐述，还远远不够火候。这表现为：一是只言片语，零碎散漫，东一榔头西一棒，不见系统，缺乏深度；二是只谈地形，不谈地域，没有涉及军事地理中最核心的兵要地理问题，缺乏广度。只有到了孙子这里，利用地理条件来达成克敌制胜的目的，才成为兵学理论中的重要组成部分，所谓的军事地理学才基本具备规模。这就是说，孙子称得上是中国古代历史上第一位系统探讨地形、地理条件与军事斗争成败之相互关系的兵学大师，“沧海横流，方显英雄本色”，孙子可真是不世出的人物，筚路蓝缕，又给后人开辟了军事学的新空间——军事地理学。

孙子的军事地理学思想主要包括两个方面。一是对兵要地理（现今时髦的叫法是“战略地理”）的论述。他撰写《九地篇》，对这一问题集中进行了探讨，提出了军队在九种不同的战略地理环境当中展开行动的指导原则。二是对战术地理的论述，主要内容见于本篇以及前面的《行军篇》。概括地说，本篇的中心思想是集中揭示了巧妙利用地形的重要性，列举了战术地形的主要类型和不同特点，提出了在不同地形条件下军队行军作战的若干要领，辩证地分析了判断敌情与利用地形之间的相互关系等等。作为中国历史上最早的军事地形学的系统化、规范化理论，它的学术价值是怎么评估也不算为过的。

“知彼知己，胜乃不殆；知天知地，胜乃不穷”（平津馆本、武经本、樱田本等作“胜乃可全”，意思相差并不太多），这是孙子认识战争、指导战争的思想基础。它要求战争指导者尽可能全面了解和掌握各种情况，在这个基础上筹划战略全局，实施战役指导，活用战法战术，赢得生死搏杀的胜利，即所谓“动而不迷，举而不穷”。关注地形，了解地形，分析地形，利用地形，就属于“知天知地”的范围，这正是孙子苦心孤诣打造其军事地形学理论体系的出发点。

孙子非常重视战场地形条件对作战行动展开的具体影响，提出了“地形者，兵之助也”这一精辟的论断，强调作战指导者要注重对地形的观察和利用。原因很简单，因为在孙子看来，能不能根据地形条件制定适宜的战法战术，直接关系到战争的胜负、军队的存亡，所以要想成为一位真正有所成就的将帅，不让同代人指着脊梁骨咒骂，不让后世人点着历史书嘲笑，条件之一便是了解和熟悉地形，认真研究、巧妙利用地形，即在判断和掌握敌情的同时，准确地计算地理形势上的险要或平坦、遥远或邻近、广阔或狭窄，以便对军队的开进速度、机动方式、部署主次以及阵地的选择、伪装和使用等等，做出明确正确的抉择。孙子对此的重视程度是无可比拟的，即是从战略的层面来认识的。他强调这是高明指挥员所不可或缺的素质，是夺取军事斗争胜利的基本保证："料敌制胜，计险厄远近，上将之道也。"如此这般，孙子就将地形学首次引入了军事斗争的领域，使得敌情分析和地形利用得到了有机的结合，这在中国古代军事学术发展史上具有相当深远的意义。

视卒如婴儿[1]，故可与之赴深谿[2]；视卒如爱子，故可与之俱死。厚而不能使[3]，爱而不能令，乱而不能治[4]，譬若骄子[5]，不可用也。

［注释］

[1] 视：看待、对待的意思。《左传》成公三年："贾人如晋，知（荀）罃善视之。" [2] 深谿：极深的溪涧，这里喻危险地带。谿，山涧河沟。 [3] 厚而不能使：以下两句指只知厚待而不能使用，只知溺爱而不重教育。厚，厚养、厚待。令，这里是教育的意思，梅尧臣注为"爱宠而不教"。平津馆本、武经本、赵注本、《兵诀评》、樱田本"厚"与"爱"二字皆互乙。 [4] 乱而不能治：指士卒放纵不羁而不能加以约束惩治。治，治理，这里有惩处的意思。《史记·李斯列传》："赵高治斯，榜掠千余。" [5] 譬若骄子：以下两句张预注："恩不可以专用，罚不可以独行，专用恩则卒如骄子而不能使。"甚是。

［点评］

孙子在这里阐述了官兵关系的基本准则，主张将领既要关心爱护士卒，使其感恩戴德；又要严格治军纪律，使其敬畏权威。做到“爱”“严”结合，奖惩适宜。这一治军理论，在当时具有一定的进步性，对后人也不乏启迪。

应该说，“视卒如婴儿”“视卒如爱子”与孙子的仁义思想是可以取得一致的。在《计篇》中，孙子在讨论影响战争胜负的五个重要因素——即“五事七计”时，用到了一个“仁”字。孙子把“将”作为“五事”的第三项，并且指出，为将者必须要具备“智、信、仁、勇、严”这五个基本素质。这五个要素中，“仁”被列为第三位，固不如儒家重视程度之高，但也充分体现出作者的仁爱情怀，反映出孙子的仁爱思想。因为与“仁”相比，“严”字被列在最后一位。这里的“严”，既包含律己，也包含待人。很显然，在孙子眼中，在治理军队、对待部下之时，仁爱之情要比严酷为治显得更为重要、更为管用。可能正是因为有了这种认识，孙子才会有“视卒如婴儿”和“视卒如爱子”的用兵思想。孙子认为，只有这样，才能保证作战之时的三军用命，才可以达成“可与之赴深谿”和“可与之俱死”的作战效果。

需要看到，孙子的仁爱是有限度的。如果超过了一定的限度，也即“厚而不能使，爱而不能令，乱而不能治”，那就是培养娇生惯养的“骄子”，关键时刻派不上用场。同时，我们还要看到，孙子对于士卒还会有“愚”，集中体现孙子愚兵之术的文字，主要见诸《九地篇》，我们在后面还要进行专门而尽可能深入的讨论。

知吾卒之可以击，而不知敌之不可击，胜之半也[1]；知敌之可击，而不知吾卒之不可以击，胜之半也；知敌之可击，知吾卒之可以击，而不知地形之不可以战[2]，胜之半也。故知兵者[3]，动而不迷[4]，举而不穷[5]。故曰：知彼知己，胜乃不殆；知天知地，胜乃不穷[6]。

《十一家注孙子》言“胜乃不穷”，武经本等言“胜乃可全”，都能成立。之所以有差异，是考虑的侧重点有所不同。“胜乃不穷”，更多的是从时间的维度着眼，注重胜利的生生不息，永恒持续。而“胜乃可全”，则更多的是从空间的维度切入，关注胜利的包罗万全，普遍全面。就孙子“奇正相生，如循环之无端”发展观而言，“胜乃不穷”则势所必然，完全成立。若就孙子“自保而全胜”“兵不顿而利可全”全胜论而言，“胜乃可全”乃理有固宜，确凿无疑！

［注释］

[1] 胜之半也：意谓胜利或失败的可能性各占一半，即没有必胜的把握。曹操、李筌等均注：“未可知也。” [2] 而不知地形之不可以战：以下两句言如果不知道地形不适宜于作战，得不到地形之助，则能否取胜同样也无把握。梅尧臣注：“知彼知己而不知地形，亦或不胜。” [3] 知兵者：通晓用兵打仗之道的人。 [4] 动而不迷：行动起来从不迷惑，含有不盲动的意思。迷，迷惑、困惑。 [5] 举而不穷：意谓所采取的作战措施因敌制宜，变化无穷。梅尧臣注：“无所不知，则动不迷暗，举不困穷也。”举，行动。穷，困窘、困厄的意思。《论语·卫灵公》：“君子亦有穷乎？” [6] 胜乃不穷：指胜利永远不会有穷尽。《太平御览》卷三二二引此作“胜乃可全”，孙校本从《太平御览》和杜佑注改“不穷”为“可全”。平津馆本、武经本、樱田本、《兵诀评》诸本均作“胜乃可全”。

［点评］

孙子以“知彼知己，胜乃不殆；知天知地，胜乃不穷”

一句作为《地形篇》结尾，是基于“知地”在孙子先知与全知思想体系中地位的认识，同时也是对十三篇以“先计而后战”为中心架构的思想体系的呼应。孙子非常重视全面掌握情况而“全知”“遍知”，更主张提前掌握情况而“先知”“早知”。由此搭建了“由知到战”的兵学体系。从《地形篇》我们可以再次看出这个特点。

孙子在《地形篇》中把“彼已”和“天地”视为两对并列而不可互相替代的认知范畴，并认为必须做到“四知”，才能确保战争胜利。孙子把“天”与“地”作为独立的认知范畴进行分析，不仅是战略战术分析的必需，而且也显示了理论上的周密。孙子的大战略预测观念，除了他建立的“彼”与“已”这一对范畴之外，也表现在他又建立了“天”与“地”这一对不可被“彼”“已”替代的范畴。这一段论述，虽说发自两千年之前，却意外地与现代西方情报理论完全对接，充分说明孙子的思想价值，在今天并不过时。

孙子的军事地形学思想作为冷兵器作战时代的产物，随着岁月的流逝，其中不少内容已明显陈旧过时，成了明日黄花。譬如像“半渡而击”“以主力扼守隘塞险阻”等战法也许早已进了历史的博物馆，没有哪一个指挥员会在战争中再加效仿，除非他头脑不正常，神经出毛病。“年年岁岁花相似，岁岁年年人不同”，新的时代，自有新的战法，也自有新的利用地形条件的做法，这是事物发展的内在规律。现代战争是全方位、多维空间范围内的高技术较量，对地形的利用提出了新的更高的要求。然而需要充分肯定的是，孙子重视利用地形的思维方式及其基本精神却是永远不会失去其魅力的。

然而，只要战争是在一定的空间范围内展开，那么，地形条件对战争活动具有制约意义这一根本属性就永远不会被改变，熟悉地形、利用地形就始终是战争指导者驾驭战争、赢得胜利的一个不可或缺的环节。现代战争虽然是全方位、多维空间范围内的高技术较量，智能化、信息化、数字化正成为战争运作的主宰，这对于地形的认识和利用就提出了新的更高的要求。但是，这并不意味着地形条件的重要性有了本质的改变，地形环境、气候因素对于高技术兵器效能的发挥依然有着重要的影响，这是不以人们的主观意志为转移的。

九地篇

孙子高度重视兵要地理在军事活动中的地位与作用。他曾从自然地理与人文地理相结合的角度，阐述了战略地理环境的不同类型及其主要特点。孙子把兵要地理区分为九个大类：散地、轻地、争地、交地、衢地、重地、圮地、围地、死地。其实它们可笼括划分为两个类型：一是自己国土内的“散地”，一是敌人国土内的“重地”。

孙子曰：用兵之法，有散地，有轻地，有争地，有交地，有衢地[1]，有重地，有圮地，有围地，有死地。诸侯自战之地[2]，为散地。入人之地而不深者[3]，为轻地。我得则利，彼得亦利者，为争地[4]。我可以往，彼可以来者，为交地[5]。诸侯之地三属[6]，先至而得天下之众者[7]，为衢地。入人之地深[8]，背城邑多者，为重地。行山林、险阻、沮泽[9]，凡难行之道者，为圮地。所由入者隘，所从归者迂，彼寡可以击吾之众者，为围地[10]。疾战则存[11]，不疾战则亡者，为死地。是故散地则无战[12]，轻地则无止[13]，争地则无攻[14]，交地则无绝[15]，衢地则合交[16]，重地则掠[17]，圮地则行[18]，围地则谋[19]，死地则战[20]。

［注释］

[1] 衢：四通八达的道路。《尔雅·释宫》：“四达谓之衢。”汉简本“衢”字皆作“瞿”或“瞿”，音近古通。 [2] 诸侯自战之地：以下两句指在本土作战，士卒近家，危急时容易逃散的地区。曹操注：“士卒恋土，道近易散。”又李筌注：“卒恃土怀妻子，急则散，是为散地也。”散，离散。武经本、二十子本、樱田本“地”字下有“者”字。 [3] 入人之地而不深者：以下两句指军队在进入敌境不深的地区作战，士卒离本土不远，情况危急时易于轻返，是谓“轻地”。张预注：“始入敌境，士卒思还，是轻返之地也。” [4] 争地：指我军占领有利，敌军占领也有利的地区。杜佑注：“谓山水厄口，有险固之利，两敌所争。”又梅尧臣注：“无我无彼，先得则利。”平津馆本、武经本、二十子本、邓廷罗《集注》、樱田本“则”字作“亦”。 [5] 交地：言其道路交横，彼我可以来往。指道路纵横、地势平坦、交通便利的地区。交，纵横交叉。陈皞注：“交错是也。” [6] 三属：多方毗连，盖指敌我与多方诸侯国相毗邻。三，泛指众多。属，连接、毗邻。 [7] 先至而得天下之众者：以下两句是指谁先到达谁就可以得到四周诸侯的援助，这样的地方叫做衢地。杜牧注：“我须先至其冲，据其形势，结其旁国也。” [8] 入人之地深：以下三句是指进入敌境已远，隔着很多敌国城邑的地区，叫做重地。梅尧臣注：“过城已多，津要绝塞，故曰重难之地。”汉简本无“地”字。 [9] 行山林、险阻、沮泽：以下三句是指凡是山林、险要隘路、水网湖沼这类

难以通行的地区，叫做圮地。汉简本作“泛地”;《长短经·地形》作“汜地”，下注云:“汜地，侵洳之地。”武经本、二十子本、邓廷罗《集注》、樱田本“山”字前皆无“行”字。又，汉简本无“险阻”二字。 [10] 围地：入口狭隘、归路迂远、敌人能够以少兵胜我多众的地区。何延锡注:“围地，入则险隘，归则迂回，进退无从，虽众何用。” [11] 疾战则存：以下三句是指地势险恶，只有奋勇作战才能生存，不迅速力战就难免覆灭的地区，叫做死地。张预注:“山川险隘，进退不能，粮绝于中，敌临于外，当此之际，励士决战而不可缓也。”汉简本无二“战”字,《长短经·地形》《通典》卷一五九所引与汉简本同。 [12] 散地则无战：在散地上不宜作战。梅尧臣注:“我兵在国，安土怀生，陈则不坚，斗则不胜，是不可以战也。” [13] 轻地则无止：意谓军队在“轻地”上不宜停留。梅尧臣注:“始入敌境，未背险阻，士心不专，无以战为。勿近名城，勿由通路，以速进为利。”止，停留、逗留。 [14] 争地则无攻：遇到争地，我方应该先行占据；如果敌人已先期占领，则不要去强攻争夺。梅尧臣注:“形胜之地，先据乎利。敌若已得其处，则不可攻。” [15] 交地则无绝：意谓在交地要做到军队部署上能够首尾连贯，互相策应。曹操注:“相及属也。”杜牧注:“川广地平，四面交战，须车骑部伍首尾联属，不可使之断绝，恐敌人因而乘我。”绝，隔绝、断绝。 [16] 衢地则合交：意谓在衢地上要加强外交活动，结交诸侯盟友，以为己援。王皙注:“四通之境，非交援不强。”合交，结交。曹操注:“结诸侯也。” [17] 重地则掠：指深入敌方腹地，后方接济困难，要“因粮于敌”，就地解决部队的补给问题。梅尧臣注:“去国既远，多背城邑，粮道必绝，则掠畜积以继食。”掠，掠取、抢掠。 [18] 圮地则行：军队行进中遇到圮地，必须设法迅速通过。张预注:“难行之地，则不可稽留也。” [19] 围地则谋：言军队如陷入围地，就必须善用计谋来摆脱困境。曹操注："发奇谋也。" [20] 死地则战：言军队如进入死地，就必须奋勇力战，以求脱险。曹操注："殊死战也。"

[**点评**]

本篇约一千二百字，几占全书总篇幅的五分之一。它内容丰富，思想精辟，说理透彻，文采斐然，富有极其深刻的战争哲理，虽然列于下卷，但在《孙子兵法》全书中的重要性并不亚于《计篇》《谋攻篇》《虚实篇》等。

本篇篇题，曹操注："欲战之地有九。"王晳注："用兵之地，利害有九也。"张预注："用兵之地，其势有九。"这些旧注，均向我们提示了这么一条信息，就是孙子在本篇中，是围绕地理形势与作战之间的关系，来展开对作战指导规律的探讨的。这一点是我们把握全篇中心思想，认识孙子兵学原则精义奥妙的一把钥匙。

所谓"九地"，是指散地、轻地、争地、交地、衢地、重地、圮地、围地、死地等九种不同的战略地理。通观全篇，可知孙子立足于战略地理学的高度，放眼战争全局，围绕当时诸侯争霸兼并战争的新的特点和需要，深刻地论述了军队在九种不同战略地理条件下进行作战的基本指导原则，特别强调了要根据不同作战地区官兵所产生的不同心理状态，来制定切合实际、行之有效的战略战术，确保赢得战争的胜利。其中对战略进攻中如何实施突然袭击问题的论述，是为全篇的精华所在。

所谓"兵要地理"，其实就是军事战略地理，按现代术语表示，军事战略地理"是在军事领域内，从战略的高度研究与军事有关的地理环境，对军事战略的影响，为决策者进行安全环境分析，选择战略目标，拟定战略方针，制定武装部队建设规划和建立一个有利的战略态势服务”（雷杰《战略地理学概论》）。孙子本篇所谈到的“兵要地理”问题，其概念似乎没有这般拗口与复杂，但主要精神是相通的，特别是在“建立一个有利的战略态势”方面，古今战略地理学的出发点和努力方向可谓高度一致。所以“何妨古今一线牵”，用现代战略地理学的一些原理，来观照和认识孙子“兵要地理”说的价值与意义。

“兵要地理”复杂多样，战争指导者就要善于根据不同的战略地理条件，采取正确适宜的作战方针，以掌握战争的主动权。孙子认为，在不同类型“兵要地理”上展开军事行动，有其一般规律可循。这个规律就是军队在不同环境之下，其心理状态与战斗潜能发挥的可能态势。为此，他系统地提出了针对各种“兵要地理”的作战要领，“良工授之以法，高手度人金针”，让人们窥知并掌握认识、运用“兵要地理”因素的窍门。例如，在散地上要统一部队的意志，稳定军心，同时尽可能避免作战；在争地上不可贸然发起进攻，而要注意后续部队迅速跟进，以便相互策应；在四通八达的衢地上，应该广泛结交诸侯，引为外援，至少也要让其保持中立，不来蹚这浑水等。九类情况，九种解套的方法，孙子都替战争指导者预先设想安排好了，用心可谓良苦。

孙子的“兵要地理”思想是对无数战争经验教训进行总结的产物，具有强烈的针对性和显著的成效性，也经受住了历史长河之水的洗礼，而被证明屡试不爽，俱有应验。作战的成败，大多可以从是否遵循这些原理寻找到内在的原因。比如，北宋末年浙江的方腊，“食菜事魔”，啸聚山林，揭竿起事，曾先后攻陷多座城池，占据六州五十二县的地盘，人们争相附从，其众最盛时曾发展到百万人以上，几乎成就一番气候。可是好景不长，最后还是让朝廷大军将其赶回“帮源洞”老巢，一举剿灭了。这中间原因虽然很多，但方腊本人在关键时刻不能驾驭全局，以及时把战火烧向北宋王朝的统治腹心，反而退守散地，导致其部属信众怀土恋家，斗志涣散，战斗力下降，当是不可忽略的因素。又如明末农民军首领高迎祥、李自成（在朝廷的眼里，他们当然是不折不扣、罪无可逭的“流寇”）统率部队南征北战，谁知稍不注意，落进了官军的包围圈，在明军总督陈奇瑜的围攻下，不得不退入车箱峡，陷入围地。眼见覆灭在即，李自成心灵福至，“设计运谋”，献宝诈降，居然骗过了陈奇瑜，诱使官军网开一面，乘机突出围地，死灰复燃，卷土重来，从此一发而不可收。这可以说是与孙子“围地则谋”的指导思想不谋而合。

时至今天，孙子本篇的兵要地理理论中，最富有现实意义的是关于衢地和争地的论述，特别是衢地，从战略地理的角度看，更显示其重要性。

关于衢地，孙子反复强调这是四通八达的要害地域，而且非本国所有。因此，他主张事先从外交上争取这一要地所在国的同情而加以控制利用。第二次世界大战之后，各大国所从事的衢地争夺，在西太平洋地区，主要是控制日本。美国从自身的战略利益着眼，一直重视日本列岛这块战略要地，以抗衡苏联，以求在全球争霸斗争中赢得主动、优势的地位。因为日本北海道的宗谷海峡和根室海峡、中部的轻津海峡、西南部的对马海峡都是控制从日本海进入太平洋的通道，是名副其实的衢地。而苏联的远东地区海军基地海参崴，正处于日本海的西岸。美国控制了日本，就等于把苏联的远东海军力量困死在日本海的彼岸，不能再有大的作为。正是出于这一考虑，“二战”后美国舍得在日本身上花大本钱，以求长久保持日本这一战略衢地。反观苏联，也通过占领北方四岛而控制了根室海峡，以它作为自己进入浩瀚太平洋的通道。即便是这些年来世界风云变幻，苏联解体，实力急剧下降，其主体俄罗斯也不愿放弃北方四岛。这中间的主要原因，也在于俄罗斯充分认识到北方四岛对于控制战略衢地的重要意义，因此宁可放弃同日本签订和平协议的机会，不要经济援助也毫不让步。

从欧、亚、非三大洲的战略衢地看，地中海可以说是首屈一指的地区。地中海有三条通路，恰如本篇所说的衢地一样。它们分别是西边为英国所控制的直布罗陀海峡、东边为埃及所控制的苏伊士运河、北边为土耳其所控制的达达尼尔海峡。环绕在地中海周围的国家，属于世界上战略资源最为集中的地区之一，特别是中东地区的石油、北非地区的矿产，更直接关系着各国的经济、军事命脉。因此，它长期以来成为诸大国瞩目的焦点。而要控制地中海，从战略地理看，就必须首先控制出入地中海的三条通道。于是多年来，各大国始终在为实现

“据其要津”的战略目标而努力。至于其手段，便是联络与国，订立同盟，寻求立足之点，扩大势力范围，“重币轻使，约和旁国，交亲结恩”[《吴王孙武问对》，见（唐）杜佑《通典》卷一五九]。可以这么说，自第一次世界大战以来，地中海乃至整个欧洲上空的风风雨雨，都是同大国为控制这一战略衢地而进行的斗争密不可分的。

近些年来，国际战略大格局又发生了重大的变化。然而，大国之间为争夺世界战略衢地的较量仍在延续，看不出有停止的任何迹象。这一现实表明，孙子有关“兵要地理”问题的论述，其价值依然存在，其启迪依然可贵。

所谓古之善用兵者，能使敌人前后不相及[1]，众寡不相恃[2]，贵贱不相救[3]，上下不相收[4]，卒离而不集[5]，兵合而不齐[6]。合于利而动[7]，不合于利而止。敢问：“敌众整而将来，待之若何？”曰：“先夺其所爱[8]，则听矣。”兵之情主速[9]，乘人之不及[10]，由不虞之道[11]，攻其所不戒也[12]。

[注释]

[1] 前后不相及：前军与后卫不能相互策应配合。及，策应。 [2] 众寡不相恃：大部队与小部队之间不能相互依靠和协同。众，指大部队。寡，指小分队。恃，依靠。 [3] 贵贱不相救：指军

官和士卒之间不能相互救应。贵，军官。贱，士卒。救，救应、救援。 [4] 上下不相收：部队建制被打乱，上下之间失去联络，无法聚合。收，《说文·攴部》："收，捕也。从攴丩声。"引申有收集、聚齐义。 [5] 卒离而不集：言使敌军士卒离散而无法集结起来。离，离散。集，集结。 [6] 兵合而不齐：虽能使士卒集合在一起，但无法让军队整齐统一，形成充分的战斗力。 [7] 合于利而动：合，符合。于，和。动，作战。止，不战。以下两句重见于《火攻篇》。曹操注："暴之使离，乱之使不齐，动兵而战。"在《火攻篇》中又注云："不以己之喜怒用兵。"于两处有不同之注，则曹操所见本已然。 [8] 先夺其所爱：以下两句意思是首先攻取敌人的要害之处，敌人就会不得不听从我的摆布了。爱，珍爱，引申为要害、关键。听，听从、顺从。 [9] 兵之情主速：此句言用兵的关键在于迅速，出敌不意。王皙注："兵上神速，夺爱尤当然也。"情，情理。引申为关键。主，重在、要在。速，迅速、疾速。 [10] 乘人之不及：意谓要乘敌人措手不及时采取行动。人，敌人。不及，措手不及。 [11] 由不虞之道：此句言出兵要走（通过）敌人预料不到的路径。张预注："出兵于不虞之径。"由，经过、通过。不虞，不曾料想或意料到。 [12] 攻其所不戒也：意谓攻击敌人所没有戒备的地方。戒，防备、戒备、警戒的意思。

［点评］

《九地篇》此后的论述都是围绕如何在死地作战，也即"为客之道"而展开。这些论述可以分为以下几个层次：第一，战略战术运用的一般原则；第二，根据上述原则，发动长途奔袭打击敌人；第三，长途奔袭的统御之法和保密原则等；第四，进一步地与轻地等作对比，突出强调死地作战的效应；第五，总结“为客之道”，即死地作战的一般步骤。

先说战略战术的一般原则。孙子提出了四条原则，第一条原则是诱迫敌人分兵。孙子认为，古时善于用兵打仗的将领，都是要努力使得敌人首尾不能相顾，前后不能相互策应，主力部队和非主力部队之间无法建立合理顺畅的联系，官兵之间也不能相互救援，在需要迅速集结的时候，上下之间也不能及时地聚集和合拢，士卒散离之后就不能迅速地集中，即便是勉强凑合在一起，也是杂乱不整。这些力求分割敌人，力争达成以众击寡、分兵出击的做法，其实一直是兵家大忌。故此，聪明的指挥员就要设法诱使敌人做分兵出击的“多头蛇”，这就是《计篇》等强调的“亲而离之”。

第二条原则是利益原则。孙子之所以这样调动敌人，诱使敌人分兵，无外乎是希望达成有利于己的作战态势，力争出现有利时机。出现了有利时机就马上出兵攻打，没有这种有利时机就不要贸然出击。

第三条原则是抓住要害，打击关键。孙子认为，发动战争之时，必须要抓住敌人的要害。用兵打仗，不怕敌人阵势严整，不怕敌人兵强势众，只要抓住对手的要害，袭击和攻打敌人的关键部位，那就可以迫使敌人乖乖就范。

第四条原则是快速原则。孙子认为，用兵打仗，贵在神速。要乘着敌人猝不及防，从敌人意想不到的道路，攻击其没有防备的地方。如果出现了机会，就要马上抓住。战机的出现往往就是一瞬间的事情，把握不住，那就一切力气白费。所以，用兵务求神速。孙子在《计篇》说："攻其无备，出其不意。"这一方面是说抓住敌人的要害，另一方面是求得快速用兵。如果想快速地消灭敌人，摧毁敌人的意志，就必须要遵循这样的原则。

其实，相关用兵之法，孙子在《虚实篇》论述得最为精妙。《虚实篇》中说："我专而敌分。"这是就敌我双方而谈的。其目标是：我专为一，敌分为十，这样便可以达成以十攻一、以众击寡的局面。在上面一段，孙子再次提及了分割敌人和调动敌人的重要性。但这些仍然只是如何使得"敌分"的战法，至于如何达成"我专"。这就是《九地篇》的重要内容。在孙子看来，死地作战就是实现"我专"的重要手段，所以前面论述了如何使得"敌分"之后，剩下的篇幅就探讨如何使得"我专"。这就进入更深层次的相关"为客之道"的讨论，也就是真正进入了《九地篇》的主题。

孙子认为，进入敌国作战，越是深入敌境，士卒的军心就会越发变得专一，敌人越是拿我们没有办法。这种情况下，实则是反客为主，成功地主宰战争。不仅如此，在敌国富饶的地区"做客"，可以趁机掠夺粮草，以保障军队给养。如果做到了给养充足，其实也可以给部队提升士气。所以，长途奔袭、深入敌军腹地作战可以带来直接效应，也可以带来间接效应。直接效应是三军足食，间接效应则是带来士气高涨，最终赢得战争的胜利。

凡为客之道[1]，深入则专[2]，主人不克[3]；掠于饶野[4]，三军足食；谨养而勿劳[5]，并气积力[6]，运兵计谋，为不可测[7]。投之无所往[8]，死且不北，死[9]，焉不得士人尽力。兵士甚陷则不惧[10]，无所往则固[11]，深入则拘[12]，不得已则斗[13]。是故其兵不修而戒[14]，不求而得，不约而亲[15]，不令而信[16]。禁祥去疑[17]，至死无所之[18]。吾士无余财[19]，非恶货也；无余命，非恶寿也。令发之日，士卒坐者涕沾襟[20]，偃卧者涕交颐[21]。投之无所往者，诸、刿之勇也[22]。

[注释]

[1] 为客之道：意谓离开本国进入敌国作战的规律。客，客军，指离开本土进入敌境作战的军队。道，规律、原则。 [2] 深入则专：军队深入敌境作战，就会齐心协力、意志专一。杜牧注："若深入敌人之境，士卒有必死之志，其心专一。"专，齐心、专心。《广雅·释言》："专，齐也。" [3] 主人不克：在自己本土作战的敌军不能够战胜我军。梅尧臣注："主人不能克我。"主人，处于防御地位的一方，此处指在本土作战的军队。克，战胜。 [4] 掠于饶野：掠取敌方富饶田野上的庄稼。王皙注："饶野多稼穑。" [5] 谨养而勿劳：意谓认真地搞好部队的休整，不要使将士过于疲劳。王皙注："谨养，谓抚循饮食，周谨之也。"谨，注意、注重。养，休整。 [6] 并气积力：保持士气，积蓄战斗力量。王皙注："并锐气，积余力。"并，合，引申为集中、保持的意思。积，积蓄。 [7] 为不可测：使敌人无从判断。杜牧注："动用变化，使敌人不能测我也。"测，推测、判断。汉简本"测"作"贼"，同在"职"部，可假借。 [8] 投之无所往：把军队投置于无路可走的绝境。张预注："置之危地，左右前后皆无所往。"投，投放、投置。 [9] 死：以下两句意谓士卒死尚且不惧，那还有什么做不到的呢？赵注本谓："'死，焉不得'之'死'当为衍文。"焉，疑问代词，何、什么的意思。 [10] 兵士甚陷则不惧：士卒们深陷危险境地就不再恐惧。张预注："陷在危亡之地，人持必死之志，岂复畏敌也？"甚，很、非常的意思。 [11] 无所往

则固：无路可走的情况下军心就会稳固。张预注："动无所之，人心坚固。"固，坚固、牢固、稳固的意思。　[12] 深入则拘：此句言军队进入敌境已深，则军心凝聚。梅尧臣注："入深则自然志专也。"汉简本作"入深则拘"，武经本、二十子本、樱田本同。拘，拘束、束缚。曹操注："拘，缚也。"这里引申为人心专一不会涣散。　[13] 不得已则斗：迫不得已就会殊死战斗。曹操注："人穷则死战也。"汉简本作"……所往则斗"。　[14] 是故其兵不修而戒：指士卒不待整治督促，就知道加强戒备。杜牧注："兵在死地，上下同志，不待修整而自戒惧。"汉简本无"其兵"两字。又，"修"字，汉简本作"调"。修，修治、修明法令。戒，戒备、警戒。　[15] 不约而亲：指不待约束就能做到内部的亲近团结。约，约束。亲，团结。　[16] 不令而信：指不待申令就能做到信任服从。张预注："不号令而信命。"信，服从、信从。　[17] 禁祥去疑：禁止占卜之类的迷信，消除谣言，以避免士卒产生疑惑。曹操注："禁妖祥之言，去疑惑之计。"祥，吉凶的预兆，这里指占卜之类的迷信活动。疑，疑惑、疑虑。　[18] 至死无所之：即便到死也不会逃避（动摇）。杜牧注："士卒至死无有异志也。"之，往。　[19] 吾士无余财：以下四句是说我军士卒没有多余的钱财，这并不是他们厌恶财宝；没有第二条命（却去拼死作战），这也并不是他们不想长寿。张预注："货与寿，人之所爱也。所以烧掷财宝、割弃性命者，非憎恶之也，不得已也。"余，多余。恶，厌恶、讨厌。货，财宝、财物。寿，长寿、寿考。　[20] 士卒坐者涕沾襟：坐着的士卒热泪沾满衣襟。张预注："感激之，故涕泣也。"涕，眼泪。襟，衣襟。　[21] 偃卧者涕交颐：躺着的士卒则泪流满面。偃，仰倒。颐，面颊。　[22] 诸、刿之勇也：像专诸和曹刿那样英勇无畏。梅尧臣注："既令以必死，则所往皆有专诸、曹刿之勇。"诸，专诸，春秋时吴国的勇士。公元前 515 年，专诸在吴公子光即阖闾招待吴王僚的宴席上，用藏于鱼腹的剑刺死吴王僚，自己也当场被杀。刿，曹刿，又名曹沫，春秋时期鲁国武士。在齐鲁柯地（今山东东阿）会盟上，他持剑劫持齐桓公，迫使齐同鲁订立盟约，收回为齐所侵的鲁国土地。在历史上他们遂成为勇士的代称。

［点评］

仗是靠人来打的，将军手下没有兵，便成了光杆司令；最好的武器没人去用，便成了一堆废铜烂铁。离开了人，什么仗都打不成。

然而人又是有血有肉有感情的，到了尸横遍野的战场，面对彼此杀红了眼的同类，是扑上去拼个你死我活，还是掉转头撒腿逃跑，往往是一念之差。不是让恐惧吓破肝胆，就是让勇敢战胜恐惧，这一切都取决于人的心理状态。这表明将士们精神面貌的好坏，参战意识的强弱，在很大程度上成了决定战争胜负的筹码。因此，重视人的心理因素，激励官兵士气，发挥部队的战斗力，乃是战争指导者在管理部队、指导战争时必须优先要解决的问题。

孙子是中国历史上第一位系统阐述军事心理学的兵学大师，军事心理思想是他兵学理论体系中的重要组成部分。在本篇中，他对军事心理学作了最原始的考察，提出了在正确认识部队心理状态的基础上，激励士气、鼓舞斗志、夺取胜利的主要原则和具体方法。

常言道："世事洞明皆学问，人情练达即文章。"孙子对"人情"的体会也是如此，认为"人情之理，不可不察”。基于这样的观念，他对部队在不同情况下的心理反应进行了细致的分析。首先，他从作战区域的远近角度阐述了军心士气的凝聚或涣散问题。指出：凡是越境进攻作战，越是深入到敌方的重地，就越是能使军心稳固，使士气振奋，牢牢立于不败之地：“凡为客之道，深则专，浅则散”，“深入则专，主人不克”。接着，孙子探讨了导致出现这种奇怪现象的原因，认为这是由部队的心理状态所决定的：在本土作战，免不得想到家中的父母妻儿，惦记着那一亩三分地、两间破草屋，七思八想，斗志就涣散了，瞅准机会就开溜。这样的军队如何能有战斗力？反之，如果远离乡土，深入到敌国的腹地，家里的事鞭长莫及，想也没用，自然开不了小差（到了陌生地方，不认得回家的路）。相反，死亡的威胁则是始终包围着自己。在这样的情况下，便只好排除杂念，鼓起全身勇气，去同敌人拼命，以求死里逃生，这叫做“深入则拘，不得已则斗”。

孙子对“为客之道”非常看重，所以《九地篇》对一些重要的原则性问题曾反复进行论述。这可能给人造成重复叙述和语言累赘的印象，甚至让一些专家对该篇作出“错简”的判断。不只是《九地篇》，《孙子兵法》十三篇中一些重要论题，比如说“知彼知己”的情报论、“非利不动”的利益论等，都曾重复出现，反复进行论证。这应该是出于强调的目的，不一定是错简。

故善用兵者[1]，譬如率然[2]；率然者，常山之蛇也[3]。击其首则尾至，击其尾则首至，击其中则首尾俱至。敢问：“兵可使如率然乎？”曰：“可。”夫吴人与越人相恶也，当其同舟而济[4]，遇风，其相救也如左右手。是故方马埋轮[5]，未足恃也；齐勇若一[6]，政之道也；刚柔皆得[7]，地之理也。故善用兵者，携手若使一人[8]，不得已也。

［注释］

[1] 兵：汉简本作“军”。 [2] 率然：古代传说中的一种蛇。《神异经·西荒经》：“西方山中有蛇，头尾差大，有色五彩。人、物触之者，中头则尾至，中尾则头至，中腰则头尾并至，名曰率然。” [3] 常山：即恒山，是五岳中的北岳，位于今山西浑源南。西汉时为避汉文帝刘恒之讳，改称“常山”。北周武帝时，重新改称为“恒山”。汉简本作“恒山”。 [4] 当其同舟而济：以下两句指乘坐同一条船横渡江河，遇上大风。济，渡。 [5] 方马埋轮：以下两句指将马并排地系缚在一起，将车轮掩埋固定起来，想以此来稳定部队，那是靠不住的。方，并、比的意思。曹操注：“方马，缚马也。埋轮，示不动也。” [6] 齐勇若一：以下两句言使士卒齐心协力、英勇杀敌如同一人，这才是治理军队的正确方法。梅尧臣注：“使人齐勇如一心而无怯者，得军政之道也。”齐，齐心协力。政，治理、管理的意思。 [7] 刚柔皆得：以下两句指使强者和弱者都能各尽其力，这在于恰当地利用地形。王皙注：“刚柔，犹强弱也。言三军之士，强弱皆得其用者，地利使之然也。” [8] 携手若使一人：使全军携手作战就像一个人一样。携手，挽手、拉手。《诗·邶风·北风》：“惠而好我，携手同行。”

［点评］

此处，孙子以“常山之蛇”和“吴越相争”作为例证，对“为客之道”的用兵原则进行了更为深入的论证。

孙子指出，善于指挥作战的，就应当使得队伍能够做到首尾呼应，就像是率然。接着就解释了什么是率然："率然者，常山之蛇也。"这一句，是非常明显的注释体文字，学界一般定性为衍文。《戊笈谈兵·孙子》中也没有这一句（《戊笈谈兵·孙子·九地》）。检汉简本却可以看到这一句，那么它是不是果为衍文，自然就要打上一个大大的问号。杨树达曰："古人行文，中有自注。"（《古书疑义举例续补》卷二）很有可能"率然者"这一句正是孙子的自注文字，即便有《戊笈谈兵》这样的本子作为支持，仍然不能确定为衍文。

孙子以率然作比喻，生动表达了他对于部队高度协同、整体作战的境界的追求。率然是恒山的一种蛇。这种蛇，反应非常灵敏。打它的头部时，它的尾部就会赶来救应；打它的尾部时，它的头部就会赶来救应；打它的腹部时，它的头部和尾部都会赶来救应。所以，在孙子看来，军队各部分之间的相互接应就应该像率然这种蛇一样迅速和敏捷。这样的部队才是一个完美的整体，很难被完全击败。

有专家指出，《孙子兵法》这部书很像是以吴、楚、越争霸为背景写成。楚国是吴国力争打败的大国，王霸之兵伐大国，目标指的应该就是楚国。越国则是长期与吴国角力的对手，所以《孙子兵法》十三篇中曾两次提及吴越争霸之事。赵本学曰："孙子以当时本国之事而断之以明，贵于料敌也。"（《孙子书校解引类》）这是有几分道理的。其一见诸《虚实篇》："以吾度之（赵注本作"以吴度之"。张预曰："'吾'字作'吴'，字之误也。"），越人之兵虽多，亦奚益于胜败哉？"这里明指吴越互为仇敌；其二则见诸本篇，孙子认为吴国人和越国人虽然彼此仇视，但当他们必须要同舟共济以自救时，相互之间的救援就像是人的左手和右手一样。这里不直接讲仇敌，更像是在构建特殊条件之下的友谊，很值得玩味。

从《势篇》我们可以看到，孙子为了在战争中获胜，要求指挥员一定要善于“造势”，努力创造达成胜利的各种条件。这种长途奔袭的“为客之道”，可以激发士卒和部队最大的战斗潜力，自然也可视为“造势”的一种手段。

与这种求得最大战势的方法相比，战马并列和掩埋车轮这种严整的阵势是无法与其并肩的。“为客之道”能迫使三军上下齐心协力奋勇作战，这才是最可利用的一种手段。就地形的运用来说，能够使得高下、险易等不同地形地势很好地得其所用，是赋予将帅使用和掌握地理的基本原则。就用兵打仗而言，善于利用客观条件，使得全军上下团结如同一人，这就是高明的指挥员。

孙子的“道”，是让民众去服从君主的意志，“令民与上同意也”，而不是让统治者去迁就民众的利益，“令上与民同意也”。所以，他在谈到运用部队作战心理时，考虑的只是将帅的利益，而对士兵生命缺乏足够的珍惜。在这样的立场之下，他的招数越高明，对士兵所造成的痛苦也就越深重。这一点我们在今天是要有清醒的认识的，切不可把孙子当作普济众生的“和平主义”“爱兵如子”的“好好先生”来看待。

将军之事[1]，静以幽[2]，正以治[3]。能愚士卒之耳目[4]，使之无知。易其事[5]，革其谋，使人无识。易其居[6]，迂其途，使人不得虑。帅与之期[7]，如登高而去其梯。帅与之深入诸侯之地[8]，而发其机，焚舟破釜[9]，若驱群羊，驱而往，驱而来，莫知所之。聚三军之众[10]，投之于险，此谓将军之事也。九地之变[11]，屈伸之利，人情之理，不可不察。

[注释]

[1] 将军之事：意谓指挥军队打仗的事情。将，此处作动词用，主持、指挥的意思。 [2] 静以幽：张预注：“其谋事，则安静而幽深，人不能测。”静，沉着冷静。以，同“而”。幽，幽深莫测。 [3] 正以治：严肃公正而治理得宜。正，严正、公正。治，治理、有条理。张预注：“其御下，则公正而整治，人不敢慢。” [4] 能愚士卒之耳目：以下两句指能够蒙蔽士卒，使他们不能知觉。李筌注：“为谋未熟，不欲令士卒知之。可以乐成，不可与谋始，是以先愚其耳目，使无见知。”愚，蒙蔽、蒙骗。 [5] 易其事：以下三句是指变更正在做的事情，改变计谋，使他人无法识破。张预注：“前所行之事，旧所发之谋，皆变易之，使人不可知也。”易，变更。革，改变、变置。 [6] 易其居：以下三句言变换驻防的地点，迂回行军的路线，使敌人无法图谋。梅尧臣注：“更其所安之居，迂其所趋之途，无使人能虑也。”虑，图谋。《尔雅·释诂》：“虑，谋也。” [7] 帅与之期：以下两句是说将帅赋予军队作战任务的同时，要断绝其归路，迫使士卒们勇往直前。帅，将帅。与之期，指与部队约定赴战，即向部下赋予战斗任务。期，约定时间。 [8] 帅与之深入诸侯之地：以下两句言统帅军队深入敌国腹地，如扣动弩机射出的箭镞一般笔直向前。王皙注：“皆励决战之志也。机之发，无复回也。”而，如、如同。王引之《经传释词》卷一：“而，犹如也。”机，指弩机。 [9] 焚舟破釜：指烧掉舟船，打碎炊具，以示决一死战之意。釜，锅。王念孙《校本》云：“‘焚舟破釜’四字类注文，一本无之，甚是。”赵注本云：“一本‘机’下有‘焚舟破釜’四字，非是。”说皆精审。汉简本正作“发其饑（机），若（驱）群……”二句在同一简上连文，

并无“焚舟破釜”四字。又，平津馆本、武经本、樱田本、《品节》诸本亦无此四字。又汉简本无“而”字。 [10] 聚三军之众：以下三句是指集结全军，把他们投置到险恶的绝地，这就是指挥军队作战中的要事。 [11] 九地之变：以下两句指对不同地理条件的应变处置，使军队的进退得宜。屈，弯曲。伸，伸展。屈伸，指部队的前进或后退。期，约定时间。张预注：“九地之法，不可拘泥，须识变通。可屈则屈，可伸则伸，审所利而已。”汉简本“屈伸”作“诎信”，古通用。

[点评]

孙子论述了部队作战中普遍的心理活动规律，这就是“兵之情，围则御，不得已则斗，过则从”。指出要想让部队官兵肯拼命杀敌，最好的办法是把他们安置到无路可走的“绝境”上去。这样，全军上下就会在求生意识的驱使下，奋不顾身去战斗了。孙子强调，这是军队作战心理的一般共性：“投之无所往，死且不北，死，焉不得士人尽力。兵士甚陷则不惧，无所往则固。”

了解军事心理的目的，是为了在战争中加以运用。为此，孙子系统提出了如何巧妙利用部队作战心理的具体方法，其宗旨是因势利导，处心积虑，使官兵们深陷危险窘迫的环境之中，诱逼其为生存而死战。具体地说，就是“塞其阙”“示之以不活”“投之亡地”“陷之死地”等等。

该如何来做到这一点呢？孙子也替大家想出了高招：推行“愚兵”之术，把士兵们当作懵懂无知的“羊群”来看待，该怎么折腾他们便怎么折腾，“能愚士卒之耳目，使之无知”“若驱群羊，驱而往，驱而来，莫知所之”。让士卒成为一群没有头脑、任凭将帅驱使的战争工具。这样，将帅在利用部队心理“投之无所往”的时候，便可以轻松愉快、得心应手了，士卒的战斗潜能也能够得到充分地发挥了（不管是自愿还是不自愿），便可以造成“携手若使一人”的“理想”局面，舒舒服服地圆自己的胜利之梦！

应该说，孙子的军事心理思想透露着冷酷残忍的血腥味儿，反映了古代上层统治者与普通士兵之间的阶级对立本质属性。

然而，我们也应该看到，贪生怕死，乃是人的本能，所谓“蝼蚁尚惜命，而况人乎”“夫农，民之所苦；而战，民之所危也”（《商君书·算地》）。没有一些绝招，是无法让人在战场上克服对死亡的恐惧，奋不顾身，殊死拼搏的。虽然不同的阶级在这方面所使用的手段会不尽相同，但最终所要收到的效果却是完全一致的。从这个意义上讲，孙子掌握和运用军队心理的原则和方法虽然有可议之处，但是却非常实用，非常有效，“凡是存在的，都是合理的”，我们大可不必装出一副大义凛然的样子，对它大加鞭挞。

历史上借鉴汲取孙子军事心理思想，用以指导战争实践的现象是司空见惯的，其中尤以秦汉之际韩信背水列阵大破赵军最为典型。在这次战役中，韩信根据己方兵力寡少、军心不固以及深入重地等实情，针对赵军主帅陈余本人“不用诈谋奇计”的迂腐性格，遵循孙子“投之亡地然后存，陷之死地然后生”的作战原则，“陷众于害”，背水列阵，激发起汉军将士人人死战、个个拼命的昂扬斗志，抑制住了赵军如潮般的攻势，同时出动奇兵袭占赵军大营，使赵军腹背受敌，阵脚大乱。韩信乘机发动反击，终于阵斩陈余，大获全胜，一举灭赵，实现了断楚之右臂的战略目的。

但是，“投之亡地然后存”的作战心理原则，如同孙子其他兵学原则一样，固然是制胜之法宝，却并非用兵之教条。换句话说，实践这一原则，要有一定的条件，如将帅足智多谋，敌将蠢笨如牛，及时出动奇兵策应，等等。总之是要灵活运用，因敌变化，而不能生搬硬套，死守拘泥。同样以韩信背水布阵大破赵军一事为例。如果当时赵军主帅陈余不那么刚愎自用，迂腐疏阔，而能听取部下李左车的意见，自己率主力深沟高垒，持重相峙，派奇兵摧毁汉军的辎重，切断汉军的粮道，那么，韩信再是高明，也玩不成这场心理大战的游戏，而且还很有可能如李左车所估计的那样，沦为赵军的阶下囚。可见，是陈余的无能，造就了韩信的功名。历史上就有因死啃教条，不能灵活掌握这一原则而导致失败、贻笑天下的事例。如三国时期马谡不讲条件而侈谈“陷之死地然后生”原则，舍水上山，放弃要冲，最终惨遭失败，痛失街亭，就是这方面的明显例子。由此可见，要正确发挥孙子军事心理思想的巨大威力，必须辅之以具体的条件，实施高明的指导，用孙子自己的话说，就是“兵无常势，水无常形，能因敌变化而取胜者，谓之神”（《虚实篇》）。

在军事科技迅猛发展的今天，人的因素在战争中的地位和作用并没有丝毫的减弱。因此，正确运用军事心理学理论管理部队、指导战争依然是一个重要的课题。美军是目前世界上武器装备最为先进的军队，可它却非常重视掌握、运用军事心理学理论，积极摸索利用人的心理因素以达到克敌制胜目的的途径。如它主张内部的团结，其“SPAP心理训练计划”中的一条重要原则即是“维护部队内部的团结”。又如它也十分注重对敌人从事心理战，在海湾战争、科索沃战争、阿富汗战争以及伊拉克战争中，通过散发传单、电台广播、寄送电子邮件等方法，开展铺天盖地、强大持续的政治、军事攻心，动摇对手的抵抗意志，瓦解对手的军心士气，收到了相当理想的效果，为夺取战争的胜利创造了有利的条件。美军成功的做法，也给我们很大的启示，即在现代高科技战争条件下，军事心理学活动的舞台不但不见萎缩，恰恰相反，是更见广阔，大有可为。而《九地篇》所反映的军事心理思想，作为中国古代军事文化遗产的重要组成部分，仍然可以为我们从事军队建设、指导未来可能爆发的战争，提供有益的借鉴，发挥应有的作用。

凡为客之道，深则专[1]，浅则散。去国越境而师者[2]，绝地也；四达者，衢地也；入深者，重地也；入浅者，轻地也；背固前隘者[3]，围地也；无所往者，死地也。是故散地[4]，吾将一其志；轻地[5]，吾将使之属；争地[6]，吾将趋其后；

交地[7]，吾将谨其守；衢地[8]，吾将固其结；重地[9]，吾将继其食；圮地[10]，吾将进其途；围地[11]，吾将塞其阙；死地[12]，吾将示之以不活。故兵之情，围则御[13]，不得已则斗[14]，过则从。

[注释]

[1] 深则专：以下两句指在敌国国土上作战，深入则士卒意志统一，斗志专一，浅入则士卒离散。 [2] 去国越境而师者：以下两句指离开本国，越过边界进行作战的地区，叫做绝地。张预注："去己国，越人境而用师者，危绝之地也。" [3] 背固前隘者：以下两句指背后地势险要，前面道路狭隘，进退易受制于敌的地区，叫做围地。 [4] 是故散地：以下两句是指在散地作战，我们要做到统一全军的意志。一，统一。 [5] 轻地：以下两句是指在轻地作战，我们要使部队部署相互连接。梅尧臣注："行则队校相继，止则营垒联属。" 属，连接、相连。 [6] 争地：以下两句是指在争地作战，我们要使后续部队迅速跟进。杜佑注："利地在前，当进其后。争地，先据者胜，不得者负。" [7] 交地：以下两句是指遇到交地，我们将谨慎守卫。 [8] 衢地：以下两句是指遇上衢地，我们要巩固与诸侯国的结盟。张预注："财币以利之，盟誓以要之，坚固不渝，则必为我助。" 汉简本 "固其结" 作 "谨其恃"。 [9] 重地：以下两句是指在重地，我们要保障军粮供给。贾林注："使粮相继而不绝也。" 继，继续，引申为保障、保持。汉简本作 "□地也，吾将趣其后。" [10] 圮地：以下两句是指遇上圮地，我们要迅速通过。张预注："遇圮毁之地，宜引兵速过。" [11] 围地：以下两句是指陷入围地，我们要堵塞缺口，迫使士卒不得不拼死

作战。曹操、李筌注:“以一士心也。”阙，缺口。 [12] 死地：以下两句是指到了死地，我们要向敌人显示我方将士决一死战的决心。梅尧臣注:“必死可生，人尽力也。” [13] 围则御：军队被包围就会奋起抵御。 [14] 不得已则斗：以下两句是指迫不得已士卒就会奋起战斗，身陷绝境士卒就会听从指挥。过，甚，这里指深陷危境。从，听从、服从指挥。

[点评]

孙子主张在实施战略进攻时，要大胆坚决地深入重地，把战争引向敌人的腹心地区。战略纵深是敌人的腹心，对它的打击，效果远远超过其他地区，往往能起到大伤敌人元气、动摇其根本的作用。所以，孙子主张以坚决果断的行动，迅速快捷地将重兵插入敌人的心脏地带，“帅与之深入诸侯之地，而发其机”“信己之私，威加于敌”，来确保战略突袭行动取得成功。为达到这一目的，他要求在敌国浅近纵深的轻地要迅速通过，不作纠缠，即便是敌之战略前哨的争地，也要巧妙迂回，决不旁骛，“地有所不争，城有所不攻，军有所不击”，免得干扰和牵制自己的战略主攻行动。同时，要实行脱离后勤保障的无后方作战，依靠对敌国的劫掠来补充自己军队的粮草，“掠于饶野，三军足食”。

孙子这一深入重地、击敌腹心的作战指导原则，在美英联军攻打伊拉克之战中有非常精彩的印证：战争伊始，美英联军即迅速突入伊拉克境内，兵锋直指伊首都巴格达。为此，美英联军置卡尔巴拉、纳西里耶、纳杰夫等城市、要点于不顾，全速开进，在短短几天的时间里推进四五百公里，基本上形成了对巴格达的战略合围之势，并很快将这座象征着萨达姆政权力量的城市加以攻克，为这场战争画上一个句号。这种直插腹心、占敌重地的做法，是战略进攻的最佳选择，古今战争史上均无例外。

是故不知诸侯之谋者[1]，不能预交；不知山林、险阻、沮泽之形者，不能行军；不用乡导者，不能得地利。四五者[2]，不知一，非霸王之兵也。夫霸王之兵，伐大国，则其众不得聚[3]；威加于敌[4]，则其交不得合。是故不争天下之交[5]，不养天下之权[6]，信己之私[7]，威加于敌[8]，故其城可拔，其国可隳。施无法之赏[9]，悬无政之令[10]，犯三军之众[11]，若使一人。犯之以事[12]，勿告以言；犯之以利[13]，勿告以害。投之亡地然后存[14]，陷之死地然后生。夫众陷于害[15]，然后能为胜败。故为兵之事，在于顺详敌之意[16]，并敌一向[17]，千里杀将，此谓巧能成事者也。

外交上不卑不亢，内政上加紧准备。也即坚持独立自主，避免受制于人。至于所要达成的目标则有两点：第一是“其众不得聚”，使得对手的军队无法得到及时的集中；第二是“其交不得合”，使对方在外交上孤立无援。只要出现了这种情况，也就是等到了“其城可拔，其国可隳”的良机。

［注释］

[1] 是故不知诸侯之谋者：以下六句已见于前《军争篇》，疑系衍文。　[2] 四五者：以下三句言九地的利害关系，有一不

知，就不能成为霸、王的军队。张预注：“九地之利害，有一不知，未能全胜。”四五者，曹操注：“谓九地之利害。”霸王，即霸主，春秋时期诸侯之伯长。四五者，樱田本“四”字上有“此”字。《兵诀评》作“此三者”。不知一，汉简本、平津馆本、樱田本、二十子诸本皆作“一不知”。霸王之兵，汉简本作“王霸之兵”。 [3] 则其众不得聚：指敌国军民来不及动员和集中。聚，聚集、集中。 [4] 威加于敌：以下两句指用强大的兵威施加到敌人的头上，那么它在外交上也就无法联合与国了。王皙注：“威之所加者大，则敌交不得合。” [5] 是故不争天下之交：指没有必要争着和其他国家结交。杜牧注：“不结邻援。”甚是。 [6] 不养天下之权：此句意谓没有必要在其他的国家里培植自己的权势。一说，“不”当为“必”，似有道理，惜未有证据耳。樱田本“养”字作“夺”。养，培养、培植。 [7] 信己之私：此句谓当伸张自己的战略意图。李筌注：“惟得伸己之私志。”信，伸、伸展。私，私志、意图。 [8] 威加于敌：以下三句指兵威施加于敌，则敌国的城邑可以攻拔，敌人的国都可以摧毁。隳（huī），毁坏、摧毁的意思。《吕氏春秋·顺说》“隳人之城郭”，高诱注：“隳，坏也。”国，都城。春秋时的“国”，一般都是指大城邑或国都。汉简本作“……可拔也，城可隋也”，《太平御览》卷三〇四引此亦“国”字在前，“城”字在后。 [9] 施无法之赏：意谓施行超出惯例的奖赏，即所谓的法外之赏。无法，不合惯例、超出规定的意思。梅尧臣注：“瞻功行赏，法不预设。”汉简本无“施”字。 [10] 悬无政之令：谓颁布打破常规的命令。悬，悬挂，引申为颁发、颁布。无政，即无正，指不合常规。汉简本无“悬”字。《太平御览》卷三〇四“政”字作“功”。 [11] 犯三军之众：意谓指挥三军上下行动。犯，使用。曹操注：“犯，用也。”一说为调动。都是指挥运用的意思。 [12] 犯之以事：以下两句意谓驱使士卒参战，但不要说明任务的意图。张预注：“任用之于战斗，勿谕之以权谋；人知谋则疑也。”犯，用。之，指士卒。事，指作战。言，指谋虑、实情。 [13] 犯之以利：以下两句意谓驱使士卒进行战斗时，只告诉其有利的条件，而不告诉其任务的危险性。梅尧臣注：“用令知利，不令知害。”汉简本作“……害，勿告以利”。 [14] 投之亡地然后存：以下两句是说将军队置于危亡之地，然后可以保存；使军队陷入死绝之地，然后可以生存。梅尧臣注：“地虽曰亡，力战不亡；地虽曰死，死战不死。故亡者存之基，死者生之本也。” [15] 夫众陷于害：以下两句意谓只有把军队投置于险恶境地，才能取胜。张预注：“士卒用命，则胜败之事在我所为。”害，害处，指恶劣处境。胜败，指取胜、胜利，这是偏正结构用法。 [16] 在于顺详敌之意：用兵作战要做到审慎地考察敌人的意图。一说，是指假装顺从敌人的意图。亦通。顺，通“慎”，谨慎的意思（据杨炳安《孙子会笺》）。详，当训“审”，详细考察。平津馆本、武经本、二十子本“在”下无“于”字。 [17] 并敌一向：指集中兵力攻向敌人的一点。曹操注：“并兵向敌。”王皙注：“并兵一力以向之。”皆是。

［点评］

与统御之法相配合的是外交准备。孙子指出，长途奔袭之前应该做到以下几点：不了解诸侯列国的战略意图，就不能预先与之结交；不熟悉山林、险阻、沼泽等地形情况，就不能行军；不重用向导，就无从得到地利。这些情况，如有一样不了解，都不能成为称王争霸的军队。凡是称王争霸的军队，进攻敌对大国，能使敌国的军民来不及动员集中；兵威加在敌人头上，能够使敌方的盟军无法配合策应。因此，没有必要去争着同天下的诸侯结交，也用不着在各诸侯国里培植自己的势力，只要施展自己的战略意图，把兵威施加在敌人头上，就可以拔取敌人的城邑，摧毁敌人的国都。施行超越惯例的奖赏，颁布不拘常规的号令，指挥全军就如同使用一个人一样。向部下布置作战任务，但不说明其中的意图。动用士卒，只说明有利的条件，而不指出危险的因素；将士卒投置于危地，才能转危为安；使士卒陷身于死地，才能起死回生；军队深陷于绝境，然后才能奋起拼杀赢得胜利。所以，指导战争这种事，在于谨慎地观察敌人的战略意图，集中兵力攻击敌人之一部，千里奔袭，擒杀敌将。这就是所谓巧妙用兵，实现克敌制胜的目标。

发动长途奔袭之前应该如何搞好外交，从上面孙子的这段论述可以看出，其中的要点一共有四：

第一是“不争天下之交”，意思是不必争着去和天下诸侯结交。如果急急忙忙去攀附，结果很可能适得其反，反倒会不经意间壮大了对手的力量，造成己方的孤立和被动。

第二是“不养天下之权”，意思是不必刻意尊奉诸侯，早请示晚汇报的无比尊敬对手，因为这往往会培植他们的权威，影响己方的声威，不利于在诸侯之间树立威信。

第三是“信己之私”，意思是伸展自己的抱负和主张，追求应得的利益。“信”同“伸”或“申”。何守法《校音点注孙子》：“信与伸同。”《重刊武经七书汇解·孙子》：“信与申同。”一说“确信”，也通。

第四是“威加于敌”，意思是把军事上的威力施加到敌人头上，逼迫敌人屈服。

是故政举之日[1]，夷关折符[2]，无通其使[3]，厉于廊庙之上[4]，以诛其事。敌人开阖[5]，必亟入之。先其所爱[6]，微与之期[7]。践墨随敌[8]，以决战事[9]。是故始如处女[10]，敌人开户；后如脱兔[11]，敌不及拒。

［注释］

[1] 政举之日：意谓决定战争行动的时候。张预注："庙算已定，军谋已成。"政，指战争行动。举，指实施、决定。汉简本"政举"作"正与"。 [2] 夷关折符：意即封锁住关口，废除通行的凭证。梅尧臣注："灭塞关梁，断毁符节。"夷，削平，此处引申为封锁。折，折断，这里可以理解为废除。符，泛指通行凭证。古时以木、竹、铜等材料做成的牌子，上书图文，分为两半，用作传达命令、调兵遣将和通行关界的凭证。 [3] 无通其使：不同敌国的使节相往来。张预注云："恐泄我事也。"使，使节。 [4] 厉于廊庙之上：以下两句谓在庙堂上反复推敲计议，来决定战争行动事宜。厉，同"砺"，本义为磨刀石，《荀子·性恶》："钝金必将待砻厉然后利。"杨倞注："厉与砺同。"此处意谓反复推敲、计议。廊庙，即庙堂，喻指最高决策机构。诛，曹操注："诛，治也。"意谓研究决定。汉简本无"庙之"二字。二十子本"廊庙"二字互乙。 [5] 敌人开阖：敌人敞开门户，指敌人有隙可乘之时。阖，门扇。《礼记·月令》："耕者少舍，乃修阖扇。"郑玄注："用木曰阖，用竹苇曰扇。" [6] 先其所爱：

指首先攻取敌之关键要害处，以争取主动。杜牧注："凡是敌人所爱惜，倚恃以为军者，则先夺之也。"爱，珍爱、宝贵，指要害。　[7] 微与之期：不要事先与敌人约期交战。微，无、毋的意思。《经传释词》："微，无也。"之，指敌人。期，约期。　[8] 践墨随敌：指避免墨守成规，而要随着敌情的变化来决定作战行动。贾林注："随敌计以决战事，惟胜是利，不可守以绳墨而为。"践，通"剗"，贾林注："剗，除也。"避免的意思。墨，墨线，喻指陈规、教条。　[9] 以决战事：以解决战争胜负问题，即求得战争的胜利。　[10] 始如处女：以下两句是说军事行动开始之前，要做到如同处女一样沉静柔弱，诱使敌人放松戒备。张预注："如处女之弱，令敌懈怠，是以启隙。"开户，开门，此处指松懈戒备。　[11] 后如脱兔：以下两句是说战斗一旦打响，就要像脱逃的兔子一样迅速，使得敌人来不及抗拒。张预注："攻则犹脱兔之疾，乘敌仓卒，是以莫御。"

[点评]

本篇最为精彩之处，是孙子结合"兵要地理"用兵原则的具体要求，提出了一整套精辟深刻的战略突袭的理论及方法。

为了实现速战速决的战略意图，达到"兵不顿而利可全"的目的，孙子提倡采取突然袭击的方式来展开战略进攻行动，主张纵深突袭，似尖刀直插敌人的心脏，一举战胜敌人。

首先，战前秘密决策，隐蔽准备。为了确保突然袭击能出敌不意，攻其无备，孙子主张在战前做出秘密决策，"天知、地知、你知、我知"，保证军事机密不致泄露，即所谓“厉于廊庙之上，以诛其事”。这一是要“夷关折符”，封锁关口，销毁通行凭证，防止敌方间谍潜入侦察。二是要“无通其使”，既不接受敌方新派使臣来访，以防其高明的间谍见微知著，察觉我方的战略意图；也不允许敌方留居人员离境，防范消息的走漏。总之，巧妙地加以伪装，诱使敌人放松戒备，暴露弱点，“始如处女，敌人开户”。

其次，及时把握进攻的时机，正确选择主攻的方向。孙子强调，优秀的作战指导者应该善于捕捉战机，一旦发现敌人暴露弱点，有机可乘，就不必同敌人讲客气，当以迅雷不及掩耳的速度发起攻击，“敌人开阖，必亟入之”，如神兵从天而降，打得敌人措手不及，找不着北，“后如脱兔，敌不及拒”。而作为军事指挥员，则要在这个过程中，充分发挥主观能动性，通过“顺详敌之意”“运兵计谋，为不可测”等方法，来催化有利进攻时机的形成，而不要站在一旁无所事事睁着眼干等待。关于选择主攻方向的问题，孙子反对采取撒胡椒粉、平均使用力量的打法，主张在实施战略突袭的时候，做到攥紧拳头，“并敌一向，千里杀将”“兵之情主速，乘人之不及，由不虞之道，攻其所不戒也”“先夺其所爱”，等等，即集中优势的兵力，以最快的速度，打击敌人既是要害而又虚弱的地方，大量杀伤敌人的有生力量，事半功倍地结束战斗。

再次，巧妙灵活地变换战术，刚柔兼济，因敌变化。一旦下定了战斗的决心，决定了进攻的时机，选定了主攻的方向，做好了打击的准备，那么，在战役战斗中，灵活用兵、巧妙指挥也就成为实现战略突袭目标的主要环节了。孙子对战略进攻中的战术运用问题进行了认真探索，提出了有关的原则和方法。其中心内容是“践墨随敌，以决战事”，即根据敌情的变化，灵活机动地决定自己的战术运用。诸如，隐蔽自己的作战企图，示形于敌，瞒天过海，调动对手，牵着敌人的鼻子走，“易其事，革其谋”“易其居，迂其途”；布列阵势要如同常山之蛇一般，灵活自如，反应敏捷，善于策应，“击其首则尾至，击其尾则首至，击其中则首尾俱至”，等等。其宗旨就是强调灵活的指挥、多变的战术，反对墨守成规，避免贻误战机，陷入被动。

这里，孙子实际上触及到了战术运用上的最深层次命题，即战术理论原则性与灵活性的统一问题。这用哲学范畴来表述，就是“常”与“变”的对立与统一。所谓“常”，是指事物的稳定性、永恒性，大经大法，这在儒家那里，便是“经”，“道之大原出于天，天不变，道亦不变”（《汉书·董仲舒传》）；所谓“变”，是指事物的变化性、适时性，通权达变，这在儒家那里，便是“权”。这两者既是对立的，“男女授受不亲”，但又是统一的，“嫂溺，援之以手，权也”（《孟子·离娄上》）。

就兵学而言，“常”与“变”的统一尤为重要，因为战争本身就是必然性与偶然性的有机统一。成型的战术原则，是千百万人用鲜血和生命凝聚而成的，自然有它的合理性和通用性，对它自然应该予以最大的尊重，这一点孙子心里非常清楚，他一再强调“高陵勿向，背丘勿逆”，坚决提倡“围师必阙，穷寇勿迫”，就充分说明他对既定的战术原则是何等的信赖，何等的推崇。

但是战争是最具有偶然性的活动，随机性、变化性是它的根本特点，战术上的“常法”不可能适应千变万化的战场形势。如果一味拘泥于以往的经验，迷恋于作战的成规，那么就等于胶柱而鼓瑟，非打败仗不可，即所谓“法有定论，而兵无常形。一日之内，一阵之间，离合取舍，其变无穷，一移踵瞬目，而兵形易矣。守一定之书，而应无穷之敌，则胜负之数戾矣”(《何博士备论·霍去病论》)。因此，用兵打仗，在尊重“常法”的同时，更注重战术的灵活变化，随机创新。因为后者才是真正的用兵艺术魅力之所在，才是兵学原则不断丰富、不断升华的不竭动力。这正如何去非所说的那样：“不以法为守，而以法为用，常能缘法而生法，若夫离法而合法。”(《何博士备论·霍去病论》) 从这个意义上说．孙子主张在战略进攻中，坚定不移地贯彻“践墨随敌”，因敌变化的战术原则，实在是切中了要害，识破了玄机。

综上所述，孙子关于战略突袭的指导思想是：以优势的兵力，多变的战术，出敌不意的时间、方向，深入敌之重地，给敌以毁灭性的打击。在战术上，收到“使敌人前后不相及，众寡不相恃，贵贱不相救，上下不相收，卒离而不集，兵合而不齐”的效果；在战略上，达到“伐大国，则其众不得聚；威加于敌，则其交不得合”“其城可拔，其国可隳”的目的。

火攻篇

火攻，指以火助攻，杀伤敌之有生力量，摧毁敌之战争资源，从而夺得战争的胜利。曹操注："以火攻人，当择时日也。"王皙注："助兵取胜，戒虚发也。"皆符合孙子本篇主旨。其篇次，汉简篇题木牍《火攻》列在《用间》之后，与各传本相反。

孙子曰：凡火攻有五[1]：一曰火人[2]，二曰火积[3]，三曰火辎[4]，四曰火库[5]，五曰火队[6]。行火必有因[7]，烟火必素具[8]。发火有时[9]，起火有日。时者[10]，天之燥也；日者，月在箕、壁、翼、轸也[11]；凡此四宿者[12]，风起之日也。

[注释]

[1] 五：五类、五种。火攻，汉简本作"攻火"。 [2] 火人：焚烧敌军人马。火，此处作动词用，烧、焚烧的意思。以下"火积"等之"火"义同。 [3] 火积：指焚烧敌军的粮秣物资。积，积聚、积蓄，此处指粮草。梅尧臣注："焚其委积，以困刍粮。" [4] 火辎：指焚烧敌军的辎重。张预注："焚其辎重，使器用不供。" [5] 火库：意谓焚烧敌军的物资仓库。梅尧臣注："焚其库室，以空蓄聚。"库，仓库，《释名·释宫室》："库，舍也。

物所在之舍也。故齐鲁谓库曰舍也。” [6] 火队：指焚烧敌之军事交通和转运设施。贾林注：“烧绝粮道及转运也。”队，通“隧”，道路。《左传》文公十六年：“楚子乘驲，会师于临品，分为二队以伐庸。”《广雅·释宫》：“队，道也。”又，《广雅疏证·释宫》：“队，与隧同，谓分为二道以伐庸也。”一说，火队即焚烧敌军队伍。如杜牧注：“焚其行伍，因乱而击之。”《通典》卷一六〇、《太平御览》卷三二一引此作“火坠”，《通典》又注云：“一曰火道。”《长短经·水火》《艺文类聚》卷八〇、《太平御览》卷八六九引此皆作“燧”。“队”“坠”“隧”三字义近，古通。 [7] 行火必有因：指实施火攻必须具备一定的条件。李筌注：“因奸人而内应也。”张预注：“凡火攻，皆因天时燥旱，营舍茅竹，积刍聚粮，居近草莽，因风而焚之。”皆是对火攻条件的具体罗列。行，实施。因，原因，此处指进行火攻的必备条件。 [8] 烟火必素具：意谓发火用的器材必须平常准备就绪。烟火，指火攻的器具和燃料等物。曹操注：“烟火，烧具也。”素，平素、经常的意思。具，准备妥当。张预注：“贮火之器，燃火之物，常须预备，伺便而发。”汉简本作“□火有因，因必素具”，“火”前所残一字，度为“行”字。 [9] 发火有时：以下两句意谓当根据天时条件而实施火攻。张预注：“不可偶然，当伺时日。” [10] 时者：以下两句言火攻应在气候干燥时进行。燥，气候干燥。 [11] 箕、壁、翼、轸：中国古代星宿的名称，是二十八宿中的四个。其中，箕属东方苍龙七宿之一，壁属北方玄武七宿之一，翼、轸属南方朱雀七宿。 [12] 凡此四宿者：以下两句言凡月球行经箕、壁、翼、轸这四个星宿时，正是起风便于火攻的时候。李筌注：“《天文志》月宿此者多风。”古人迷信，认为月亮运行到箕、壁、翼、轸这四个星宿位置时多风。《史记·天官书》：“翼为羽翮，主远客。轸为车，主风。”张守节正义：“箕主八风。”汉简本此句前缺，作

"……四者，风之起日也"。

［点评］

本篇是我们现在所能见到的中国古代最早系统总结火攻作战经验和特点的专门文字。主要论述了春秋以前火攻的种类、条件、实施火攻的方法以及火发后的相应应变措施等问题。孙子认为以火助攻，是提高军队战斗力，夺取作战胜利的重要作战样式。他把火攻归纳为五大类，即火人、火积、火辎、火库、火队。指出火攻必须具备"发火有时，起火有日"的气象条件和"行火必有因，烟火必素具"等物质条件。孙子主张火攻与兵攻相结合，明确提出"必因五火之变而应之"，即利用纵火所引起的敌情变化，及时地指挥军队发起攻击，以扩大战果。

本篇的另一个值得关注的地方，是有助于我们在今天更深入细致地考察《孙子兵法》的内在逻辑结构与篇章次序。

银雀山汉墓出土的《孙子》简牍材料中，有著录有"十三篇"篇题的木牍。其内容表明，在西汉初期，《孙子》一书的篇目次序与后世传本的篇目次序有较大的差异。据王正向《孙子十三篇竹简本校理》一书统计，两者之间，"十三篇"中只有《计篇》《形篇》《军争篇》《地形篇》《九地篇》五篇的篇次相一致，其余八篇则次序不同。这中间，尤以结束篇的差异最为引人关注。在汉简本中，"十三篇"的终结篇为《火攻篇》，而非众所周知的《用间篇》。我们认为，汉简本《孙子》对深化《孙子兵法》的研究，重要的一点，是给我们研究《孙子兵法》“十三篇”的篇目次序，提供了另外一个合理的编排序列。

我们认为：“十三篇”在全书结构中的安排，是孙子颇有深意处置的结果，不可予以轻忽。如前所述，我们认为，传世本的“十三篇”篇序逻辑关系清晰，井然有序，《用间篇》列为整部《孙子兵法》的终结篇，是有其内在逻辑合理性的，是完全可以成立的。但是，这并不意味着《孙子兵法》的篇序就不能有另外的排列顺序，在我们看来，汉简本《孙子》的篇序同样有其内在的逻辑性与结构上的合理性。

这里，我们就有必要认真考察《孙子兵法》的核心价值观究竟为何。通观全书，我们必须承认，“知兵而不好战”乃是孙子著述兵书的基本立场和根本出发点。众所周知，春秋时代战争频繁，诸侯列国争霸与兼并一日无已。《墨子·非攻下》云：“入其国家边境，芟刈其禾稼，斩其树木，堕其城郭，以湮其沟池，攘杀其牲牷，燔溃其祖庙，到杀其万民，覆其老弱，迁其重器。”《孟子·离娄下》也称：“争地以战，杀人盈野；争城以战，杀人盈城。”就是当时战争日趋激烈与残酷的形象写照。《孙子兵法》当然要反映这一时代特色，这就决定了孙子在战争问题上鲜明地提出慎战与备战并重的主张，换言之，“安国全军”是孙子战争观的基本主线。

孙子对战争采取十分慎重的态度，《孙子兵法》开宗明义就提出：“兵者，国之大事，死生之地，存亡之道，不可不察也。”既然战争是关系到国家存亡的头等大事，所以孙子多次告诫并提醒统治者，必须慎重对待战争，主张“合于利而动，不合于利而止”，强调指出：“怒可以复喜，愠可以复悦，亡国不可以复存，死者不可以复生。故明君慎之，良将警之。”对于那种缺乏政治目标和战略价值而轻启战端的愚蠢做法，孙子持坚决反对的态度：“主不可以怒而兴师，将不可以愠而致战。”并要求战场指挥员做到“战道不胜，主曰必战，无战可也”。所以，如果按孙子“慎战与重战至上”的战争观念这一内在逻辑主线，那么，“十三篇”始于“兵者，国之大事”，而终于“安国全军之道”，以“重战”和“慎战”为全书之核心宗旨而贯穿于全书，也完全可以成立。它遂使《孙子兵法》全书“譬若率然”之势得以毫无滞涩，通贯融会。

很显然，无论是传世本始于《计篇》，终于《用间篇》；抑或汉简本始于《计篇》，讫于《火攻篇》，均是各有理据，可以成立的。其区别在于传世本的篇次结构序列设计，更注重于按用兵制胜的要领与方法加以逻辑展开，即以战争规律性为立足点；而汉简本的篇次结构序列排比，尤其注重于“兵凶战危”的宗旨与原则，在此基础上再加以逻辑展开，即以战争价值观为出发点。前者，关心的是战争实践中的可操作性；后者，考虑的是战争理念上的永恒合理性与崇高合法性。但由于核心价值规范着事物的本质属性，具有根本的指标性意义。因此，汉简本有关“十三篇”的篇次排序，似乎更接近孙子撰写兵书的本意，更有其合理性。

凡火攻，必因五火之变而应之[1]。火发于内，则早应之于外[2]。火发兵静者[3]，待而勿攻，极其火力[4]，可从而从之[5]，不可从而止。火可发于外，无待于内[6]，以时发之[7]。火发上风[8]，无攻下风[9]。昼风久[10]，夜风止。凡军必知有五火之变，以数守之[11]。

聪明的军事指挥员在实施火攻之时，一定要针对敌情的变化，灵活地加以处置，绝对不能做“玩火自焚”的蠢事。孙子早在两千五百年之前便注意到这个问题，系统提出“必知有五火之变，以数守之”的方法，告诉大家要掌握“火发于内，则早应之于外”“火发上风，无攻下风”等具体要领，足见他认识之深刻，视野之开阔，可谓语重心长，循循善诱！

［注释］

[1] 必因五火之变而应之：意谓应当根据“火发于内”至“昼风久，夜风止”等五种不同情况而灵活处置。梅尧臣注：“因火为变，以兵应之。”注家多以“五火之变”为“火人”等五种火攻方式，不确。汉简本上文“风之起日也”句紧接“火发”二字，且至下文“火发其兵静而勿攻”句之间位置，只能容纳八九个字，无从容纳此句，故疑汉简本无此句。因，根据、利用。应，策应、接应、采取对策的意思。 [2] 早应之于外：及早用兵在外面进行策应。张预注：“火才发于内，则兵急击于外；表里齐攻，敌易惊乱。” [3] 火发兵静者：以下两句汉简本作“火发其兵静者勿攻”。《通典》卷一六〇引此，作“火发而其兵静者，待而勿攻”。武经本、樱田本、孙校本、《武备志》此句与《通典》同。《总要》“勿攻”作“后攻”。兵，此处指敌军。静，安静、沉着、不慌乱。 [4] 极其火力：让火势烧到最旺之时。汉简本作“极其火央”。《菁华录》作“猛其火力”。极，尽、穷尽的意思。 [5] 可从而从之：以下两句意如曹操所注：“见可而进，知难而退。”从，跟从，这里指用兵进攻。而，则、就。《易・系辞》：“君子见机而作，不俟终日。”王引之《经传释词》云：“言见机则作也。”汉简本“止”下有“之”字。徐乃昌校《孙子武帝注》、武经本、《直解》、平津馆本及《太

平御览》卷三二一引此“而”作“则”。 [6] 无待于内：意谓不必等待内应。无，无须、不必。内，内应。 [7] 以时发之：根据气候、月象的情况实施火攻。贾林注：“得时即应发，不可拘于常势也。”以，依据、根据。 [8] 上风：风向的上方。 [9] 下风：风向的下方。梅尧臣注：“逆火势，非便也。” [10] 昼风久：以下两句意谓白天风刮久了，夜里风势就会止息。张预注：“昼起则夜息，数当然也。故老子曰：飘风不终朝。”一说，白天有风放火，军队可以跟进攻击；夜里顺风放火时，军队不能随之发起攻击。刘寅《孙子直解》引张贲说：“谓白昼遇风而发火，则当以兵从之；遇夜有风而发火，则止而不从，恐彼有伏，反乘我也。” [11] 以数守之：意谓等候具备火攻的条件。杜牧注：“须算星躔之数，守风起日，乃可发火，不可偶然而为之。”又，张预注：“不可止知以火攻人，亦当防人攻己。推四星之度数，知风起之日，则严备守之。”数，星宿运行度数，此处引申为实施火攻的条件。守，等待、等候。

[点评]

“烈火张天照云海”“赤壁楼船扫地空”，这两句大气磅礴、音节铿锵、形象鲜明、叱咤风云的诗，出自唐代伟大诗人、号称“诗仙”的李太白之《赤壁送别歌》。它同宋代大文豪苏东坡的千古绝唱《念奴娇·赤壁怀古》一词一样，为人们绘声绘色、惟妙惟肖地重现了公元208年发生的一幕：曹操、孙权、刘备三方赤壁大鏖战的生动而又惨烈的场景。这场决定魏、蜀、吴三国鼎立，逐鹿中原之命运大战的最基本特色，就是“火攻破敌”，“遥想公瑾当年，小乔初嫁了，雄姿英发，羽扇纶巾，谈笑间，樯橹（一作“强虏”）灰飞烟灭”。处于战略弱势地位的孙、刘联军，运筹帷幄，指挥若定，巧妙地以火助攻，一把冲天大火烧得数十万曹操雄师鬼哭狼嚎，丢盔弃甲，溃不成军，狼狈北窜。曹操横槊赋诗、并吞寰宇的气概雄心，“周公吐哺，天下归心”的远大理想，就此付诸东流，抱恨终天！

在漫长的中国古代战争历史上，除了野战、城池攻守等常规战法之外，还有许许多多形式各异、惊心动魄的特殊战法，例如山地战、丛林战、荒漠戈壁战、河川湖泊战、夜战、雪战、水战、火攻等等。这中间尤以火攻为人们所广泛瞩目，曾上演过一幕幕惊天地泣鬼神、气吞山河的战争场面。历史上不少脍炙人口的著名战例，往往与“火攻”相联系，仅就三国历史而说，几场关键性的战役——官渡之战、赤壁之战、夷陵之战，就是火攻制敌的典范。

所谓“火攻”，就是通过放火燃烧的途径，猛烈打击敌人，歼敌有生力量，毁敌战争资源，从而争取主动，克敌制胜。在古代冷兵器作战的条件下，火攻称得上是威力最为强大、效果至为明显的作战手段之一。火攻一旦奏效，便会使敌方的器械物资、城池营垒片刻之内化为乌有，三军人马瞬息之间毁伤殆尽，从而为纵火的一方主动进攻创造良好的作战态势。所以，明代杰出的军事家戚继光将军曾不无感慨地说：“夫五兵之中，唯火最烈；古今水陆之战，以火成功最多。”（《练兵实纪·杂集》卷二）

孙子所处的春秋晚期，属于典型的冷兵器时代，所使用的兵器，主要是戈、戟、矛、殳、弓箭、佩剑等等，锋刃相接、弓矢交射的作战形式，主要靠的是力与力的直接对抗与较量，“杀敌一千，自损八百”，战胜敌人的一方，往往也要付出相当规模的代价，人员和物资的消耗相对较大，战争的效益比相对较低。在这种条件之下，火攻作为一种投入较小而效益较大的重要进攻方式，自然要引起当时兵学家们的高度重视，孙子在这方面当然也不例外。为此，他合乎逻辑地要在《孙子兵法》一书中专门开辟一篇，来集中论述火攻的问题，其内容包括了火攻的基本种类、实施火攻的条件和方法、兵攻与以火助攻的关系等等，从而对春秋时期火攻作战经验做出了全面的总结。

孙子是哲学家，而不是文学家，文学家是“跟着感觉走”，讲究的是激情与冲动，讲话写文章，只求优雅与艺术，随心之所欲；哲学家是“不见兔子不撒鹰”，讲究的是逻辑与理智，讲话写文章，只求严谨与科学，按理之所规。因此，他对火攻问题的阐述同样具有严谨的逻辑性，换句话说，即有着清晰的层次性、极强的说理性。它大致包括了以下几个方面：

第一，充分肯定火攻战术在军事斗争中的地位与作用。孔子说：“名不正则言不顺，言不顺则事不成，事不成则礼乐不兴，礼乐不兴则刑罚不中。”（《论语·子路》）要谈火攻，首先要给火攻正名，所谓“必也正名乎”。所以孙子讨论火攻，第一个工作是要说明火攻的意义。在他看来，以火助攻，乃是提高军队战斗力，卓有成效地打击和消灭敌人，夺取作战胜利的重要战术手段，“以火佐攻者强”。有了这样的认识，再讨论火攻的具体战术问题才具备了基础，这叫做“纲举而目张”。

第二，根据所要打击对象的不同，把火攻的方式具体区分归纳为五个大类。一是焚烧敌方的人马，属于最主要的类型，如赤壁之战、夷陵之战的情况；二是焚烧掉敌军的粮草，让他们饿肚子全身虚脱，就像官渡之战中曹操采纳许攸的献计，一把火烧掉袁绍囤积在乌巢的军粮；三是焚烧敌军的辎重，“军无辎重则亡”，对手没有了装备，便只有挨打的份儿，没有还手的力；四是焚烧敌军的仓库，破坏对手的后方战略资源，这仗自然便无法再打下去，就像隋统一南北之前，用高颎的计谋，潜入陈国后方，烧仓库搞破坏；五是焚烧敌方的交通线，补给道路一旦被切断，敌人虽“有心杀敌”，但实际情况则是“无力回天”，遭到失败不过是个时间问题了。

以上五种火攻破敌的方式，实际上就是两大类：一是以敌人的有生力量为目标，直接打击和消灭敌人的肉体；二是以敌人的物资工具为目标，即摧毁敌人的后勤物资，剥夺敌人赖以支持战争的物质资源，使得敌人心有余而力不足，最终输掉整个战争。它们其实几乎囊括了古代作战所涉及的各个重要方面。

第三，论述实施火攻的具体条件，指出要避免火攻流于形式，“银样蜡枪头，中看不中用”，使其发挥应有的作用，就必须正确选择火攻的时机。火攻的具体操作是有相当大的难度的，“落花有意，流水无情”，不是想怎么做便能这么做的。所以，孙子强调指出，火攻的实施必须依赖于一定的条件。这种条件概括起来包含有两个方面：一是气象条件，一是物质条件。

“万事俱备，只欠东风”“东风不与周郎便，铜雀春深锁二乔”。这里的“东风”，就是气象条件。就这一条件而言，孙子认为应该是“发火有时，起火有日”，即要选择有利的时机，如气候干燥，月亮行经箕、壁、翼、轸等星宿位置（古人迷信，认为月亮在这些位置时天会刮大风），等等。这在小说《三国演义》里，便是诸葛亮披上道袍、筑坛禳星借东风的表演。就物质条件而言，是“行火必有因，烟火必素具”，即火攻用的物资必须在平时预做准备，不要平时不烧香，急来抱佛脚。孙子认为，一旦具备了这些条件，那么就可以考虑在作战当中运用火攻这个手段了，“该出手时就出手，风风火火闯九州”。

孙子这样看问题，是有他自己的道理的。因为孙子这里所谈的火攻，同后世（火器时代）乃至当代（核武器时代）的火攻，是截然不同的事情。在当时的历史条件下，火攻主要是利用松脂、艾草等易燃物品，依靠风力的作用，四下纵火来给敌方造成伤亡和损失。它受到多种因素的制约，尤其是天气条件的限制（同耕田种稻靠天吃饭的情况一样），不可能随时随地使用，而只能是一种特殊的辅助性进攻手段，所以必须先讲求有关的气候及物质条件。否则便是望梅止渴、画饼充饥！

第四，火攻与兵攻的有机结合，相辅相成。火攻不是简单地用纵火的方法去惊扰敌人，而必须按照一定的火攻战术来运作。它的基本要领，就是不要让火攻成为一种单纯、孤立的进攻手段，而是要使它和兵攻有机地结合起来，以兵攻为主导，以火攻为辅助，从而发挥出最大的战斗能量。为此，孙子明确提出了“必因五火之变而应之”的战术原则，即利用纵火所引起的敌情变化，采取不同的火攻战术，并且及时以主力进行相应的配合策应，指挥部队发起凌厉的攻击，来扩大战果，一举奠定胜局。按孙子的观点，这才是火攻破敌的上乘境界。

孙子这样辩证地分析问题，其实的确非常有必要。因为火攻固然威力强大，效果显著，但利与弊形影相随，有大利者必有大害，这乃是事物的一般规律。“风物长宜放眼量”，如果在火攻问题上不知道灵活掌握，随机处宜，就不能使这种战法发挥应有的作用，更有甚者，有时反而会给自己带来灾难性的后果，这叫做“船夫常在水中死，将军不免阵上亡”。譬如南朝萧梁时期，侯景起兵反叛，攻打巴陵，他想“依样画葫芦”，用火攻的手段来攻克城池，谁知上天不保佑乱臣贼子，风向突变，大火转而烧到自己的兵马，损失惨重，终于大败，这就是“偷鸡不成蚀把米”的具体例子。

故以火佐攻者明[1]，以水佐攻者强。水可以绝[2]，不可以夺[3]。

[注释]

[1] 以火佐攻者明：佐，辅佐，辅助。明，明显，指效果显著。张预注：“用火助攻，灼然可以取胜。”一说，“明”即“强”，两字异文同义，《经传释词》引王念孙曰：“明，犹强也。”又一说，“强”意谓勉强，转义为稍、次。即言水攻稍次于火攻（参见华

此处第一句“以火佐攻者明，以水佐攻者强”，孙子是拿“明”和“强”二字参互比较，是对一种理想作战效果的比喻。第二句“水可以绝，不可以夺”的“不”，很可能系形近致误，本该作“火”。至少有一些版本支持这种意见。比如《戊笈谈兵·孙子》即为“火”。此外，《武经七书合笺·孙子》曰：“不可，一作火可。”该句拿水攻作比照，强调的是火攻战法和水攻战法一样，都是能对敌造成巨大杀伤，取得非常理想的作战效果的一种利器。

星白《孙子稗疏》)。[2]绝:隔绝、断绝的意思。[3]不可以夺:此句曹操注:“不可以夺敌蓄积。”一说,此句当作“火可以夺”,“不”乃“火”字形近而误,且与“水可以绝”句相对称。夺,夺取、剥夺,这里指焚毁敌人的物资器械。

［点评］

东西数万里,上下几千年,运用火攻战术以克敌制胜的成功战例就像秋天晴朗夜空上的星星,多得数也数不清。其中比较著名的,就有战国期间田单即墨城下大摆火牛阵击败燕军;东汉班超通西域过程中的破鄯善之战;三国时期孙、刘联军战胜曹军的赤壁之战,东吴陆逊火烧连营数百里而大破刘备的夷陵之战;北宋初年潘美火攻刘铱而夺占广州平定南汉之战;曹彬火烧水寨而攻取金陵灭亡南唐之战;元末朱元璋鄱阳湖借助火攻歼灭陈友谅主力之战,等等。这些战役的指挥者,之所以能巧妙运用火攻战法,取得超越常规的成功,归根结底,都是他们在作战指挥上自觉或不自觉地贯彻了孙子火攻理论的结果。

“曾经沧海难为水,除却巫山不是云”。在诸多运用火攻战术而取得成功的战例之中,赤壁之战也许是最为人们所熟悉,也是最具有典范意义的一个。

赤壁之战,充分体现了孙子火攻作战理论的精髓要义。在这场决定三国命运的战争中,弱小的孙权、刘备联军面对屡战屡胜、兵锋正锐的曹操大军,没有自乱方寸,不曾胆战心惊,而是在知彼知己、知天知地的基础上,针对曹操骄傲轻敌、舍长用短(“舍鞍马而就舟楫”)

的特点，利用地理、天时方面的有利条件，果断采取“以火佐攻”的作战方针，乘敌之隙，一把火烧出一个三国鼎立的崭新局面。

在具体的作战过程中，孙、刘联军也认真贯彻了孙子火攻战法的基本原则。首先，他们充分做好了实施火攻的必要准备，即预先准备了充足的火攻器材——干草、油脂，以及用于突击冲锋的火攻载体蒙冲、斗舰，这就是所谓的“行火必有因，烟火必素具”。其次，他们也做到了“发火有时，起火有日”，即充分利用东南风大起劲吹的机会，及时地放火焚烧曹军的战船和大营。其三，正如孙子所说“火发于内，则早应之于外”，使火攻与兵攻有机地结合起来。周瑜、刘备等人，在实施火攻袭击方案顺利得手的情况之下，不失时机地统率主力船队横渡长江，乘着敌人惊慌失措、混乱不堪之际，奋勇攻击，重创聚歼，从而扩大了战果，赢得了完全的胜利。孙、刘联军在赤壁大鏖战中的突出表现，证明了它的统帅集团不愧为谙熟“以火佐攻”“凡军必知有五火之变，以数守之”这一火攻原则的卓越代表，反映了孙子火攻战术思想在冷兵器作战时代所具有的独到价值与深远影响。从这个意义上说，孙子的火攻战术原则及其具体方法，业已经受住了历史的公正验证，而成为了中华兵学宝库中的璀璨瑰宝。

夫战胜攻取，而不修其功者[1]，凶，命曰费留[2]。故曰：明主虑之[3]，良将修之[4]。非利不动[5]，孙子为什么在一篇专门讨论具体火攻战术的文章里，纳入这类表面看上去并不相涉的内容，两者之间又有什么内在逻辑联系？这真叫人百思不得其解，以至有学者认为所谓“安国全军之道”云云，很有可能是错简。真是众说纷纭，莫衷一是。其实，往深处去想，我觉得两者还是关联密切：烈火的破坏性、威胁性是最为巨大的，所谓“若火之燎于原，不可向迩”。战争的性质正与它相同。所以以火为喻，引申出“慎战”的道理，提倡“安国全军之道”也就是理有固宜了。

非得不用[6]，非危不战[7]。主不可以怒而兴师[8]，将不可以愠而致战[9]；合于利而动，不合于利而止；怒可以复喜[10]，愠可以复悦，亡国不可以复存[11]，死者不可以复生。故明君慎之[12]，良将警之，此安国全军之道也[13]。

［注释］

[1] 而不修其功者：以下两句言如不能及时论功行赏以巩固胜利成果，则祸患至矣。功，《文选·魏都赋》注引《孙子兵法》文，“功”作“赏”。凶，祸患。另一说，“功”指胜利成果。汉简本作“不隋其功者凶”，“修”作“隋”，其注云：“隋，疑当读为随。”《文选·魏都赋》注引《孙子兵法》曰“战胜而不修其赏者凶”，“功”作“赏”。 [2] 命曰费留：打了胜仗而不及时论功行赏，会挫伤将士的积极性，最终增大耗费。李筌注：“赏不逾日，罚不逾时，若功立而不赏，有罪而不罚，则士卒疑惑，日有费也。”汉简本作“命之曰费留”。命，命名的意思。费留，财货耗费而师老淹留的意思。张预注：“财竭师老而不得归，费留之谓也。” [3] 虑：谋虑、思考的意思。此句张预注：“君当谋虑攻战之事。” [4] 修：治、处理。此句张预注：“将当修举克捷之功。”按，“修”在此处含有“儆戒”的意思。如《国语·鲁语》：“吾冀而朝夕修我。”韦昭注：修，“儆也”。汉简本“修”作“随”。 [5] 非利不动：没有利益就不行动。于鬯《香草续校书·孙子》云：“当指士卒言，谓非有所利，则不为我动也。” [6] 非得不用：不能取胜就不要用兵。得，取胜。用，用兵。 [7] 非危不战：不到危急关头不轻易开战。张预注：“兵，凶器；战，危事。须防祸败，不

可轻举，不得已而后用。”危，危急、紧迫。 [8] 主不可以怒而兴师：汉简本作“主不可以怒兴军”。《群书治要》卷三三、《通典》卷一五六、《太平御览》卷二七二与三一一引此。“兴师”作“兴军”，与简文合。主，指国君。以，因为，由于。 [9] 将不可以愠而致战：愠，恼怒、怨愤、忿懑的意思。汉简本作“将不可以温战”，无“而致”二字，“愠”作“温”。 [10] 复：重复、再度的意思。 [11] 亡国不可以复存：以下两句梅尧臣注：“一时之怒，可返而喜也；一时之愠，可返而悦也。国亡，军死，不可复已！”《战国策》载吴起语曰：“国破不可复完，卒死不可复生。”可谓和孙子如出一辙。 [12] 故明君慎之：以下两句意谓国君与将帅当以十分谨慎的态度对待战争。梅尧臣注：“主当慎重，将当警惧。”武经本“明君”作“明主”。慎，慎重、谨慎。警，警惕、警戒。之，指用兵打仗。 [13] 此安国全军之道也：这是安定国家保全军队的根本道理。安国，安邦定国。全，保全。张预注：“君常慎于用兵，则可以安国；将常戒于轻战，则可以全军。”

[点评]

本篇中的另一个重要内容，是孙子的慎战思想。他强调君主和将帅对战争要谨慎从事，做到“非利不动，非得不用，非危不战”，对于那种缺乏政治目的和战略目标而轻启战端的愚妄行为，孙子持坚决反对的态度。他着重指出国君不可以凭个人喜怒而发动战争，将帅也不可以逞一时意气而随便动武。无论是战是和，都必须以利益大小或有无为依据：“合于利而动，不合于利而止。”认为这才是真正的“安国全军之道”。否则“战胜攻取，而不修其功者，凶”，到头来一定会受到现实的惩罚，丧师辱身，为天下笑。曹操在夺取荆州之后，忘乎所以，志得意满，不能认真“修其功”，没有把握住千载难逢的统一天下之良机，拒绝了高参贾诩关于先稳定新占地盘，再伺机攻打东吴的正确建议，轻敌冒进，率意开战，从而埋下了兵败赤壁的种子。在具体作战部署上，曹操又犯连结战船等一系列错误，加上对孙、刘联军可能实施火攻的情况茫然无知，疏于戒备，轻信了黄盖的诈降欺骗，终于导致了惨重的失败，葬送了兵扫六合、统一全国的大好机会，其教训的确是非常深刻的。《礼记·曲礼上》讲：“敖（傲）不可长，欲不可从，志不可满，乐不可极。”曹操不听先哲之言，吃亏自在眼前，这对于后人来说，实在具有永远警示的意义。

孙子的这一看法较之于儒、墨两家一味“非战”“反战”的立场无疑更接近于真理，而与《商君书》为代表的法家“主战”理论相比，也具有更大的合理性（黄朴民《孙子兵法选评》）。“合于利而动，不合于利而止”乃是从事任何活动的根本依据，战争作为暴力的政治行为，更应该遵循这一宗旨。而要真正贯彻“兵以利动”的精神，国君和将帅乃是关键。古代国君是一国的主宰，他的一举一动都直接关系着国家的安危存亡，在战争问题上尤其如此。国君如果遇事不能沉着冷静，仅凭一腔热血而轻率发动战争，那后果就不堪设想。至于将帅，乃是一军的统帅，他指挥是否得当，与战争的胜负关系极大。遇事冷静，处乱不惊，不为利诱，不为辱怒，是将帅应有的优良素质，也是军队克敌制胜的重要保证。有鉴于此，孙子才一再告诫统治者“不可以怒而兴师”，奉劝将帅切不可“以愠致战”。

征之于史，这种“慎战”理论乃不刊之论，正如唐代杜牧《注孙子序》说：“将兵者有成者，有败者，勘其事迹，皆与武所著书一一相抵当，犹印圈模刻，一不差跌。”像成皋之战中曹咎“以愠致战”终遭杀身，夷陵之战中刘备“以怒兴师”招致惨败，李自成不修其功断送天下，就都是违背孙子谆谆教诲的必然结果。

《孙子兵法》从算计、预算敌情(《计篇》),经战争准备(《作战篇》)、运用谋略(《谋攻篇》)、发展实力(《形篇》)、创造有利态势(《势篇》)、灵活用兵、争夺先机、因敌变化而取胜(《虚实篇》《军争篇》《九变篇》),到解决“处军相敌”(《行军篇》)、利用地形(《地形篇》)、掌握兵要地理(《九地篇》)、实施火攻(《火攻篇》)等更具体的战术问题,恰好一个完整的战争程序,现在又回归到《用间篇》的预知敌情,重新开始。从这个意义上说,《用间篇》既是全书的终结,也是孙子学说新的开始,可谓是孙子兵学理论生生不息、与时俱进的象征。

用间篇

孙子曰:凡兴师十万,出征千里,百姓之费[1],公家之奉[2],日费千金;内外骚动[3],怠于道路[4],不得操事者[5],七十万家[6];相守数年[7],以争一日之胜,而爱爵禄百金[8],不知敌之情者,不仁之至也[9],非人之将也,非主之佐也,非胜之主也[10]。故明君贤将,所以动而胜人[11],成功出于众者[12],先知也。先知者,不可取于鬼神[13],不可象于事[14],不可验于度[15],必取于人[16],知敌之情者也。

[注释]

[1] 百姓之费:汉简本作“百生之费”,“生”为“姓”之古字。

《尚书·舜典》“别生分类”，孔颖达疏：“生，姓也。” [2] 公家之奉：公家，指国家（公室）。奉，同“俸”，指军费开支。 [3] 内外骚动：举国上下混乱不安。内外，前方后方的通称。骚动，动乱不安。 [4] 怠于道路：梅尧臣注：“输粮供用，公私烦役，疲于道路。” 怠，《说文·心部》：“怠，慢也。” 引申有疲惫、疲劳义。 [5] 不得操事者：梅尧臣注：“废于耒耜也。” 不得，不能够。操事，操作农事。 [6] 七十万家：比喻战争对从事正常农业生产影响之大。曹操注：“古者八家为邻。一家从军，七家奉之。言十万之师举，不事耕稼者七十万家。” [7] 相守数年：意即相持多年。相守，相持、对峙的意思。《韩非子·喻老》：“天下无道，攻击不休，相守数年不已。” [8] 而：如果、倘若。王引之《经传释词》：“而，犹‘若’也。” 爱：吝啬、吝惜。《老子》第四十四章：“多爱必大费，多藏必厚亡。” 爵：爵位。禄：俸禄。百金：泛指金钱财宝。 [9] 不仁之至也：不仁慈、不恩惠到了极点。至，极、极点。 [10] 非胜之主也：意谓这不是能主宰胜利的好国君。主，主宰。梅尧臣注：“非致胜主利者也。” 一说，“主”指人主、国君。 [11] 动而胜人：意谓一出兵就能够克敌制胜。动，行动、举动，此处指出兵。而，则、就的意思。 [12] 成功出于众者：以下两句王皙注：“先知敌情，制胜如神也。” 又张预注：“先知敌情，故动则胜人，功业卓然，超绝群众。” 出于，超过、胜于。先知，预先侦知察明敌情。 [13] 不可取于鬼神：指不可以通过祈祷、祭祀鬼神和占卜等方法去求知敌情。张预注：“视之不见，听之不闻，不可以祷祀而取。” [14] 不可象于事：意谓不可用与其他事情作类比这一办法去求知敌情。曹操注：“亦不可以事类而求也。” 象，类比、比附。杜牧注：“象者，类也。” 事，事情。 [15] 不可验于度：指不能用征验星辰运行度数的办法去求知敌情。验，应验、验证。度，度数，指日月星辰运行的度数（位置）。 [16] 必取于人：以下两句是说一定要取之于人，取之于那些熟悉了解敌人内情的人。汉简本作“必取于人知者”。

［点评］

瑞士是“钟表王国”，为了使自己国家避免卷入世界大战的漩涡，它早早就宣布恪守永久中立的立场，从而在第一次世界大战和第二次世界大战中都充当了看客的角色。然而，和平主义的立场，并没有泯灭瑞士人关注战争、思考军事的热情，至少若米尼本人是这样。作为西方近代最著名的军事学家之一，他殚精竭虑地写出了一本足以与《战争论》媲美的军事名著——《战争艺术概论》(中国人按自己的观念模式，干脆把书名译为《兵法概论》)。在这部书中，有一节重要的内容，名称叫做“战争勤务或调动军队的实用艺术”，里面谈到了使用间谍的问题。

若米尼通过对战争经验的总结，发现了使用间谍与夺取战争胜利之间的紧密内在联系。所以，他合乎逻辑地把借助侦察和间谍手段获取敌方的情报，列为战争勤务学的主要内容之一：“组织和指挥各种侦察，通过这种侦察和间谍手段获取有关敌人配置和运动的尽可能准确的情报。”(《战争艺术概论》)若米尼强调指出，战争中实施巧妙机动的最重要的条件之一，毫无疑义是在下达命令之前，切实准确地掌握敌人的情报。而真的要详细掌握敌军的内部情报，最可靠也最经济的方法莫过于间谍活动。为此，他认为在四种判断敌军行动的方法之中，建立起一个完善的（但有时不免是花费巨大的）间谍网，乃是首要的方法(《战争艺术概论》)。可以很明显地看到，若米尼是把善用间谍以克敌制胜提到战略的高度来加以认识的。

无独有偶，“兵圣”孙子同样高度重视用间，一再强调它是“三军所恃而动”的根本，而且值得我们中国人大大骄傲一番。孙子这一思想的提出，是在“丘牛大车”的纯冷兵器作战时代，要比若米尼的高见早了两千多年。这也从一个侧面说明，在很长很长的时间里，中国的军事思想在世界上绝对是占据领先地位的，“外国的月亮并不比中国的圆”。

本篇的主要内容，是论述在战争活动中使用间谍以侦知、掌握敌情的重要性，以及间谍的种类划分、基本特点、使用方式等等。它是一篇从战略层面探讨用间问题的精彩文字，为我国古代用间理论的不祧之祖。

本篇从战略的高度，强调用间以掌握第一手敌情的重要性。孙子认为，要成为胜利的主宰者，说难也难，说容易也容易，关键是看你是否能“遍知”(全面了解敌情)，是否能“先知”(预先掌握敌情)，有没有真正做到“知彼知己”；而要“知彼”的关键，则在于“知敌之情实”，达到这一目的的最重要手段之一，便是巧妙使用间谍。在孙子的眼中，用间是投入较少而回报较多的合算买卖，具有战略全局的意义，“故惟明君贤将，能以上智为间者，必成大功。此兵之要，三军之所恃而动也”。既然合理又合算，自然不能随便拒绝。

从更深的层次考察，我们可以发现，孙子重视用间不是偶然的，它至少是由三个因素促成的：

一是孙子的用间观，属于其战争效益理论的必有之义。也就是说，孙子提倡用间是他认真核计战争成本之后所作出的明智选择。孙子认为，战争不是什么好东西，可在当时的历史条件下它又是不可避免的。如何在参与战争的同时，尽可能设法将战争所造成的损失减低到最小的程度，是每一位战争指导者都应积极解决的问题，毕竟“一将功成万骨枯”并不是什么值得夸耀的事情。而同战争的巨大耗费相比较，给间谍发放丰厚的奖金，实在是微不足道的开销。既然用间开销小、成本低，又能掌握主动、出奇制胜，那么何必放着阳关大道不走，去走死打硬拼费力不讨好的独木桥。如果太小家子气，为了节省下一些钱财而不重视谍报工作，盲目开展行动，导致战争以失败收场，那便是“不仁之至”，必将成为国家和民众的罪人。

二是孙子的用间观念，称得上是对陈旧“军礼”传统的勇敢挑战，大胆否定。在“动之以仁义，行之以礼让”这样的“军礼”传统氛围之下，用间被看作是“下三滥”、不道德的行为，因为它同贵“偏战”而贱“诈战”的原则相违背，不守信用，有碍公平交手，所以正人君子不屑为之。孙子认为，这样看问题未免太迂腐可笑了，完全违背了军事斗争的根本宗旨（打得赢）和一般规律（打得巧）。按照这样的逻辑去办事，仗是必输无疑，而仗打输了，其他便一切无从谈起，这才是真正的不仁义，真正的不人道，所谓“图虚名而取实祸”。所以，他旗帜鲜明地主张用间，为用间正名，为胜利呐喊。

三是孙子的用间观念，是对卜筮占验迷信预测的一次根本性的革命。孙子生活的时代，上古三代的卜筮占验歪风依然刮得很厉害，人们往往依据烧龟甲、摆蓍草而得出的结果，来选择作战的时间和作战的地点，来判断胜负的定数，即所谓“卜筮至预见表象，先图其利”（《史记·龟策列传》）。只要看看时至今日，看风水、八卦算命的骗子依旧招摇于江湖，便可知两千多年前卜筮战争胜负的现象存在实在是最正常不过的了。可是孙子的确了不起，完全不信这一套乌烟瘴气的东西，而是讲“先知者，不可取于鬼神，不可象于事，不可验于度”，强调指出获取情报、预知胜负的正确方法唯独一条途径，就是“必取于人”。这实际上是倡导在掌握敌情问题上，要最大限度地发挥人的主观能动作用，充满了朴素的唯物精神，从而“跳出三界外，不在五行中”，摆脱了当时笼罩在兵学思想界的妖氛鬼雾，使得自己的“先知”主张牢牢地建立在比较科学理性的基础之上。仅凭这一点，孙子的境界便非同寻常了。

故用间有五：有因间[1]，有内间，有反间，有死间，有生间。五间俱起[2]，莫知其道，是谓神纪[3]，人君之宝也。因间者[4]，因其乡人而用之。内间者[5]，因其官人而用之。反间者[6]，因其敌间而用之。死间者，为诳事于外[7]，令吾间知之[8]，而传于敌间也。生间者[9]，反报也。

“五间俱起”应当还有以下几个方面的考虑：首先是可以广辟情报收集渠道，“五间俱起”比一间在情报来源渠道上显然要更加广泛一些；其次是可以对间谍收集到的情报进行验证，以确保“得间之实”；再次则可以及时发现和有效防止己方间谍炮制假情报来邀功请赏。

[注释]

[1] 因间：即下文的“乡间”。张预注：“因间当为乡间，故下文云‘乡间可得而使’。”《直解》作“乡间”，樱田本同。刘寅注云：“旧本因间作乡间，今从之。”旧本为何本？虽不详，但确知古有作“乡间”之本。 [2] 五间俱起：以下两句言五种间谍同时使用起来，使任何敌人都无法摸清我们用间的行动规律。王皙注：“五间俱起，人不之测。”俱，全、一起。道，规律、途径。 [3] 是谓神纪：这就是神妙莫测的方法。是，这、此。谓，叫做。神纪，意即神妙莫测之道。张预注：“神妙之纲纪。”纪，方法、法度。《吕氏春秋·孟春纪》：“无变天之道，无绝地之理，无乱人之纪。”平津馆本“谓”作“为”字。 [4] 因间者：以下两句意谓因间就是利用敌国当地普通人作为己方的间谍。张预注：“因敌国人，知其底里，就而用之，可使伺候也。”因，根据、依据，引申为利用。乡人，敌国的普通人。 [5] 内间者：以下两句意谓内间就是指收买敌国的官吏为间谍。梅尧臣注：“因其官属，结而用之。”官人，指敌方的官吏。 [6] 反间者：以下两句意谓反间就是指收买和利用敌方的间谍，使其为我所用。杜牧注：“敌有间来窥我，我必先知之，或厚赂诱之，反为我用，或佯为不觉，示以伪情而纵之，则敌人之间，反为我用也。” [7] 为诳事于外：意谓故意向外散布虚假的情况来欺骗和迷惑对手。诳，欺骗，瞒惑。诳事，假情报。 [8] 令吾间知之：以下两句意思是让我方间谍了解自己故意散布的假情报并传给敌方间谍，诱使敌人上当受骗。在这种情况下，事发之后，我方间谍往往难免一死，所以称之为“死间”。王皙注：“诈吾间，使敌得之，间以吾诈告敌，事决必杀之也。”另一说，死间乃打入敌方长期固定潜伏之间。于鬯《香草续校书》：“唯其待于敌，故谓之死间。非真使此间者死。” [9] 生间者：以下两句意谓生间是那些到敌方了解情况后能够活着回来报告敌情

的人。张预注：“选智能之士，往视敌情，归以报我。”反，同“返”。

［点评］

在本段文字中，孙子对间谍的种类进行了比较准确的划分。孙子将用间活动按其性质和特点分门别类划分为五种。第一种叫做因间，又称做乡间，中国人喜欢讲人情，老乡观念特别重，所谓“美不美，家乡水；亲不亲，故乡人”。乡间，就是指利用敌方阵营中的同乡亲友关系打入敌人内部，探消息，搞情报。第二种为内间，即舍得花大本钱，罗致收买敌方的官员充当间谍，如战国时期秦国贿赂收买赵王宠臣郭开等人，借刀杀人除掉赵国名将李牧。第三种为反间，就是用乾坤大挪移的功夫，借力打人，设法使敌人的间谍自觉或不自觉地为我方所利用，从而达到扰乱敌人视听，搜集各种情报的目的。第四种为死间，就是要心肠如同石头一样硬、血液如同冰水一样冷，“舍不得孩子套不住狼”，故意散布一些虚假情报，以牺牲自己方面间谍的代价，诱使敌人上当受骗。第五种为生间，就是让自己的间谍在完成搜集情报的任务之后，能够巧妙脱身，平平安安返回大本营报告敌情。应当说，孙子关于“五间”的划分是相当合理和准确的。综观古今中外著名的间谍活动，大多不超出因间、内间以及反间的范围，这叫做“万变不离其宗”。

在说明“五间”的不同特点和功用的同时，孙子进而主张“五间俱起”，使敌人无法了解我方用间的规律，处处被动挨打，始终防不胜防。所谓“俱起”，意思是同时间内一并派出，而“神纪”，意即神妙莫测之道。“五间俱起”，这就是孙子的间谍运用之术，或者称之为谍报术。

孙子特别强调，在用间问题上不能不分主次，平均使力，而要抓住关键，突出重点。这个关键，就是在“五间”之中要以“反间”为主，带动其他的“四间”（看来“三十六计”中有“反间计”，而没有什么“生间”“因间”之计，不是偶然的疏忽），广开情报来源，动员各种类型的间谍运用各种手段窃取敌人的情报，使得敌人的反间谍机构“莫知其道”，整个儿成聋子哑巴再外加睁眼瞎，陷入一筹莫展的困窘境地，从而获得纲举目张的效果：“五间之事，主必知之，知之必在于反间。”反间既为重中之重，那么在它身上要舍得花血本，大投入，这叫做“好钢要用在刀刃上”。

孙子“五间俱起”而以“反间”为主的用间方法论，富有深刻的哲理性。这就如同作战指导要做到灵活主动、变化莫测的道理一样，在用间问题上也要善于运用多种手段，应变无穷，真真假假，虚虚实实，“大方无隅，大器晚成，大音希声，大象无形”。既突出重点，又灵活制宜，不拘一格。这种“因情用兵”的思想方法，表明孙子真正参悟透了神妙无比的用间之道，进入了用间的上乘境界。

孙子之所以强调“五间俱起”，其实是十三篇中一以贯之的“诡道”思想在用间思想中的具体体现。孙子在《计篇》提出了“兵者，诡道”的主张，这一主张实则贯彻十三篇始终，使得《孙子兵法》十三篇充满了“诡道”

之术，以至于获得“谋者见之谓之谋，巧者见之谓之巧”（《孙子十家注遗说并序》）的评价。《用间篇》中的“五间俱起，莫知其道”同样充满了“诡道”思想，故此才可以说“莫知”。

故三军之事[1]，莫亲于间，赏莫厚于间[2]，事莫密于间[3]。非圣智不能用间[4]，非仁义不能使间[5]，非微妙不能得间之实[6]。微哉微哉！无所不用间也[7]。间事未发[8]，而先闻者[9]，间与所告者皆死。

[注释]

[1] 三军之事：意谓关系的亲密无过于所委派的间谍。张预注：“三军之士，然皆亲抚，独于间者以腹心相委，是最为亲密也。”三军之事，汉简本作“三军之亲”。《长短经·五间》《通典》卷一五一、《太平御览》卷二九二引此，“事”皆作“亲”，与汉简本同。孙校本从《通典》和《太平御览》改“事”为“亲”。于，比。亲，亲密。　[2] 赏莫厚于间：此言军中的赏赐，没有比间谍所受更为优厚的。王皙注：“军功之赏，莫厚于此。”　[3] 事莫密于间：指军机事务没有比间谍之事更为机密的。密，秘密、机密的意思。　[4] 非圣智不能用间：不是才智超群的人不能使用间谍。张预注：“圣则事无不通，智则洞照几先，然后能为间事。”圣智，非凡卓越的才智，指具有杰出才智的人。　[5] 非仁义不能使间：指如果吝啬金钱、爵禄，不能做到以诚相待，就无法使间谍乐于效命。张预注：“仁则不爱爵赏，义则果决无疑，既啖以

厚利，又待以至诚，则间者竭力。”按：汉简本此句作“非仁不能使[间]”，“仁”下无“义”字。《孙子兵法》全书仅此有“义”字，显系后人臆增。 [6] 非微妙不能得间之实：意谓如果不能够做到用心精细、手段巧妙，就无从对所获取情报的真伪进行正确的分析判断。张预注：“须用心渊微精妙，乃能察其真伪。”微妙，精细奥妙，这里指用心精密、手段巧妙。实，实情。 [7] 无所不用间也：言无时无地皆可使用间谍。王皙注：“当事事知敌之情也。” [8] 间事未发：言间事还未施行开展。发，举、行、施行的意思。《汉书·王吉传》：“慎勿有所发。”颜师古注：“发谓兴众举事。” [9] 而先闻者：以下两句谓间事先行暴露，则间谍和知情者必须杀掉，以灭其口。张预注：“间敌之事，谋定而未发，忽有闻者来告，必与间俱杀之。一恶其泄，一灭其口。”《六韬·龙韬·阴符》：“若符事泄，闻者，告者皆诛之。”先闻，事先知道，即暴露。

[点评]

孙子在本节中，系统地提出了用间上的三项基本原则，进一步论证了间谍工作在军事活动中的地位，说明谍报问题的关键性、优越性和机密性，这就是所谓的“三军之事，莫亲于间，赏莫厚于间，事莫密于间”。

孙子这个用间三原则的核心精神，指的是怎样对用间行动提供保障，以获得预期的成功，“南方有鸟，三年不鸣，不鸣则已，一鸣惊人”。道理很浅显，间谍活动既然直接关系着战争的胜负成败，那么就必须以最大的努力去做好它。而要做好用间工作，真正发挥用间的作用，关键的关键，又在于在用间的过程中严格保密，滴水不漏，“事莫密于间”，使得敌人根本无法了解我方用间的动态、掌握我方用间的规律。在必要的时候，甚至不惜杀人灭口：“间事未发，而先闻者，间与所告者皆死。”消除一切隐患，抹去所有痕迹。

正因为需要高度保密，所以间谍的人选，不能不是将帅的最亲近之心腹，使得为将者十分熟悉他们的性格、才能以及爱好，能够牢牢地加以掌控；而同时他们也甘心于服从军队的整体利益，不计个人的安危得失，矢志不渝地效忠于将帅本人，赴汤蹈火，在所不辞，于是乎，用间的定位也就只能是“三军之事，莫亲于间”了。由于间谍工作带有极大的风险性，随时随地有被捕乃至掉脑袋的可能性，为了鼓励人们解除后顾之忧，心甘情愿去从事这个充满危险、脑袋拴在裤带上的行当，严守机密，默默奉献，实在有必要在物质上为他们提供最优厚的补偿，以报答酬谢他们为国家、为军队所做出的重大贡献，于是乎，便有了“赏莫厚于间”这一原则的确立。由此可见，孙子的用间三项基本原则，乃是一个完整而连贯的思路，彼此互为前提，互为关系，互为补充，缺一不可，这充分反映了孙子用间基本理论的系统缜密，无懈可击。

在这里，孙子还提出了用间的必要条件，高度推崇聪明智慧在用间活动中的重要作用。在孙子看来，用间如同从事其他军事活动一样，必须具备一定的素质和条件。这些素质与条件，概括起来，就是“圣智”“仁义”和“微妙”。前两项决定着能否高明地动员和驱使间谍不遗余力、想方设法去执行并完成任务。因为道理非常简单，只有聪明睿智的统帅，才会把用间当做克敌制胜的重要法宝来认真对待；也只有仁慈慷慨、素孚众望的统帅，才能赢得间谍的由衷信赖和热忱拥戴，愿意前仆后继，死不旋踵，尽个人最大的努力去攫取敌方的情报。后一项则是决定着军事统帅能否睿智地甄别、判断间谍所提供的情报之可靠真实程度。因为间谍所搜集到的情报往往真伪混杂，虚实相间，只有通过火眼金睛的仔细分辨，去伪存真，去芜存精，才能使得这些情报在战争中真正派上用场，发挥应有的作用，而不至于弄巧成拙，让对手用反间计来愚弄、暗算自己，发生判断上的失误，造成行动上的败北。而能够避免这种尴尬处境的，也只能是那些谋虑精细、见微知著的军事统帅。由此可见，这三项条件互为关系，不可或缺，结合在一起，共同成为有效发挥"用间"强大威力的保证："非圣智不能用间，非仁义不能使间，非微妙不能得间之实。"孙子之说，可谓深得用间之妙道要义矣！它完全建立在睿智善谋的基础之上，"三谛圆融"，绝不会因时空的变化而丧失其生机盎然的活力。

凡军之所欲击[1]，城之所欲攻，人之所欲杀，必先知其守将、左右、谒者、门者、舍人之姓名[2]，令吾间必索知之[3]。

［注释］

[1] 军之所欲击：此句为宾语前置结构句式，即"（吾）所欲击之军"。下"城之所欲攻""人之所欲杀"句式同此。 [2] 守

将：主将。左右：指守将身边的亲信。谒者：负责传达通报的人员。门者：负责把守城门的官吏。舍人：门客，指谋士幕僚。 [3] 索知：侦察了解。索，搜索、侦察。

［点评］

孙子认为用间必须预先确定行动目标，找准用间对象："守将、左右、谒者、门者、舍人之姓名，令吾间必索知之。"孙子认为，在每一项军事行动之前都应该及时派出间谍，对诸如将要攻打的城池的守将，对方主帅的左右、谒者、门者和舍人等姓名情况，都要派出间谍打探清楚。为什么要打探清楚这些情况？我们可以想见的是，孙子应该是将诸如守将和左右、门人等，都当成了用间的重点目标。前面说过，上述这些人其实都是敌方的要害人员，或者说都是一些掌握了核心机密，能影响对方主帅决策的人，所以理应成为行间的重点目标。

孙子的这一思想，在实际谍战中得到了充分运用。历史上巧妙运用孙子用间思想的案例层出不穷，不胜枚举，从而上演了一幕幕波澜壮阔、惊心动魄的战争活剧。

一个例子是皇太极通过反间计除掉袁崇焕。当袁崇焕鲁莽杀掉毛文龙之后，皇太极抓住了这个施行反间计的良机。当时，明王朝为了加强对边疆大吏的控制，经常派出太监去边境刺探情报。这些执行任务的太监中，有的因为道路不熟而被后金军活捉。后金军中就关押着两名被俘的明朝太监。于是，皇太极利用崇祯皇帝对文臣武将不信任，反倒信任太监的情况，决定利用这两名太监巧做文章，除掉袁崇焕。皇太极招来看管这两名太监的副将高鸿中、参将鲍承先，先对他们做了一番详细交代，让他们在看押明朝太监时故意放松警惕，好让他们有机会“出逃”。一天夜里，高鸿中等人在离着两名太监距离很近的地方，故作神秘地透露：今天撤兵是皇上的计策。刚刚我看到皇上和袁崇焕的人悄悄地密谋了很久。根据皇上和袁崇焕的密约，事情都已经办得差不多了。两名太监虽被关押，但对这些对话非常敏感，所以躲在一边仔细窃听，把他们的对话都仔细记在心中。几天后，高鸿中故意放走明朝太监。这两名太监回到朝廷，立即向崇祯报告了他们所窃听来的有关袁崇焕的秘密情报。崇祯本来就对袁崇焕心存疑虑，听到太监的这番话之后，立即就信以为真，认定袁崇焕有通敌之罪，决定对其进行抓捕。崇祯二年（1692）十二月一日，崇祯帝以“议饷”为名义，召见袁崇焕、满桂、祖大寿等人，乘机逮捕袁崇焕，关押不久之后就将其杀害。

此外，人们较为熟悉的谍报案例还有，秦昭王重金收买内奸使赵王上当受骗，将大将廉颇“下岗”，换上只会纸上谈兵的赵括当大将，一举打赢长平之战；刘邦采纳陈平的计谋，让陈平放手从事间谍大战，离间项羽与部下之间的关系，为争取楚汉战争的胜利扫清障碍；岳飞利用矛盾，巧使反间之计，诱使金人废黜掉伪齐王刘豫，兵不血刃，为自己北伐中原开了一个好头；韦孝宽机心深密，利用间谍借刀杀人，不露声色除掉北齐大将斛律光；种世衡老谋深算、心狠手辣，通过用间，挑拨西夏统治集团内部的关系，西夏朝廷两位亲王不明不白就做了冤死之鬼。诸如此类的故事，史不绝书，孙子的用间思想由此而得到了历史的验证。

必索敌人之间来间我者，因而利之[1]，导而舍之[2]，故反间可得而用也。因是而知之[3]，故乡间、内间可得而使也[4]；因是而知之，故死间为诳事，可使告敌；因是而知之，故生间可使如期[5]。五间之事，主必知之。知之必在于反间，故反间不可不厚也[6]。

［注释］

[1] 因而利之：趁机收买和利用敌间。因，由、就，可理解为顺势、趁机。利，杜佑注："遗以重利。"意即收买。 [2] 导而舍之：要对敌加以诱导，然后放他回去，以为己用。赵本学曰："厚利以诱其心，导之以伪言伪事，而纵遣之。彼归告其主，则犹为我之间也。"导，诱导、引导。舍，释放、放行。一说，"舍"作"居止"解。 [3] 因是而知之：指从反间那里获悉敌人内情。 [4] 乡间、内间可得而使也：意谓通过利用反间，乡间和内间才能有效地加以使用。梅尧臣注："其国人之可使者，其官人之可用者，皆因反间而知之。" [5] 如期：按期，此指按期返回报告敌情。杜牧注："可使往来如期。" [6] 故反间不可不厚也：五间之中，以反间最为关键，因此必须给予反间以十分优厚的待遇。厚，厚待，也包含重视的意思。张预注："人主当用五间以知敌情。然五间皆因反间而用，则是反间者，岂可不厚待之耶？"

[点评]

孙子虽说“五间俱起”，但在“五间”之中是有所偏重的。“五间”之中，孙子尤其重视反间。孙子说：“五间之事，主必知之。知之必在于反间，故反间不得不厚也。”由这句话不难看出，孙子是非常重视反间的。而且，我们不妨进一步认为，孙子一直是将反间当成用间的重点方向。孙子说：“必索敌人之间来间我者，因而利之，导而舍之，故反间可得而用也。”敌方派出的间谍，自然对敌方的情况有很多了解，如果能够很好地进行拉拢，一方面是可以破坏敌方的间谍行动，另一方面则是可以直接从对方间谍身上获取有价值的情报。

晋朝的羊祜，就是一个非常善于运用反间的谍战高手。公元 265 年，司马炎正式称帝，改国号为晋，是为晋武帝。此后不久，他便将灭吴之事提上议事日程。当时，西晋政权内部对于灭吴并不能达成一致意见，尚书左仆射羊祜等人积极支持南下灭吴，也努力为晋武帝出谋划策。泰始五年（269），司马炎任命羊祜为荆州诸军都督，准备随时摧城拔寨，举兵南下。

西晋和东吴的边界线以荆州一线为最长，所以羊祜所负责地带是灭吴战争最为关键的地区。羊祜到任之后，发现荆州的形势并不是非常稳固，军粮也不是十分充足，于是花费很多精力开垦土地，兴办农业。羊祜深知情报先行的重要性，在积蓄力量的同时，派出大量间谍，悄悄潜伏到对岸，积极收集有关东吴的军政情报，为出兵东吴做着积极的准备工作。每当与吴国发生纠纷之时，羊祜都会对吴人坦诚相待。对那些前来投降的吴人，羊祜一般都是让他们自己决定去留，此举反倒很好地聚集了人气，收买了民心。从他们的嘴中，羊祜也获得了很多富有价值的情报。

当时，晋、吴之间经常互通使者，并在私下里悄悄地往对方派遣间谍。羊祜对于这些使者一直都能优礼相待，并力争对其进行拉拢和收买。有一些间谍被成功策反。通过这些间谍之口，羊祜成功地挖出了那些深深潜伏的间谍，对吴国的情况有了更为充足的了解。由于羊祜一直非常用心地收集吴国的情报，为他日后撰写《平吴疏》打下了很好的基础，更为顺利灭吴创造了条件。

灭吴前后，羊祜非常重视情报先行，其收集情报的手法也非常多样，而且富有成效。这其中，优礼对待对方所派出的间谍，借此来破坏敌方的间谍行动，显得尤其突出。这种借情感来进行拉拢和收买的方式，反映出羊祜用心深密的一面，至今仍然很有实效性。孙子曾说："反间可得而用也。"在成功策反某个间谍之后，就可以通过这个间谍再挖出那些深潜的间谍。灭吴之战中，羊祜正是很好地运用了这种反间手法。

《用间篇》基本奠定了中国古代谍报学的若干基础理论与主要原则，就谍报工作的地位和作用、组织领导原则、谍报人员的素质等问题，都作了一些较为系统的探讨。孙子指出，用好间谍，知敌之情，是"此兵之要，三军之所恃而动也"，突出强调了用间的重要性。在孙子看来，明智的国君、贤能的将帅，能够任用智慧高超的人充当间谍，就一定能够建树大功。

昔殷之兴也[1]，伊挚在夏[2]；周之兴也[3]，吕牙在殷[4]。故惟明君贤将，能以上智为间者[5]，必成大功。此兵之要[6]，三军之所恃而动也[7]。

[注释]

[1] 昔殷之兴也：殷，即商朝。公元前17世纪，商汤灭夏，

建都于亳（今河南商丘北），史称商朝。公元前13世纪，商王盘庚迁都至殷（今河南安阳小屯村），因此商又称为殷。传至纣王帝辛时，灭于西方的属国周。兴，兴起。 [2] 伊挚在夏：伊挚，即伊尹，商朝贤臣，开国元勋。原为夏桀的臣子，后归附商汤，商汤任用他为相，在灭夏过程中，伊尹发挥了很大的作用。夏，夏朝，大禹之子夏启所建立的中国历史上第一个统治王朝，共传十七世，至夏桀时为商汤所灭亡。 [3] 周：周朝，公元前11世纪周武王伐纣灭商后所建立的王朝，建都于镐京（今陕西西安）。公元前771年，周平王迁都洛邑（今河南洛阳），故又划分为西周和东周。 [4] 吕牙：即姜尚、姜子牙，俗称周太公，曾为商纣王之臣。祖先封于吕，故又称为“吕牙”。周武王任用他为“师”，推翻了殷商王朝的统治，后被分封于齐地（在今山东境内），为齐国开创者。 [5] 上智：最有智能谋略的人。 [6] 此兵之要：这就是军事行动中的关键所在。张预注：“用师之本，在知敌情。故曰‘此兵之要’也。”要，要害、要务、关键的意思。 [7] 三军之所恃而动也：军队要依靠间谍所提供的情报而展开活动，实现既定的战略目标。《通典》卷一五一、《太平御览》卷二九二引此，“军”下无“之”字，“也”前有“者”字。武经本、平津馆本“军”下亦无“之”字。

[点评]

孙子一直将“先知”作为将帅和国君“动而胜人，成功出于众者”的先决条件，可以看出其对谍报工作的重视程度。从《计篇》开始，作者一直追求的就是“先胜”，十三篇中就如何达成这种“先胜”进行了各种各样的讨论，各种谋略之术均由此而展开。但说到底，“先知”

起到了一种保障作用。也就是说，由“先知”到“先胜”是一条最为基本的路径。正因为“先知”是“先胜”的可靠保证，故此孙子格外重视情报工作，对“知”和“先知”做了大量深入的探讨。

显而易见，孙子的用间思想，系统完整而又条分缕析，高明卓绝而又不乏可操作性。因此，后世兵家对此无不奉为圭臬。如《百战奇法》的作者就说：“凡欲征伐，先用间谍，觇敌之众寡、虚实、动静，然后兴师，则大功可立，战无不胜。”（《百战奇法·间战》）把“立大功”同“用间谍”直接联系在一起。《经武要略》的作者也讲：“兵家之有采探，犹人身之有耳目也。耳目不具，则为废人；采探不设，则为废军耳。”（《经武要略·正集》卷二二《侦候》）把间谍对军队的重要性，形象地比喻为人的耳朵和眼睛。这类言辞在中国古代兵书战策中可谓是连篇累牍，比比皆是，说到底都是对孙子用间理论的衣钵相承。

毫无疑问，孙子的间谍理论，放在今天仍然并不过时。在现当代战争中，间谍活动在军事斗争中的作用依旧十分突出。有时候一个间谍的力量，抵得上数十万武装到牙齿的军队。当然，间谍的能量之大小，往往取决于操纵、指挥他的统帅之水平，这一点在现代战争中也不例外。苏联优秀间谍左格尔就其本人素质而言，丝毫也不逊色于任何一位西方间谍，他的间谍活动，曾为苏联的国家安全做出过巨大的贡献，然而，斯大林体制的僵硬官僚性质，也极大限制了左格尔作用的发挥。苏、德战争前夕，他费尽心机、千辛万苦搞来的情报，并没有真正引起苏联最高当局的充分重视，因此而忽略了战争迫在眉睫的危险，以至于当德军浩浩荡荡向苏联境内冲杀前来之时，苏联当局束手无策，濒临崩溃。这个事实提醒人们间谍固然重要，用间固有作用，但问题的关键是决策者如何用间。否则“黄钟毁弃，瓦釜齐鸣”，一切都是白说。

由于在现当代军事斗争中，用间依然是不可或缺的环节，所以孙子在本篇中所阐述的思想，仍为世界各国军事情报界所重视和借鉴。例如，日本的谍报人员曾把《孙子兵法》作为最大的谍报技巧专家的著作，翻译成日文，而他们在 1904 年的日俄战争和 1941 年偷袭美国夏威夷太平洋舰队基地珍珠港前后，搜集情报和实际运用情报的策略以及具体手段，大多与《孙子兵法》用间思想若合符契。同样，美国中央情报局也曾把孙子视为谍报理论的鼻祖，让所属雇员认真阅读《孙子兵法》以及按孙子用间原理写成的《间书》。尽管随着现代科学技术的高速发展，今天世界上已有了卫星摄影的高超技术，有了监视电讯发射的一整套先进技术设备（如全球定位仪等），但是在具体的用间和反间谍手段上，本篇所揭示的基本原理并没有过时。同时，需要指出的是，即使是最现代最先进的高技术侦察手段，也无法完全取代人工搜集情报、信息的功能。以人为本位的用间活动，在现代战争乃至于未来战争中仍然会有它重要的位置，这一点在美军发动的阿富汗战争和伊拉克战争中都已有充分的证明。

当然，今天的间谍活动已远远超越了军事、政治领域的范围，商业经济活动中、科学技术领域内的间谍活动同样是愈演愈烈，花样翻新。换句话说，用间这只无形的巨手正伸向社会生活的各个方面。这就要求我们各行各业的人士都应当多少掌握一些用间和反间的基本知识，以便在人生的大舞台上站得更稳，走得更远，这就是所谓的“害人之心不可有，防人之心不可无”。

主要参考文献

宋本十一家注孙子 （汉）曹操等注　中华书局上海编辑所 1961 年影印版

孙子兵法新注　中国人民解放军军事科学院战争理论研究部孙子注释小组　中华书局 1977 年版

战争论 ［德］克劳塞维茨著　商务印书馆 1978 年版

十一家注孙子 （汉）曹操等注　上海古籍出版社 1978 年版

孙子译注　郭化若译注　上海古籍出版社 1984 年版

孙子兵法概论　陶汉章编著　解放军出版社 1985 年版

银雀山汉墓竹简［壹］　银雀山汉墓竹简整理小组编辑　文物出版社 1985 年版

孙子会笺　杨炳安著　中州古籍出版社 1986 年版

孙子兵法新论　吴如嵩著　解放军出版社 1989 年版

孙子校释　吴九龙主编　军事科学出版社 1991 年版

孙子文献学提要　于汝波主编　军事科学出版社 1994 年版

孙子评传　黄朴民著　广西教育出版社 1994 年版

武经七书直解　（明）刘寅直解　岳麓书社 1995 年版

吴孙子发微　李零著　中华书局 1997 年版

中国军事通史（20 卷本）　军事科学院主编　军事科学出版社 1998 年版

十一家注孙子校理　杨丙安校注　中华书局 1999 年版

孙子兵法研究史　于汝波主编　军事科学出版社 2001 年版

五千年的征战：中国军事史　蓝永蔚等著　华东师范大学出版社 2001 年版

孙子三论：从古兵法到新战略　钮先钟著　广西师范大学出版社 2003 年版

孙子兵法详解　黄朴民等著　岳麓书社 2005 年版

兵以诈立：我读《孙子》　李零著　中华书局 2006 年版

中国军事学术史　糜振玉主编　解放军出版社 2008 年版

孙子兵法新读　黄朴民、高润浩著　长春出版社 2008 年版

孙子兵法新说　吴如嵩著　解放军出版社 2008 年版

唯一的规则——《孙子》的斗争哲学　李零著　生活·读书·新知三联书店 2010 年版

《中华传统文化百部经典》已出版图书

书　名	解读人	出版时间
周易	余敦康	2017 年 9 月
尚书	钱宗武	2017 年 9 月
诗经（节选）	李　山	2017 年 9 月
论语	钱　逊	2017 年 9 月
孟子	梁　涛	2017 年 9 月
老子	王中江	2017 年 9 月
庄子	陈鼓应	2017 年 9 月
管子（节选）	孙中原	2017 年 9 月
孙子兵法	黄朴民	2017 年 9 月
史记（节选）	张大可	2017 年 9 月
传习录	吴　震	2018年11月
墨子（节选）	姜宝昌	2018年12月
韩非子（节选）	张　觉	2018年12月
左传（节选）	郭　丹	2018年12月
吕氏春秋（节选）	张双棣	2018年12月
荀子（节选）	廖名春	2019 年 6 月
楚辞	赵逵夫	2019 年 6 月
论衡（节选）	邵毅平	2019 年 6 月
史通（节选）	王嘉川	2019 年 6 月
贞观政要	谢保成	2019 年 6 月
战国策（节选）	何　晋	2019年12月
黄帝内经（节选）	柳长华	2019年12月
春秋繁露（节选）	周桂钿	2019年12月
九章算术	郭书春	2019年12月
齐民要术（节选）	惠富平	2019年12月
杜甫集（节选）	张忠纲	2019年12月
韩愈集（节选）	孙昌武	2019年12月
王安石集（节选）	刘成国	2019年12月
西厢记	张燕瑾	2019年12月

书　名	解读人	出版时间
聊斋志异（节选）	马瑞芳	2019年12月
礼记（节选）	郭齐勇	2020年12月
国语（节选）	沈长云	2020年12月
抱朴子（节选）	张松辉	2020年12月
陶渊明集	袁行霈	2020年12月
坛经	洪修平	2020年12月
李白集（节选）	郁贤皓	2020年12月
柳宗元集（节选）	尹占华	2020年12月
辛弃疾集（节选）	王兆鹏	2020年12月
本草纲目（节选）	张瑞贤	2020年12月
曲律	叶长海	2020年12月
孝经	汪受宽	2021年6月
淮南子（节选）	陈　静	2021年6月
太平经（节选）	罗　炽	2021年6月
曹操集	刘运好	2021年6月
世说新语（节选）	王能宪	2021年6月
欧阳修集（节选）	洪本健	2021年6月
梦溪笔谈（节选）	张富祥	2021年6月
牡丹亭	周育德	2021年6月
日知录（节选）	黄　珅	2021年6月
儒林外史（节选）	李汉秋	2021年6月
商君书	蒋重跃	2022年6月
新书	方向东	2022年6月
伤寒论	刘力红	2022年6月
水经注（节选）	李晓杰	2022年6月
王维集（节选）	陈铁民	2022年6月
元好问集（节选）	狄宝心	2022年6月
赵氏孤儿	董上德	2022年6月
王祯农书（节选）	孙显斌	2022年6月
三国演义（节选）	关四平	2022年6月
文史通义（节选）	陈其泰	2022年6月

书　　名	解读人	出版时间
汉书（节选）	许殿才	2022 年 12 月
周易略例	王锦民	2022 年 12 月
后汉书（节选）	王承略	2022 年 12 月
通典（节选）	杜文玉	2022 年 12 月
资治通鉴（节选）	张国刚	2022 年 12 月
张载集（节选）	林乐昌	2022 年 12 月
苏轼集（节选）	周裕锴	2022 年 12 月
陆游集（节选）	欧明俊	2022 年 12 月
徐霞客游记（节选）	赵伯陶	2022 年 12 月
桃花扇	谢雍君	2022 年 12 月